내일을 읽는 토론학교

역사

내일을
읽는
토론학교

역사

이인석 · 정행렬 외 지음

우리학교

토론학교에 오신 것을 환영합니다

준비물은 잘 챙겨 오셨나요?
시계와 연필, 메모지, 그리고 꼭 이기겠다는 마음을 가져왔다고요?
그런데 가장 중요한 것이 빠져 있네요. 바로 '여러분의 입장'입니다.

토론은 세상에 던져진 커다란 질문에 답하는 과정입니다.
무엇이 옳고 그른지 질문을 던지고, 그 타당성을 따져 가는 과정입니다.
어디선가 들었던 말, 막연하게 알고 있던 생각만으론 어렵습니다.
참고서의 정답과 해설을 외우는 것도 별 도움이 되지 않습니다.

내 생각이 맞을까 틀릴까 걱정하지 마세요.
다른 사람이 어떻게 생각하나 눈치 보지 마세요.
여기 토론학교의 안내를 따라 찬성의 숲과 반대의 숲을 통과한 다음
스스로의 힘으로 결론을 내려 나만의 입장을 찾아봅시다.
내가 생각하는 사람다움은 어떤 것일까?
내가 생각하는 좋은 세상이란 어떤 모습일까?
그리고 내가 찾아낸 내 입장이 이런 내 생각과 꼭 맞아떨어지는가?

내 입장이 정해지면 다른 사람의 입장도 이해할 수 있습니다.
자기 생각이 없을 때 우리는 무조건 방어하고 공격하게 됩니다.
논리적으로 내 입장을 세울 수 있게 되면
다른 사람의 생각에도 진심으로 공감할 수 있습니다.

이기려고만 하는 토론, 갈등의 골이 더 깊어지는 토론이 아니라
상대를 배려하고 존중하는 토론, 문제를 함께 해결해 나가는 토론이 시작됩니다.

토론을 통해 우리는
다른 사람들의 의견도 만나고 새로운 사실도 깨닫게 될 것입니다.
내가 몰랐던 다른 생각과 세상의 모습에
자꾸만 더 새로운 질문이 쏟아져 나올 것입니다.

그동안 가만히 듣고, 조용히 읽고, 묵묵히 받아쓰기만 했다면
이제 토론학교에서 내 힘으로 생각하는 법,
내 목소리로 말하는 방법을 배워 봅시다.
정답을 찾는 공부가 아니라 질문을 던지는 공부를 시작합시다.

틀려도 괜찮습니다.
여러분의 생각을 당당하게 말해 보세요.

교사 : 청동기시대에 계급이 나눠졌음을 뒷받침하는 유물은?

학생 : 고인돌이요.

교사 : 왜?

학생 : ……

교사 : 어떻게 고인돌을 보고 계급이 나눠졌음을 알 수 있지?

학생 : 교과서에 그렇게 나와 있어요.

교사 : 교과서가 틀릴 수도 있잖아. 네 생각을 이야기해 봐.

학생 : (속으로) 교과서에 나와 있는데 뭘 이야기 하라는 거야?

어딘지 익숙한 풍경이다. 여러분이 교실에서 많이 보던 광경이지 않은가? 그럼 다시 한번 생각을 해 보자. 고인돌에는 누구누구의 무덤이라고 적혀 있지 않다. 다만 고인돌을 만드는 데 많은 사람을 동원해야 한다. 이 많은 사람을 동원할 수 있는 사람은 족장밖에 없다. 그래서 고인돌은 청동기시대에 계급이 나눠졌음을 뒷받침해 주는 유물이다. 이러한 설명은 그럴듯하지만 이 설명이 반드시 옳다고만 할 수 있을까? 평등한 사회에서 사람들이 죽을 때마다 마을 사람들이 모두 힘을 모아 무덤을 만들 수도 있지 않았을까? 그럴 리가 없다고 왜 그렇게 단정하는가? 교과서에 나오는 '정답' 말고 다른 답이 있을 수 있다고 생각해 본 적은 없는가?

역사에는 정답이 없다고 아무리 강조를 해도 여러분은 정답을 찾는다. 선생님의 질문에 대해 친구들이 좋은 답을 말해도 그 답에 귀 기울이기보다 선생님에게 먼저 정답을 묻는다. 왜 이렇게 되었을까? 여러분은 어렸을 때 주변에 있는 모든 것이 신기했다. 끊임없이 질문을 해서 부모님을 귀찮게 만들었다. 그런데 언제부터인가 자기 생각을 이야기해 보라고 하면 입을 다물어 버린다.

여러분은 21세기에 살고 있다. 21세기에 살고 있는 여러분이 길러야 할 능력은 정답이나 선생님이 바라는 답변을 찾는 것이 아니다. '고인돌이 계급 발생을 뒷받침하는 증거라고 하는데, 과연 그럴까?' 이렇게 생각해 보는 것이 중요하다.

교과서에 나오는 내용을 그냥 외우거나 무조건 이해하려 드는 것이 아니고, 거꾸로 생각해 보는 태도를 갖게 하는 것, 의문을 갖게 하는 것, 의문을 키우고 질문을 하게 하는 것, 호기심을 잃지 않게 하는 것, 이것이 이 책을 만든 이유다.

하늘은 파랗고 땅은 노랗다. 고인돌은 족장의 무덤이다. 이렇게 고정적으로 생각하는 데서 벗어나 보자. 하늘은 붉을 수도 있고 땅은 검을 수도 있다. 호기심을 잃지 말고 내 생각을 해 보자. 그리고 친구들은 어떻게 생각하는지 곰곰이 들어보자. 친구들이 하는 이야기가 옳다면 내 생각을 바꿀 수 있을 것이다. 또한 지금은 옳다고 여겼던 것들이 시간이 지나면서 바뀔 수도 있다. 생각이 바뀐다는 것은 창피한 일도 아니고 흉이 될 것도 없다.

자! 21세기를 살아갈 여러분, 이 책을 보면서 죽은 호기심을 되살려 보자. 호기심을 되찾는다면 내일을 읽는 밝은 눈도 자연스럽게 열리지 않을까?

2011년 여름
전국역사교사모임 사료모임

차례

내일을 읽는 토론학교
역사

1 단군과 고조선

그래,

고조선은 동북아시아를

아우르던 대제국이었어

아니야,

고조선은 초기 국가

성립 단계의 연맹왕국이었어

● 2002 한일 월드컵! 대한민국 축구팀이 기적처럼 4강에 올라 세상을 깜짝 놀라게 했지요. 세계를 놀라게 한 것이 또 있습니다. 바로 붉은악마가 주도한 응원입니다. 도깨비 깃발을 든 붉은악마의 신들린 듯한 응원은 사람들에게 깊은 인상을 남겼지요. 이 도깨비는 고대 신화에서 '전쟁의 신'으로 일컬어지는 치우를 그린 것이었습니다. 패배를 모르는 치우의 기운을 빌어 우리 태극 전사들이 승리하기를 바랐던 거죠. 그런데 어떤 사람들은 이 치우가 실존 인물로 배달국의 14대 천왕이라고 합니다. 나아가 우리 겨레는 1만 년이나 되는 장구한 역사를 가진 민족이고, 고조선은 한반도와 만주를 포함한 중국 동북부 전체를 지배한 대제국이었다고 주장합니다. 그러나 어떤 사람들은 치우 천왕이 등장하는 『환단고기』는 엉터리 역사책이며 단군신화는 그저 신화에 불과할 뿐이라고 주장하지요. 이들은 고조선이 한반도 북부와 요동의 바닷가를 중심으로 터를 잡은 느슨한 연맹왕국이었을 뿐이라고 합니다. 여러분은 우리 민족이 처음 세운 나라 고조선이 장구한 역사를 가진 대제국이라고 믿고 있나요? 아니면 붉은악마가 마스코트로 사용한 치우는 그저 신화적 존재일 뿐이라고 생각하나요? 신화는 단순히 상상으로 만들어낸 것이 아니라 그 속에 역사가 스며들어 있는 이야기지요. 그리스신화에는 그리스인들의 삶과 꿈이 들어 있고, 노아의 방주에는 메소포타미아 지역에서 겪었던 엄청난 홍수의 경험이 들어 있는 것처럼 말이에요. 단군신화가 말해 주는 역사 속으로 들어가 볼까요?

생각열기

단기 4281년이면 도대체 몇 년이지? 어제 수원 화성에 놀러 갔다가 오래된 독립 기념비를 봤거든. 그런데 단기 4281년 8월 15일에 읍민과 학생의 성금을 모아 세워졌다고 쓰여 있더라. 수원이 읍이었을 때라면 한참 전이겠지?

우리나라는 원래 정부 수립 후에 공식적으로 단기를 썼대. 1960년대에 경제 발전을 위해 세계 표준에 맞추느라 서기를 많이 쓰기 시작했다는 이야기를 들었어. 단기는 단군이 우리나라를 처음 세운 때를 기준으로 계산한 연도잖아. 해방 후에 민족의 자부심을 표현하려고 단기를 썼을 거야.

오랜 역사를 가졌다는 자부심 말이야? 그런데 우리가 정말로 5천 년 역사를 가진 민족일까? 어차피 단군이 고조선을 세운 연도도 정확한 역사적 사실에 근거한 게 아닌데 단기가 무슨 의미가 있지? 쑥이랑 마늘 먹고 사람이 됐다는 얘기를 누가 진짜로 믿겠어?

신화를 액면 그대로 믿는 사람이 어디 있니? 신화는 실제 일어났던 역사적 사건이나 자연현상 같은 걸 교갱이 삼아 만들어진 거잖아. 중요한 건 우리 민족의 뿌리는 고조선에 있고, 고조선은 어디에 내놔도 빠지지 않을 만큼 훌륭한 역사를 갖고 있다는 사실이 아닐까?

신문 1면 제호 아래에는 발행 날짜가 찍혀 있습니다. 날짜야말로 신문의 생명이지요. 그런데 서기로 표시된 날짜의 반대편이나 다른 면에 또 하나의 날짜가 찍힌다는 사실을 알고 있나요? '단기 4344년 신묘 ○월 ○일', 이렇게요. 단기란 단군왕검이 고조선을 건국한 해를 기원으로 하는 연도입니다. 매일매일 발행되는 신문에 굳이 단기를 함께 쓰는 이유는 무엇일까요? 신문을 펼쳐 단기로 적힌 날짜를 찾아본 다음 이어지는 대화를 읽고 생각을 열어 봅시다.

하지만 그런 마음이 역사를 과대 포장 하는 건 아닐까? 우리 민족은 찬란하고 유구한 역사를 가졌다고 믿고 싶은 마음 말이야. 그래서 사람들이 고조선이 대륙을 지배했다는 말에 열광하는 것 같아. 그게 사실인지 아닌지 따져 보기도 전에 우리 민족은 역시 달라도 뭔가 달라 하면서 자랑스러워하잖아.

우리는 과거에 대륙을 호령했던 나라였어. 그러니까 앞으로도 위대한 나라가 될 거라는 생각은 많은 사람들에게 희망을 줄 수 있어. 과거는 미래를 보여 주니까. 단군과 고조선에 대한 자부심이 외세의 침략이 있을 때마다, 또 식민지 시대에도 우리 민족에게 힘을 주었던 걸 생각해 봐.

글쎄, 고조선의 역사는 수수께끼라고 생각해. 사료도 유물도 거의 없으니까. 그래서 고조선의 역사를 조심스럽게 봐야 한다고 생각해. 일제시대에 짓밟힌 민족의 자존심을 세우려 한 건 알겠지만 고조선을 근거도 없이 강대국이라고 주장하는 것은 조금 문제가 있지 않을까?

아무런 근거 없이 고조선이 대제국이었다고 주장하는 건 아니야. 유물과 유적을 조사하고 답사하면서 나름대로 근거를 찾는걸. 무조건 확대해석이라고 몰아붙이는 것도 올바른 태도는 아니라고 생각해.

그래,
고조선은 동북아시아를
아우르던 대제국이었어

반만년 역사? 1만 년 역사!

치우 천왕은 환웅이 건국했다고 하는 배달국의 왕입니다. 환웅은 여러분이 너무나 잘 알고 있는 단군신화 속에 등장하지요. 단군신화의 주인공은 누구일까요? 당연히 단군이라고요? 신화의 내용을 다시 살펴봅시다. 단군신화는 환인의 명령으로 환웅이 하늘에서 내려오는 부분, 태백산에 내려온 환웅이 널리 인간을 다스렸다는 부분, 마지막으로 환웅과 웅녀의 혼인으로 단군이 탄생한 이야기와 고조선 건국에 대한 이야기로 구성되어 있습니다. 이처럼 신화의 처음부터 끝까지 환웅이 등장합니다. 신화를 어떻게 보느냐에 따라 주인공을 환웅이라고 할 수도 있고, 단군이라고도 할 수 있지 않을까요? 만약 주인공을 환웅이라고 한다면 단군신화가 아니라 환웅 신화라고 해야 하지 않을까요?

대한민국 국가 대표 축구팀 서포터스인 붉은악마는 치우천왕을 상징으로 사용하고 있다.
오른쪽 아래는 신라 시대의 도깨비무늬기와(귀면와).

    단군 즉, 단군왕검은 사람의 이름이 아니라 제정일치 사회의 지배
자라고 합니다. 그렇다면 환웅이나 환인도 제정일치 시대의 지배자
를 가리키는 것은 아닐까요? 어떤 학자들은 단군신화에서 첫 단락
은 환인 시대이고 다음 단락은 환웅 시대, 맨 마지막은 단군 시대라
고 해석합니다. 이러한 주장을 뒷받침하는 대표적인 책이 『환단고
기』이지요. 『환단고기』는 신라의 승려 안함로가 쓴 것이라는 『삼성
기』를 포함한 네 권의 역사책을 묶어 1911년에 계연수가 필사하였
다고 합니다. 이 책은 우리 민족의 고대국가를 크게 세 시기로 나누
고 있습니다.

    『환단고기』에 따르면, 지금부터 약 9천여 년 전인 기원전 7197년
에 안파견 한인(또는 환인)이 나라를 처음 세웠다고 합니다. 나라

한국 역대 환인
한인(안파견)-혁시-고
시리-주우양-석제임-
구을리-지위리(단인)

신시 배달국 역대 환웅
한웅(거발한)-거불리-
우야고-모사라-태우
의-다의발-거련-안부
련-양운-갈고(독로
한)-거야발-주무신-
사와라-자오지(치우)-
치액특-축다리-혁다
세-거불단(단웅)

조선 역대 단군
왕검-부루-가륵-오사
구-구을-달문-한율-
우서한-아술-노을-도
해-아한-흘달-고불-
대음-위나-여을-동
엄-구모소-고홀-소
태-색불루-아홀-연
나-솔나-추로-두밀-
해모-마휴-나휴-등
올-추밀-감물-오루
문-사벌-매륵-마물-
다물-두홀-달음-음
차-을우지-물리-구
물-여루-보을-고열가

이름은 한국으로, 시베리아의 바이칼호 동쪽에 터전을 잡았고요. 이 나라는 12개의 나라로 구성된 연방 국가이며, 그 영토는 남북이 5만 리, 동서가 2만여 리에 이르렀다고 합니다. 이처럼 대제국이었던 한국은 7대 지위리 한인까지 3301년간 번영했습니다. 한국 말기에 한인은 한웅(또는 환웅)을 삼위와 태백에 내려보내 사람들을 다스리도록 했습니다. 한웅은 무리 3천을 이끌고 태백산 신단수 아래에 터전을 잡아, 이곳을 신시라 하고 배달국을 세웠습니다. 이때가 기원전 3898년이지요. 배달국은 거발한 한웅(또는 환웅 천왕)으로부터 거불단 한웅까지 18대 1565년간 존속했다고 합니다. 이 배달국의 14대 임금인 자오지 한웅이 바로 치우 천왕입니다. 치우 천왕의 유적은 중국 북경의 북쪽에 있는 탁록에 지금까지 남아 있습니다.

배달국이 끝날 무렵 단웅과 웅씨 왕녀 사이에서 왕검이 태어났습니다. 사람들은 그를 천제의 아들인 단군왕검이라 불렀고, 기원전 2333년에 단군왕검은 아사달에 조선을 세웠습니다. 그 후 기원전 2283년 단군은 강화도에 삼랑성을 짓고 하늘에 제사를 지내는 제단을 마니산에 쌓았지요. 지금 강화도 참성단에 그 흔적이 남아 있습니다. 조선은 1대 단군왕검으로부터 47대 단군 고열가까지 2천여 년 간 번영했다고 합니다. 이 기록에 따르면 우리 민족은 약 9천여 년이 넘는 장구한 역사를 가지게 됩니다.

『환단고기』의 내용에 비추어 볼 때 고조선은 우리 민족이 세운 첫 번째 나라가 아닙니다. 지배 영역도 요동(랴오둥)과 한반도 북부 지역에 한정된 것이 아닙니다. 고조선은 한국과 배달국을 계승하여 동북아시아 전체를 아우르던 대제국이었습니다. 『환단고기』의 축소판인 단군신화는 비록 그 내용이 지나치게 간략할 뿐 아니라 상징적으로 표현되어 있어 다소 믿기 어렵게 되어 있지만, 동북아시아 전체를 아우르는 대제국인 한국, 배달국, 조선의 역사가 담겨져 있는 것이지요.

유물과 유적이 보여 주는 진실

물론 과거 문헌의 기록만으로 역사적 사실을 단정 짓는 것은 위험합니다. 기록은 후대에 얼마든지 조작할 수 있기 때문입니다. 실제로 우리 민족의 고대사에 관한 기록인 『환단고기』, 『규원사화』 등을 사료로서 인정할 수 없다고 주장하는 사람이 많습니다. 따라서 기록을 뒷받침할 수 있는 다른 자료, 즉 유물이나 유적들이 있어야 합니다.

여러분은 중국의 황하(황허)문명을 알고 있지요? 세계 4대 문명의 발상지 가운데 하나로 이곳에서 중국 문명이 시작되었다는 이야기를 들어본 적이 있을 것입니다. 그런데 1980년대를 전후하여 중

■ **규원사화 揆園史話**
조선 시대에 북애노인이 지었다고 하는 역사책. 고조선 47대 단군의 재위 기간과 치적 등을 기록하고 있다.

⬤ 광활했던 고조선의 영토
⬤ 흔히 알려진 고조선의 영토

■ 홍산
홍산 문화라는 명칭은 가
장 먼저 유적이 발견된 중
국 내몽고 자치구 적봉시
에 있는 홍산에서 비롯되
었다.

국 동북지방의 요하(랴오허) 주변에서 엄청난 고대 유물과 유적이 발견되었습니다. 세계를 놀라게 한 이곳의 유적들은 중국 문화의 원류라고 일컬어지는 황허 유역의 유적들보다 더 오래되었습니다. 학자들은 이를 요하 문명이라고 부릅니다. 도대체 이 유적지에서 어떤 유물들이 출토되었을까요? 이 문화의 주인공은 어떤 종족이었을까요?

이 유적지에서 출토된 신석기 유물은 대략 기원전 7000년경부터 기원전 4000년 사이에 사용된 것으로 보입니다. 요하의 서쪽 요서(랴오시) 지방 홍산(홍산)에서 기원전 4500년 무렵에 금속을 사용한 흔적이 발견되었고요. 이를 요하와 구분하여 홍산 문화라고도 합니다. 홍산 부근의 하가점 하층 문화 유적에서는 기원전 2000년 무렵에 사용된 것으로 보이는 다수의 청동기가 발굴되었습니다. 이 유물들은 우리의 상식을 뛰어넘어 고대에 이곳에 이미 매우 발달된 문명이 있었음을 보여 줍니다. 이 유적과 유물들을 토대로 일부 학자들은 이 시기에 벌써 초기 국가 형태가 갖추어졌다고 보기도 합니다.

요하 문화, 홍산 문화가 고조선과 무슨 상관이냐고요? 이곳에서 출토된 신석기 유물 가운데 대표적인 것 두 가지만 살펴봅시다. 첫번째는 옥 귀걸이입니다. 이 문화권에선 아름다운 옥 귀걸이를 비롯한 100여 점의 옥기가 나왔습니다. 놀라운 것은 귀걸이에 사용된 옥의 원산지가 홍산에서 450킬로미터나 떨어진 압록강 유역이라는 사실입니다. 이것은 무엇을 의미할까요? 이는 기원전 6200년경에 이미 만주 벌판 서쪽과 동쪽이 교류하고 있었음을 생생히 보여 주는 증거입니다. 최근 강원도 고성군 문암리 선사 유적지에서도 비슷한 시기에 만들어진 비슷한 모양의 옥 귀걸이가 발견되었습니다. 더 남

위는 홍산 문화에서 발굴된 옥 귀걸이, 아래는 고성 문암리 유적에서 발굴된 옥 귀걸이이다.

쪽으로 내려가 전남 여수시 안도의 조개 무덤에서도 비슷한 옥 귀걸이가 나옵니다. 요서와 홍산을 포함한 만주 지역과 한반도 사이에 확실한 문화적 교류가 있었거나 더 나아가 두 지역이 하나의 문화권을 이루고 있었음을 짐작할 수 있지요.

두 번째 유물은 우리가 잘 알고 있는 빗살무늬토기입니다. 신석기 시대의 대표적인 유물인 빗살무늬토기는 한반도 곳곳에서 발견되고 있습니다. 원래 빗살무늬토기는 시베리아 남단에서 만주 지역으로, 여기서 다시 한반도와 일본으로 이어지는 북방 문화 계통의 유물입니다. 때문에 중국의 황하문명 쪽에서는 빗살무늬토기가 출토되지 않습니다. 그런데 요서와 홍산 지역에는 빗살무늬토기가 많이 출토되고 있습니다. 이 사실은 무엇을 설명해 줄까요? 바로 빗살무늬토기를 사용한 요하 문화의 주인공이 결국 한반도의 빗살무늬토기인과 같은 종족이거나 같은 문화를 가진 종족임을 알려 주는 증거라고 할 수 있지 않을까요?

이렇게 볼 때 기원전 6000년 당시부터 이미 한반도와 중국 동북부 지역 일대에는 중국의 황하문화와는 다른 독자적인 문화인 요하 문화가 꽃피고 있었습니다. 그리고 요하 문명의 주도 세력은 바로 우리 선조들로 볼 수 밖에 없습니다. 요하 문화의 주인공을 우리의 선조라고 할 때, 이를 부분적으로 뒷받침하는 기록이 바로 『환단고기』라고 여겨집니다.

빗살무늬토기, 서울 암사동 집터 유적에서 출토되었다.

웅녀족을 찾다

중국 정부가 관리하고 있는 홍산 유적지 안내판에는 "약 5500년 전에 국가가 되기 위한 모든 조건을 갖추고 있었던 우하량(뉴허량) 홍산 문화 유적지"라고 소개되어 있습니다.

이 유적지에서는 직경이 20~30미터에 이르는 거대한 제단과 적석총들이 계속 발견되고 있습니다. 현재까지 발견된 가장 오래된 적석묘 무덤군은 기원전 3500년경에 만들어졌다고 합니다. 그런데 이 적석묘는 내몽고(네이멍구) 동부에서 요서 지방, 요동반도 일대와 압록강 유역의 고구려 지역, 한강 유역의 석촌동에서 발견되었습니다. 하지만 중국 내륙 지방에서는 발견되지 않습니다. 이러한 사실 역시 요하 문화의 주인공이 우리 민족임을 보여 줍니다.

이 홍산 문화 유적 가운데는 거대한 신전 터가 있는데, 여기서 다양한 여신상이 발굴되어 여신묘라는 이름이 붙었습니다. 이 여신묘에서는 여신상 외에 다른 동물 형상들도 많이 발견되었습니다. 우리가 여기서 눈여겨보아야 할 점은 여신묘 주실의 중심부에서 곰의 형상이 나왔다는 사실입니다. 다른 무덤에서는 곰의 아래턱뼈가 발견되기도 했습니다. 결국 홍산 문화의 주도 세력은 곰을 토템으로 하는 집단이었고, 그렇다면 단군신화에 나오는 웅녀족이 바로 이들일 것입니다.

이미 이익■, 안정복■ 등 조선 중·후기 실학자들은 청나라에 대한 주체성을 지키기 위해 고조선을 포함한 우리 고대사를 연구하며 문화적 자부심과 잃어버린 만주 땅에 대한 애착을 보여 주었습니다. 일제 강점기 식민 통치를 합리화하려는 식민주의적 역사

여신의 두상, 홍산 문화의 유적지인 우하량에서 발굴되었다.

위는 우하량 여신묘에서 발굴된 옥 장식품들, 아래는 같은 유적지에서 발굴된 곰 아래턱뼈이다. 우하량 유적지의 유물은 홍산 문화와 단군신화의 웅녀족이 연결될 가능성을 보여준다.

연구에 맞서 신채호■, 정인보■ 등 민족주의 역사학자들이 단군과 고조선 연구를 통해 민족정신을 되찾으려 했던 사실은 더 언급할 필요도 없겠지요. 지금 중국은 이른바 동북공정을 치밀하게 추진하고 있습니다. 처음에는 발해사를 중국 역사라고 주장하다가 점차 고구려, 고조선까지 그들의 역사로 편입하려는 역사 왜곡을 시도하고 있지요. 이런 때일수록 우리 역사의 뿌리를 명확히 찾아가는 작업이 더더욱 필요합니다.

■ 신채호 申采浩
1880~1936, 독립운동가, 역사학자. 호는 단재. "역사라는 것은 아我와 비아非我의 투쟁이다."라고 말하며 민족 사관을 수립, 한국 근대 사학의 기초를 확립함. 신민회 회원, 임시정부 위원으로 활동하다 일본 경찰에 체포되어 뤼순 감옥에서 옥사함. 저서에 『조선상고사』 『독사신론』 등이 있다.

■ 정인보 鄭寅普
1893~?, 한학자, 역사학자. 신문에 「오천년간 조선의 얼」 등을 연재하며 한국사에 대한 관심과 자긍심을 불어넣음. 저서에 『조선사연구』 『양명학연론』 등이 있다.

아니야,
고조선은 초기 국가 성립 단계의
연맹왕국이었어

신화 속 단군조선? 역사 속 고조선!

세계 어느 나라든 역사가 오래된 나라는 대부분 건국신화를 갖고 있습니다. 티베의 강가에 버려졌으나 늑대 젖을 먹고 자라난 쌍둥이 형제 로물루스와 레무스가 나라를 세웠다는 로마의 건국신화나 천신의 아들 게사르가 적의 공격으로 위험에 처하자 큰 새로 변신해 여인의 품으로 들어가 인간으로 태어난 뒤 나라를 세웠다는 티베트의 건국신화가 그것입니다. 우리에게도 알에서 태어난 고구려의 주몽이나 신라의 박혁거세 설화처럼 여러 건국신화나 설화가 전해져 오고 있습니다. 그중 단군신화는 누구나 알다시피 우리 겨레 첫 나라인 고조선의 건국신화이지요. 그래서 단군신화는 민족사의 출발을 보여 주는 것으로 여겨져 왔으며, 단군은 우리 민족의 시조로 인식되어 왔지요. 그러나 곰이 쑥과 마늘을 먹고 사람이 되어 환웅과 결혼해 아이를 낳았다는 이야기를 실제로 믿는 사람은 없습니다. 곰을 섬기는 무리가 환웅 집단과 결합해 나라를 세운 사실을 신비스럽게 표현한 것일 뿐입니다. 그렇다면 단군신화를 어디까지 역사적 사실로 인정해야 할까요?

우선 단군이 실존 인물인지 아닌지부터 살펴봅시다. 단군신화에는 환웅과 웅녀가 혼인하여 단군왕검을 낳았으며, 단군왕검은 평양성에 나라를 세우고 조선이라고 했다고 기록되어 있습니다. 웅녀가 낳았다는 아들의 이름이 단군왕검인 것처럼 서술하고 있는 것이지요. 학자들은 단군이란 말은 무당 혹은 제사장을 가리키는 말이고, 왕검은 정치적 군장을 의미하는 임금을 말한다고 합니다. 따라서 단군왕검은 초기 국가가 발생할 무렵 제정일치 사회의 지배자를 가리키는 보통명사입니다. 당시 여러 작은 나라들이 성장하고 있었을 것이고, 각기 지배자가 있었을 것입니다. 단군신화가 우리 민족의 초기 국가 단계를 묘사한 것이라고 한다면, 단군은 한 명이 아니라 여러 명이 있었다고 보는 것이 합리적인 해석일 것입니다.

다음으로 단군의 고조선 건국 시기를 살펴볼까요? 『삼국유사』의 단군신화에 따르면 단군은 중국 요임금*이 왕위에 오른 지 50년이 되던 해에 고조선을 건국했다고 합니다. 조선 시대 역사서인 『동국통감』*에는 기원전 2333년에 고조선을 세웠을 것이라고 기록되어 있고요. 과연 얼마나 정확한 것일까요? 중국 송나라 때 소강절*이라는 학자가 있었습니다. 그가 요임금이 실제로 존재했다고 가정한다

■ **요堯임금**
중국의 전설상의 황제. 삼황오제 신화 가운데 오제의 하나로, 순舜임금과 더불어 가장 뛰어난 정치를 펼친 이상적인 임금으로 알려져 있다.

■ **동국통감 東國通鑑**
세조~성종 때 신라 초부터 고려 말까지의 역사를 엮은 역사책.

■ **소강절**
1011~1077, 중국 송나라의 학자, 시인, 호는 안락선생. 강절은 시호로 이름은 옹이다.

■ 서거정 徐居正
1420~1488, 조선 전기의 문신. 45년간 여섯 왕을 섬김. 『경국대전』 『동국통감』 『동국여지승람』 편찬에 참여함. 저서에 『동인시화』 『동문선』 『필원잡기』 등이 있다.

■ 일연 一然
1206~1289, 고려 시대의 승려, 학자. 한국 고대 신화와 설화 및 향가를 집대성한 『삼국유사』를 편찬.

면, 기원전 2357년쯤 나라를 세웠을 것이라고 추정한 일이 있습니다. 이것은 어떠한 역사적 근거나 믿을 만한 사실을 바탕으로 추정한 것이 아닙니다. 그런데 조선 시대에 서거정*을 비롯한 관료들이 『동국통감』을 편찬할 때, 중국 요임금이 즉위한 것으로 추정한 기원전 2357년보다 25년 늦은 기원전 2333년에 고조선을 세웠을 것이라고 기록했습니다. 따라서 단군이 개국한 연도를 기원전 2333년이라고 하는 것은 소강절이 추정한 해를 근거로 다시 추정한 것이므로 결코 역사적 사실이 아닙니다. 일연*이 단군신화에서 단군이 중국의 요임금과 같은 시기에 고조선을 세웠다고 한 것은 우리 역사가 중국 역사에 비해 뒤떨어지지 않는다는 자부심을 표현하고 중국과 다른 정치체제라는 독자성을 강조하기 위한 것으로 보아야 합니다. 고고학적으로 볼 때에도 고대국가는 청동기 문화가 보급된 이후에 나타납니다. 지역적인 차이가 있긴 하지만, 우리나라의 청동기 문화는 아무리 빨라도 기원전 15세기 무렵부터 시작된 것으로 보고 있습니다. 그렇게 볼 때 기원전 2333년경은 만주와 한반도의 신석기시대에 해당하며, 이 시기에 나라가 형성되었다고 보기는 어렵습니다.

신화를 해석하는 일은 매우 조심스럽게 다루어야 하는 작업입니다. 신화란 어떤 특정한 역사적 사건이나 상황이 직접 기록되어 있는 것이라기보다는 대부분 역사적 경험을 상징화하여 그려 낸 것이기 때문입니다. 단군신화도 동아시아 사회의 고대국가 성립기의 건국신화들과 매우 비슷한 구성 요소를 지니고 있기 때문에, 역사적 사실을 바로 추론해 내는 것은 상당히 위험합니다. 역사적 사실로서의 단군과 단군조선에 대해서는 앞으로 더욱 연구가 이루어진 다음에 논의되어야 할 것입니다.

유물과 유적이 보여 주는 또 다른 진실

그럼 고조선은 어떤 종족이 세웠을까요? 옛 기록에 나오는 한민족과 관련된 최초의 종족은 예·맥·한족 외에는 언급할 만한 종족이 없습니다. 예·맥·한족은 신석기시대 이래로 만주 중남부 지역과 한반도에 거주하던 사람들의 후예였습니다. 이 지역에 살던 여러 거주민들 사이에는 거주 지역의 환경과 청동기 수용의 시간적 차이 등에 따라 약간의 문화적 차이가 있었습니다. 하지만 전체적으로 보면 같은 문화권에 속한 족속들로 주변 지역의 다른 주민 집단과 뚜렷한 차이가 있었습니다. 이들이 바로 한국 최초의 국가인 고조선을 형성한 주민 집단이지요.

예맥족[■]이 어떤 유물과 유적을 남겼는지 볼까요? 흔히 고조선의 특징적인 유물을 비파형 동검이라고 합니다. 중국 동북 지역에서 가장 먼저 청동 문화를 발전시킨 요서 지방의 비파형 동검은 중국 북방 유목민이 쓰던 동검이나 중국의 동검과 분명히 다릅니다. 따라서 비파형 동검이 요령성(랴오닝성) 일대를 중심으로 한반도에까지 걸쳐서 나오므로 그 지역을 하나의 문화권으로 설정하는 것도 가능합니다.

그러나 요동 지방과 한반도에서 출토된 청동 유물은 요서 지방의 청동기에 비해 출토되는 숫자도 적고 정교함도 떨어집니다. 또 다소 투박하고 거칠긴 하지만 요서 지역과 비교해서 변형된 독자적인 모습을 보이고

■ **예맥족 濊貊族**
한민족의 근간이 되는 종족. 맥, 또는 예라고 줄여 부르기도 함. 중국 고전 기록인 『시경』, 『논어』, 『중용』, 『맹자』에는 맥으로, 『사기』에는 예맥으로 기록되어 있다.

비파형 동검. 중국 요령 지방에서 주로 출토되어 '요령식 동검'이라고도 하며 중국 악기 비파를 닮은 모양 때문에 이런 이름이 붙었다.

있습니다. 이를 통해 요동 지방에 거주했던 종족들이 요서 지방의
종족들이 일군 청동기 문화와 영향을 주고받으면서 별도의 청동기
문화를 만들었다고 추측해 볼 수 있습니다.

요서 지방의 문화와 다른 독자적인 문화를 가진 종족들이 요동과
한반도에 거주했다는 사실은 토기를 통해서도 알아볼 수 있습니다.
청동기 문명이 출현한 요서 지역에는 전형적인 비파형 동검과 함
께 다리가 세 개인 삼족토기가 많이 출토되고 있습니다. 삼족토기
는 산지 및 구릉을 중심으로 생활하는 유목 문화의 특징이기도 합
니다. 반면 농경문화가 발달한 요동 및 한반도 서북 지방은 삼
족토기 대신 미송리형 토기라는 독특한 토기가 출토되고 있습
니다. 문화 성격이 다른 삼족토기와 미송리식 토기가 출토되는
두 지역을 동일한 문화권으로 볼 수 있을까요? 차라리 미송리
형 토기와 비파형 동검이 쏟아져 나오는 요하의 동쪽으로
부터 한반도의 청천강 유역에 걸치는 지역을 또 하나의
문화권으로 설정하는 것이 더 설득력이 있지 않을까요?
따라서 바로 이 지역에서 대체로 예맥 계통의 주민 집단
이 주를 이룬 고조선이 성장하고 있었다고 볼 수 있습니다.

그렇다면 예맥족은 언제쯤 고조선을 건
국했을까요? 고조선이 유구한 역사를
가지고 대륙을 지배한 거대한 제국이었
다고 주장하는 사람들은 기원전 5천 년에서
4천 년 무렵에 발달한 요서 지역의 홍산 문화
를 초기의 고조선이나 배달국의 문화라고 합
니다. 그러나 대부분의 학자들은 중국 동북
부의 청동기 문화가 기원전 20세기에서 15

미송리형토기.
평북 의주군
미송리에서 출토
되었다.

삼족토기. 중국
우하량 유적에서
출토되었다.

세기쯤에야 나타난다고 합니다. 청동기시대에 비로소 초기 형태의 국가가 나타나기 시작한다는 점을 고려해 볼 때, 신석기시대인 기원전 4천 년 무렵에 고조선이 성립될 수 없습니다. 더구나 홍산 문화를 꽃피운 종족과 한민족 사이에 직접적인 관련성도 확인되고 있지 않습니다. 고조선에 대해 기록한 가장 오래된 중국의 문헌은 『관자』라는 책입니다. 이 책은 기원전 7~6세기쯤의 상황을 기록한 것이라고 하는데, 여기에 조선과 교역을 했다는 간단한 기록이 있습니다. 그 뒤에 나온 『전국책』이나 『사기』와 같은 책에는 고조선에 대한 분명한 기록이 나옵니다. 기원전 4~3세기 무렵부터 고조선의 지배자를 왕이라 부르고 중국 연나라와 대립하면서 상당한 세력을 가지고 있었다는 기록이 그것입니다.

이로 미루어 볼 때, 고조선은 적어도 기원전 4세기 이전, 더 거슬러 올라가면 기원전 7~6세기 무렵부터 존재했음이 확실하다고 보아야 합니다. 따라서 요동과 한반도 서북부 일대에 청동검을 비롯한 각종 청동기가 집중적으로 등장하는 기원전 10세기쯤 초기 국가의 모습이 점차 드러났을 것입니다.

고조선은 느슨한 연맹 국가였다

어떤 학자들은 고조선이 노예제를 기반으로 하는 크고 강력한 국가였으며, 요하 서북부에서 한반도 북부에 이르는 광대한 지역을 통치했다고 주장합니다. 그리고 그 근거로 요동반도에 있는 강상무덤과 누상무덤▪의 발굴 결과를 제시합니다. 이 무덤 속에 수십 명에서 백여 명이 넘는 사람들이 순장되었기 때문입니다. 순장자가 이토록 많다는 것은 지배자가 많은 노예를 거느렸고, 권력도 막강했음을 보여

▪ **강상무덤과 누상무덤**
요동반도 대련(다롄)시에 있는 대표적인 적석총. 강상무덤은 가로 28미터 세로 20미터의 직사각형 묘역 안에 140여 명이 한꺼번에 화장된 채 묻혀 있고, 누상무덤은 가로 30미터 세로 24미터의 무덤에 화장된 뼈와 방패, 활촉, 도끼, 장신구 등이 나왔다.

중국 요령성 대련시에 위치한 강상무덤의 실측도이다.

주는 분명한 증거가 된다는 것이지요. 그러나 강상무덤과 누상무덤에 대한 연구가 진행될수록 새로운 사실들이 밝혀지고 있습니다. 이 무덤에 순장된 사람들은 한꺼번에 묻힌 것이 아니라 여러 시대에 걸쳐 묻힌 것으로, 다시 말하면 이 무덤이 공동묘지였다는 것이지요. 따라서 강상무덤이나 누상무덤이 많은 노예를 거느린 강력한 지배자가 있었다는 증거가 될 수는 없습니다.

중국 역사서에 따르면 기원전 4세기경 고조선은 지배자가 왕이라는 칭호를 사용할 정도로 강력한 국가였다고 합니다. 그렇다고 해서 고구려, 백제, 신라와 같은 강력한 중앙집권 체제를 가진 대제국이었다고 보기는 어렵습니다. 뒷날 우거왕 때 예군, 즉 예나라 군주 남려가 28만여 명을 이끌고 한나라에 투항했다던가, 조선상 역계경을 따라 2천여 호가 동쪽 진국으로 갔다는 기록이 있습니다. 어느

■ 역계경 歷谿卿
고조선의 대신. 고조선의 토착 세력 출신으로 중앙 정부에 참여하여 '조선상'이라는 관직을 받음. 자신의 건의가 왕에게 받아들여지지 않자 진나라로 망명하였다.

정도 독자적 세력을 가진 것으로 보이는 예군이라든가 조선상의 존재는 고조선이 강력한 중앙집권 체제가 아니라 느슨한 연맹왕국 단계라는 것을 보여 줍니다.

고조선의 세력이 미치는 곳은 요동반도에서 한반도 서북부에 이르는 지역일 것으로 추측되지만, 오늘날처럼 국경선이 확실하게 구분되어 있지도 않았을 뿐더러 나라와 나라 사이에는 상당히 넓은 빈 공간이 있었습니다. 따라서 고조선의 서쪽 경계선이 어디에서 어디까지라고 확정적으로 말하기는 매우 어렵습니다. 또한 비파형 동검이나 고인돌은 한반도 전역과 만주 지역에 걸쳐 광범위하게 나오는데, 이 지역이 모두 고조선의 영토라고 단정할 수는 없습니다. 같은 종족이나 같은 문화권이라고 하더라도 반드시 하나의 나라가 되라는 법은 없으며, 하나의 나라일지라도 다수의 종족이 어우러져 살아갈 수 있기 때문입니다. 사실 만주 지역에는 우리 민족 외에도 거란, 말갈 등 다양한 종족이 섞여 있었습니다. 따라서 넓은 지역에 세력을 미치고 있었다고 할지라도 고조선은 강력한 중앙정부가 각 지방을 직접 통치하는 제국이라기보다는 각 지역의 작은 정치단체들이 느슨하게 연결되어 있었다고 볼 수 있습니다.

고조선의 역사는 자료의 빈약함, 지리적 접근성의 어려움, 오랜 세월의 간극 등으로 그 실체를 파악하기가 매우 어렵습니다. 그럼에도 민족 역사의 출발선이라는 상징성으로 인하여 많은 사람들이 관심을 갖고 연구하고 있지요. 신화에 등장하는 찬란한 한민족의 상고사를 통해 자긍심을 가지는 것은 좋습니다.

더구나 국제화 시대를 맞아 민족 정체성에 대한 우려

청동기시대의 대표적 유물인 고인돌.

가 높아지는 현대사회에서 한민족의 기원과 민족사에 대해 관심을 갖는 일은 분명히 커다란 의미가 있습니다.

그러나 역사는 객관적이고 엄정한 과학적 방법으로 서술하여야 합니다. 근거 없이 건국 시기를 올려 잡고 영토를 부풀린다고 해서 없는 역사가 만들어지지는 않습니다. 논란이 있고 입장이 다를수록 역사를 서술할 때 정확한 사실에 근거하지 않으면 안 됩니다. 그래야만 과거의 역사가 우리의 현재와 미래를 제대로 비춰 줄 수 있기 때문입니다.

입장 정하기

● 두 글에서 주장의 근거로 제시한 내용을 각각 요약해 봅시다.

● 다음 쟁점에 대하여 자신의 입장을 정하고 근거를 제시해 봅시다.

쟁점1 치우 천왕의 기록은 역사적 사실이다.

	그렇다	아니다
근거		

쟁점2 고조선은 만주 전체와 한반도를 지배한 대제국이었다.

	그렇다	아니다
근거		

쟁점3 역사는 어두운 면보다 밝은 면을 중심으로 서술해야 한다.

	그렇다	아니다
근거		

● 고구려의 고분벽화나 출토된 유물에는 세 발을 가진 까마귀인 삼족오 문양이 있습니다. 삼족오는 역사 드라마에서 고구려를 상징하는 문양으로 자주 등장하지요. 그런데 일본 축구 국가 대표팀을 상징하는 엠블럼도 삼족오입니다. 어떻게 된 일일까요?

새롭게 태어나는 공동체

다문화 시대의 민족

"우리가 물이라면 새암이 있고 / 우리가 나무라면 뿌리가 있다 / 이 나라 한 아버님은 단군이시니"
일제시대에 만들어진 개천절 노래의 노랫말입니다. 우리 모두는 한 뿌리에서 나온 단일민족이라는
자긍심이 담겨 있지요. 하지만 2010년 현재, 다문화 가정 자녀들이 12만 명을 넘어섰다는데 이들도
단군 할아버지의 자손이라고 보아야 할까요? 지금 우리에게 단일민족이란 무슨 의미가 있을까요?

점점 가까워지는 세계, 서로 섞이는 사람들

교통과 통신의 발달로 전 세계의 교류가 활발해졌고 세계화와 정보화가 이를 가속화시키고
있다. 덕분에 이제 '지구촌'이란 단어는 더 이상 낯설지 않은 말이 되었다. 주위를 둘러보아
도 우리나라를 방문한 외국인들과 이주 노동자들을 쉽게 발견할 수 있다. 우리나라로 시집
온 외국인 여성들은 농촌에서 새로운 삶을 시작하고, 도시의 외국인 거주자들은 안산의 '국
경 없는 마을'을 비롯해 서울과 수도권 이곳저곳에 함께 모여 살기도 한다. 이들의 거주지
주변에는 이들을 위한 시장과 다양한 서비스를 제공하는 시설이 생겨나, 대한민국 안에 외
국인과 소수민족 공동체가 점차 뿌리를 내리고 있다.

그런데 이로 인해 어떤 이들은 단일민족 사회의 순수성을 오염시킨다는 막연한 이유로 불
안감을 느끼기도 한다. 이들의 열악한 처지를 악용한 인권침해 사례가
사회적 이슈로 떠오르는 것을 보면, 우리는 혹시 이들에 대해 근거
없는 우월감을 갖고 있는 것은 아닐까?

민족이란 '상상의 공동체'

민족이란 흔히 일정한 지역에서 오랜 세월 동안 공동생활을 하
면서 같은 언어와 같은 문화를 바탕으로 형성된 사회집단을 일컫

는 말이라고 한다. 이들은 동일한 역사적 경험과 문화적 공통점을 바탕으로 갖고 있는데, 혈연 또한 공통성을 지니고 있다고 생각한다. 한 핏줄을 가진 단일민족이라고 생각하는 것이다. 그러나 민족은 혈연적 공동체와 일치하지 않는다. 예루살렘의 유대인과 가자 지역의 무슬림처럼 비슷한 인종적 배경을 지녔지만 서로 다른 민족이 되기도 하고, 유럽처럼 서로 다른 혈통적 배경을 지녔음에도 '백인'이라는 틀로써 같은 민족으로 인식되기도 한다. 그런 점에서 "민족은 상상의 공동체이다."라는 주장이 설득력을 가진다.

민족 정체성의 핵심은 핏줄이 아니라 문화라고 할 수 있다. 문화란 어떤 특정한 시기에 사회 구성원들이 바람직한 것으로 받아들여 공유하는 행동 양식과 생활 방식을 말한다. 일정한 시기에 나타난 특징적 현상이 바로 문화이므로, 시대에 따라 문화가 변하는 것은 매우 자연스러운 일이다. 따라서 지금 우리 곁에 살고 있는 외국인들과 함께 대한민국의 문화를 만들어 나간다면 그들 역시 우리와 다르지 않은 우리의 이웃이 될 것이다.

새로운 공동체를 위하여

우리 사회에 국제결혼이나 외국인 노동자의 이주가 늘어나면서 사람들이 혼란을 느끼는 것은 사실이다. 그동안 우리에게 다양성과 이질성에 대한 경험이 없었기 때문이다. 하지만 대한민국 안의 외국인에 대한 배타적이고 차별적인 대우는 다수가 소수에게 저지르는 횡포나 다름없다. 이는 인류가 추구해 온 보편적 가치관에 어긋날 뿐 아니라, 우리 사회의 건강성에도 심각한 문제를 불러올 수 있다. 급격한 사회 변화 속에서 살아가야 하는 우리에게 이제는 서로 다른 피부색과 이질적인 문화를 포용하며 더불어 사는 지혜가 필요하다. 이를 위해서 문화적 민족주의나 인종주의적 편견에서 하루빨리 벗어나야 한다. 문화는 인류 보편의 공통 가치를 바탕으로 다양한 이질적 문화를 수용하는 개방적인 자세를 가질 때 더욱 풍요로워질 수 있다. 서로 다른 문화를 인정하면서 각자의 문화를 발전시켜 나간다면, 또 그것을 지구촌에서 살아가는 사람 모두가 공감하고 나눌 수 있다면, 다민족 사회는 역동적인 에너지로 넘쳐나는 활기찬 사회로 다시 태어날 수 있을 것이다.

2 삼국 통일

그래,

신라의 삼국 통일은

화합과 평화를 가져왔어

아니야,

삼국 통일은 외세에 기댄

반쪽짜리 통일이었어

● 고조선 이래 여러 나라가 한반도와 만주 일대에 터를 잡았습니다. 이들 가운데 고구려·백제·신라가 우뚝 서 우리 역사에 삼국시대를 열었지요. 세 나라는 서로를 견제하고 때로는 연합하면서 치열하게 경쟁했습니다. 중국과 북방 여러 민족이 세운 나라와 교류도 하고 운명을 건 전쟁을 치르기도 하면서요. 5세기 초, 고구려는 동북아시아의 강자로 등장해 100여 년 동안 국제 질서를 유지하는 균형추 역할을 했습니다. 그러나 6세기 말 오랫동안 분열되어 있던 중국 대륙에 새로운 통일 제국이 들어서면서 이 질서가 흔들렸지요. 이런 긴장 관계 속에 우리가 잘 아는 대로 당나라와 손을 잡은 신라가 백제와 고구려를 차례로 무너뜨리고 삼국을 통일합니다. 통일신라 시대가 열린 것입니다. 그런데 흔히 통일신라 시대라고 부르는 이 시기를 남북국시대라고 부르기도 합니다. 고구려의 옛 땅에 고구려를 계승한 발해가 들어섰기 때문입니다. 남북국시대라는 말 속에는 신라의 삼국 통일이 불완전한 통일이라는 의미가 담겨 있지요. 역사를 바라보는 시각은 다양할 수 있습니다. 하나의 사건에 대해 상반되는 시각이 존재하는 경우도 많지요. 그 대표적인 사례가 바로 신라의 삼국 통일입니다. 삼국 통일로 오랜 전쟁이 끝을 맺고 민족의 화합을 바탕으로 찬란한 문화가 꽃피었다는 주장도 있지만, 외세의 힘을 빌려 자주성을 손상시키고 영토마저 축소시켜 고구려의 웅대한 역사를 밀어냈기 때문에 신라의 삼국 통일을 긍정적으로만 볼 수 없다는 주장 역시 힘을 얻고 있습니다.

생각열기

Scene 1

한강이 내려다보이는 언덕. 언덕 아래 벌판, 삼국의 군사들이 빙 둘러 무언가를 에워싸고 있다. 카메라 가운데로 들어가면 고구려, 백제, 신라의 장수 셋이 마주 선 채 눈싸움을 벌이고 있다. 분위기가 자못 살벌하다.

계백   김유신, 너는 무엇 때문에 당나라 놈들과 손잡고 우리 백제를 공격하느냐?

김유신   그건 너희 백제가 우리 신라를 항상 괴롭혀 왔기 때문이다. 전쟁은 싫지만 신라가 지는 일은 더 이상 없을 것이다. 내가 삼국을 통일해서 한반도에서 전쟁이 사라지게 만들 거니까.

연개소문 김유신, 한강 유역을 빼앗긴 것도 억울한데 감히 우리 고구려를 넘보다니! 그동안 중국의 침입을 막아 준 고구려의 은혜도 모르는 놈이로구나. 네가 아무리 발버둥 쳐도 고구려를 꺾을 순 없다.

김유신   그건 너희들 생각일 뿐이고. 우리 신라가 삼국을 통일해서 이 지긋지긋한 전쟁을 끝내고 민족의 화합과 발전을 이끌어 낼 것이다.

Scene 2

제1전선 전진 부대에 배치된 거시기. 참호 밖으로 얼굴을 빼꼼히 내밀자 바로 눈앞에 거대한 평양성이 보인다. 성곽에 앉아 있던 험상궂은 까마귀가 째려보자 깜짝 놀라 다시 쏙 들어가는 거시기.

고대사회에서 영토를 넓히고 백성을 늘려 큰 국가로 성장할 수 있는 방법은 대개 전쟁뿐이었습니다. 고구려, 백제, 신라가 저마다 돌아가며 전성기를 누렸다는 것은 그만큼 경쟁이 치열했다는 증거이고, 백성들 입장에선 전쟁이 끊임없이 이어졌다는 뜻이겠지요. 걸쭉한 사투리로 삼국 전쟁을 코믹하게 다룬 영화 〈황산벌〉과 〈평양성〉을 패러디한 다음 글을 읽고 통일 전쟁의 의미를 되새겨 볼까요? 참, 영화 속 '거시기'는 힘없는 뭇 백성을 상징하는 말이랍니다.

거시기   너는 뭘하다 전쟁에 참여하게 됐니?
머시기   나는 농사짓다가 갑자기 신라군에게 끌려왔어. 집에는 홀어머니 혼자 계시는데.
거시기   나는 황산벌 전투에 참여했다가 구사일생으로 겨우 목숨을 건졌는데 재수도 없지, 다시
          평양성 전투에 끌려오다니. 아직 장가도 못 갔는데 여기서 죽을 순 없어.
머시기   맞아, 맞아. 이 지긋지긋한 전쟁은 언제쯤 끝날까?

Scene 3
당나라 군대의 사령관 진지 안. 거만하고 뻔뻔스러운 얼굴로 칙서를 들고 읽는 소정방. 당장이라도 자리를 박차고 일어날 듯이 엉덩이를 들썩거리며 칼자루를 쥐락펴락하는 신라 장수와 이와 반대로 얼음처럼 차갑게 굳어 있는 김유신의 얼굴.

김유신   백제와 고구려를 쳤으니, 약속한 대로 대동강 이남의 영토는 신라에게 주시오.
소정방   무슨 소리! 전쟁에서 이길 수 있었던 건 우리 당나라의 힘 때문이야. 앞으로 백제 땅엔
          웅진도독부, 고구려 땅엔 안동도호부, 너희 신라 땅엔 계림도독부를 두고 다스리겠다.
김유신   세상에 믿을 놈 없다더니. 어쩔 수 없이 너희 힘을 빌리긴 했지만 절대로 그렇게 두진
          않을 거다. 백제, 고구려, 신라인의 힘을 모두 합쳐 너희 당나라를 몰아내고 통일국가를
          만들고 말 것이다.

그래,
신라의 삼국 통일은
화합과 평화를 가져왔어

역사의 격변기, 갈림길에 서다

"우리의 소원은 통일, 꿈에도 소원은 통일." 우리나라 사람 중에 이 노래를 모르는 사람은 없을 것입니다. 지구상의 유일한 분단국가인 우리에게 통일은 꿈에서도 바랄 만큼 중요한 일이지요. 그런데 지금

으로부터 1300여 년 전의 신라인들도 이런 마음이었을까요? 지금의 우리처럼 당시의 신라인들에게도 통일은 꼭 이루어야 하는 시대적 과제였을까요? 당시의 국제 정세를 살펴보면 이에 대한 답을 찾을 수 있습니다.

신라가 삼국을 통일한 7세기의 동아시아는 격동의 시기였습니다. 이전까지만 해도 중국의 남북조와 북방의 유연柔然, 고구려 등 강대국들이 세력균형을 이루어 나름의 국제 질서를 형성해 왔지만 중국 대륙을 하나로 아우르는 통일 제국인 수나라와 당나라가 차례로 등장하면서 이 세력균형이 깨지고 말았기 때문입니다. 거대한 중국 대륙을 통일한 수나라와 당나라는 대륙 서쪽의 서역 세력과 북방의 돌궐을 차례로 복속시키면서 자국 중심의 새로운 질서를 만들어 나갔습니다. 다원적인 국제 질서 대신에 자신들이 중심이 되는 일원적인 국제 질서를 만들려고 한 것이지요. 그동안 동아시아의 강자로 군림해 오던 고구려도 긴장하지 않을 수 없었습니다. 중국 중심의 지배 질서를 강요하는 수나라와 복종을 거부하는 고구려 사이에 갈등이 깊어지다가 고구려의 선제공격으로 마침내 전쟁이 시작되었습니다. 수 문제가 이끄는 30만 대군이 수로와 육로로 고구려를 공격해 왔지만

중국 동북지방에 있는 백암성. 고구려 시대 서부 지방의 주요 방위성이었다.

■ 살수대첩
612년, 고구려 명장 을지
문덕은 거짓으로 패하고
달아나는 전술을 구사해
적의 전력을 떨어뜨린 뒤
퇴각하는 수나라 군대를
살수에서 크게 이겼다.

실패했고, 곧이어 100만 대군을 이끌고 쳐들어온 수양제의 공격을 살수[■]에서 용맹하게 막아 낸 일은 여러분도 잘 알고 있을 것입니다.

수나라의 뒤를 이은 당나라도 마찬가지였습니다. 고구려는 당나라 중심의 지배 질서를 받아들일 수 없었고, 당나라 역시 고구려를 인정할 수 없었지요. 겉으로는 고구려의 독자적 세력권을 인정하며 우호 관계를 유지했지만 뒤에서는 고구려에 대한 공격 준비를 하고 있었지요. 당 태종 대에 이르러 돌궐을 아우르는 통일 대제국을 건설한 후 당나라는 마침내 고구려를 침략하였습니다. 이때가 645년입니다. 고구려는 두 달이 넘는 긴 시간 동안 끈질기게 저항하며 안시성에서 당의 군대를 물리쳤습니다. 이후 고구려는 당나라에게 눈엣가시 같은 존재가 되었지요.

그런데 안시성 전투가 있던 해로부터 3년 전인 642년, 신라의 김춘추가 구원 요청을 하기 위해 고구려의 연개소문을 만나러 간 일이 있었습니다. 그해는 연개소문이 권력을 잡은 해이자, 국력을 회복한 백제 의자왕이 신라를 공격한 해였습니다. 그러나 고구려는 신라의 구원 요청을 들어주지 않았습니다. 신라는 삼국 중 가장 늦게 성장했지만 나날이 힘을 키워 6세기 중엽 한강 유역을 차지하면서 한반도의 또 다른 강자로 급부상하고 있었습니다. 하지만 고구려와 백제가 손을 잡고 공격을 해 오자 위기감을 느끼지 않을 수 없었지요. 특히 백제의 집요한 공격으로 서쪽 국경 최대 요충지인 대야성을 빼앗기자 위기감은 공포로 변하였습니다.

신라는 이러한 국내외 정세에 압박감을 느낄 수밖에 없었습니다. 국력이 성장하고 있다고는 하나 고구려와 백제의 공격 앞에 고립무원의 상태를 피하기 어려웠기 때문입니다. 신라의 입장에서는 자신들을 도와줄 누군가가 절실히 필요했던 시기였지요. 또한 백성들 처지에서도 계속되는 전쟁을 끝낼 수 있는 무언가가 필요했습니다. 고대사회에서 작은 나라가 영토를 넓히고 백성의 수를 늘려 성장할 수 있는 방법은 전쟁뿐이었습니다. 신라 역시 끊이지 않는 영토 분쟁으로 백성들의 삶은 고단하고 피폐했지요. 이런 신라에게 통일은 피할 수 없는 시대적 과제가 아니었을까요? 결국 신라는 바다 건너 당나라와 손을 잡게 되었습니다.

통일로 가는 길

신라의 통일이 피할 수 없는 시대적 과제였다고는 해도, 통일을 위해서 꼭 당나라의 도움을 받아야 했을까요? 신라의 삼국 통일을 이야기할 때면 빠지지 않는 이야기입니다. 외세의 도움을 받아 통일을 이루었기에 우리 역사의 자주성을 손상시켰다는 거센 비판이 쏟아지지요. 하지만 이를 무조건 비판하기보다는 신라가 왜 그런 선택을 했는지 생각해 보아야 하지 않을까요?

신라가 당나라와 연합을 하는 데는 김춘추의 역할이 절대적이었습니다. 하지만 김춘추도 처음부터 외세의 도움을 받을 생각은 아니었습니다. 앞서 이야기했던 642년의 상황을 자세히 살펴볼까요? 백제의 의자왕은 장군 윤충을 보내 대야성을 공격하였습니다. 대야성은 백제와 신라의 경계선상에 위치해

신라 제29대 왕인 태종 무열왕 김춘추의 초상화

있어 전략적으로 굉장히 중요한 곳이었지요. 성이 함락되자 김춘추의 사위이자 대야성의 성주인 김품석과 김춘추의 딸 고타소는 자결을 하였습니다. 이 소식을 들은 김춘추는 큰 충격을 받았지요. 개인적인 아픔도 컸지만 이는 곧 신라의 운명과도 직결된 것이었기 때문입니다. 이 사건 이후 김춘추는 목숨을 건 외교 활동에 나섰습니다. 대야성 사건이 있던 642년은 고구려에서 연개소문이 정변을 일으켜 정권을 장악했던 해이기도 합니다. 김춘추는 고구려를 방문하기로 결심하였습니다. 백제를 치기 위한 구원군을 빌리기 위해서였지요. 하지만 연개소문은 구원군을 내주기는커녕 김춘추에게 진흥왕 때 신라에게 빼앗긴 마목현(하늘재)과 죽령의 반환을 요구했습니다. 이는 곧 신라에게 한강 유역을 다시 내놓으라는 요구였지요. 김춘추는 신하된 자가 대답할 수 있는 일이 아니라고 하였고, 연개소문은 그를 곧 감옥에 감금하였습니다. 하지만 감옥에 갇혀 있던 김춘추는 기지를 발휘해 무사히 신라로 돌아갈 수 있었지요.

고구려 방문이 아무 소득 없이 실패로 끝나고 말았지만 김춘추는 실망하지 않고, 647년 왜국을 방문하였습니다. 왜는 대체로 백제와 우호적인 관계였고 신라와는 다소 거리가 있었지요. 하지만 김춘추가 왜국을 방문한 데에는 왜가 신라를 도와주리라는 희망이 있었기 때문입니다. 645년 나카노 오에 황자가 백제계 소가노를 제거한 다이카 개신▪이 있었거든요. 그런 이유로 백제 공격에 함께 나설 것을 타협하고자 갔지만 이 역시 성공하지는 못했습니다.

두 번의 실패 끝에 결국 김춘추는 당나라로 발길을 돌렸습니다. 648년 다시 당나라로 가면서 자신의 아들까지 인질로 데리고 갔습니다. 김춘추가 당나라에 도착하자 당은 그를 극진히 환대하였습니다. 김춘추는 당 태종에게 나당 동맹을 체결하여 백제 및 고구려 정

▪ 다이카 개신
7세기 중엽 일본의 정치 개혁. 중국 수나라와 당나라의 정치제도를 본떠 왕을 중심으로 한 중앙집권적 정치체제를 구축함. 처음으로 다이카大化라는 연호를 정하고 도읍을 나니와(오사카)로 옮겼다.

벌에 함께 할 것을 요구했고, 이 제안은 고구려 정벌에 실패해 상심
해 있던 당 태종에게 더할 나위 없이 좋은 제안이었기에 당연히 수
락을 했지요.

　마침내 신라는 당나라를 끌어들여 백제와 고구려를 차례로 멸망
시켰습니다. 당나라와의 연합을 가져온 이가 김춘추였다면, 전장에
서 신라군을 지휘한 이는 김유신이었지요. 그는 황산벌■에서 계백
이 이끄는 백제의 결사대를 격파하고 사비성으로 진격하였습
니다. 당나라군은 금강 하구로 공격해 들어왔지요. 660년,
나당 연합군에 의해 사비성이 함락되면서 백제는 결국 멸망
하고 말았습니다. 백제를 멸망시킨 나당 연합군은 곧바
로 고구려의 평양성을 공격하였습니다. 계속된 전란
으로 국력이 약해지고 백성들의 삶도 많이 피폐해
졌지만, 고구려는 여전히 강했습니다. 성문을 굳게
닫고 나당 연합군의 공격을 막아 냈지요. 하지만
강력한 통치력을 발휘하던 연개소문이 666년에 죽
고 나자, 지배층 내부에서는 분열이 생겨났고, 그
틈을 이용해 당 고종은 666년 12월, 다시 고구려
정벌을 명했습니다. 더구나 연개소문의 아들 연남
생이 권력 다툼 끝에 당나라의 길잡이가 되어 전쟁
에 참전하면서부터 전세는 고구려에 점점 더 불리
해졌지요. 당 고종은 김춘추의 아들인 신라 문무왕
에게 조서를 보내 667년 7월 신라군이 출병하도록
하였습니다. 나당 연합군이 다시 결성되어 고구려
공격에 나선 것입니다. 문무왕과 김유신은 신라군
을 이끌고 북상했고, 당나라는 육군과 수군으로 나뉘어

■ 황산벌 전투
660년 나당 연합군이 쳐
들어올 때 백제군과 신라
군 사이에 벌어진 전투.
계백이 "살아서 적의 노비
가 되느니 차라리 죽는 게
낫다" 하여 처자식을 죽이
고 싸움에 임한 것과 화랑
관창과 반굴의 이야기가
유명하다.

충북 진천 길상사에 있는 김유신
초상화, 후대에 그린 상상도이다.

육군은 요동으로부터 남하하고 수군은 배를 타고 평양성 쪽으로 진격하였습니다. 고구려는 전략 요충지인 신성, 부여성 등을 빼앗기고 평양성마저 고립되었습니다. 그리고 결국 한 달 만에 성문을 열어 항복하였지요. 668년, 동아시아의 강자였던 고구려는 그렇게 패망하고 말았습니다.

신라의 선택은 옳았다

신라가 당나라의 도움을 받은 것은 절박한 상황에서 국가의 사활을 건 외교정책의 일환이었을 뿐입니다. 신라가 외세의 도움을 받아 통일을 이룸으로써 자주성을 손상시켰다고 하지만, 결코 그렇지 않다는 사실은 나당전쟁에서 확실하게 드러납니다. 나당전쟁은 신라의 입장에서는 주체성을 회복하는 전쟁인 동시에 약속을 지키지 않은 당나라에 대한 응징이었습니다. 신라가 단순히 당나라의 속국이 되기를 원하였다면 결코 있을 수 없는 행동이었지요.

648년 김춘추가 당 태종을 만났을 때, 당 태종은 평양 이남과 백제 영토는 모두 신라에게 주겠다고 약속했습니다. 이어서 공격 계획을 세우고 규율을 정하였지요. 나당 군사동맹은 단순히 군사적 도움을 요청하고 이에 응한 청병과 출사의 약속이 아니라 일종의 영토 분할 협정이었습니다. 평양 이남과 백제 전 국토는 신라가 가져간다는 대등한 외교적 약속이었지요. 하지만 고구려를 무너뜨린 뒤 당나라는 백제 지역에는 웅진도독부를 두고, 고구려 지역에는 안동도호부를 두어 이들 지역을 자신의 지배하에 두려 하였습니다. 경주에도 계림도독부를 두어 신라 귀족들의 분열을 도모하였고, 한반도 전체에 대한 지배권을 가지려 하였습니다. 이에 신라는 고구려 및 백제의 유민들과 연합하여 당나라와 맞섰습니다. 당나라의 20만 대군을 매소성에서 격파함으로써 나당전쟁의 주도권을 장악했고, 금강 하구의 기벌포에서 당나라 수군을 섬멸함으로써 당나라 세력을 완전히 몰아냈지요. 그리고 676년, 평양에 있던 안동도호부마저 요동성으로 밀어냄으로써 드디어 삼국 통일을 이룩할 수 있었던 것입니다. 신라의 삼국 통일을 두고 남의 힘을 빌려 통일하다니 비겁하다고 하거나 큰 나라의 도움을 받았다고 사대주의라고 비난하기도 합니다. 하지만 이는 당시 신라가 처한 상황과 이를 극복하기 위한 노력을 제대로 살펴보지도 않은 비판을 위한 비판일 뿐입니다. 신라는 변화하는 국제 정세를 잘 읽고 적극적이고 뛰어난 외교정책을 펼쳐 마침내 삼국을 통일할 수 있었던 것입니다.

화합과 평화, 그리고 번영을 가져온 통일

신라의 삼국 통일은 한반도에 획기적인 변화를 가져왔습니다. 고구려의 압박을 받으면서도 신라는 유교와 불교 등을 통한 문화적 발전을 계속하였고, 가야를 병합하고 한강 유역을 정복하면서 국력에도 자신감을 갖게 되었습니다. 삼국 통일을 계획하고 이룰 수 있었던 것 역시 이러한 과정 속에서 축적된 신라의 저력이라할 수 있습니다. 삼국 통일을 완수함으로써 신라는 평양 이남의 지배권을 가지게 되었습니다. 735년(성덕왕 34년)부터는 대동강에서 원산만을 연결하는 국경이 설정되었지요. 이로써 신라의 영토와 인구는 이전과 비교하여 약 3배로 팽창하였습니다. 신라는 백제와 고구려의 영토에 주·군·현을 두고 신문왕 때에는 전국을 9주로 편제

얼굴 무늬 수막새. 경주 영묘사터 출토, 웃는 얼굴이 새겨져 있어 '신라의 미소'로 불린다.

했습니다. 9주는 중국 최초의 왕조인 하나라 우임금이 천하를 9주로 구분했던 것에서 따온 것이었습니다. 그리고 고구려, 백제, 신라의 땅에 각각 3개의 주를 두었는데, 이는 신라인의 세계관을 보여 줌과 동시에 삼국을 포용하는 통일된 신라의 모습을 보여 주고 있습니다. 신라가 아닌 통일신라라 부르기에 전혀 손색이 없지요.

이런 화합 정신은 9서당 조직에서도 잘 드러납니다. 신라는 중앙 핵심 군사 조직인 서당을 통일 뒤 9개로 늘렸습니다. 그 가운데 3개는 고구려 출신으로, 2개는 백제 출신, 1개는 말갈 출신, 그리고 3개는 신라 출신으로 편성하였지요. 어느 시대나 핵심 군사력은 가장 충성심이 높은 사람들로 편성을 합니다. 만약 고구려와 백제 백성을 단순히 포섭 대상으로 여겼다면 각각 1개 정도만 안배를 하였을 것입니다. 하지만 신라 출신이 겨우 3분의 1밖에 되지 않았던 것은 이들을 포섭하려 한 것이 아니라 하나로 묶으려 했다는 사실을 잘 보여 주고 있습니다.

또 우리 전통 현악기 가운데 가장 대표적인 악기로 거문고와 가야금이 있습니다. 이 두 악기는 고구려와 금관가야에서 만들었지요. 이 두 나라는 모두 신라에게 멸망당하였습니다. 만약 신라가 두 악기를 자신들이 만든 것이 아니라고 해서 버렸다면 어떻게 되었을까요? 아마도 두 악기는 오늘날까지 전해지지 않았을지도 모릅니다.

비록 삼국이 각각 활동하였던 때와 비교하면 민족의 활동 무대가 축소되었고, 요동과 만주 지역을 상실하였지만 이에 대한 책임을 신라에 물을 이유는 없지 않을까요? 더구나 삼국의 통일로 고구려, 백제, 신라로 나뉘어 살던 사람들이 드디어 한 나라의 백

거문고를 연주하는
토우가 붙은 항아리

성이 되어 동질성을 갖게 되었습니다. 통일신라는 적극적으로 백제인과 고구려인을 흡수함으로써 한 국가의 영토 안에서 같은 문화를 향유하는 하나의 민족 공동체를 이룰 수 있게 되었습니다. 이후 고려와 조선에 이르기까지 그 구성원들은 서로 분리되지 않고 민족적 응집력을 발휘해 왔지요. 대동강과 원산만을 잇는 국경에 그쳤던 영토도 꾸준히 확장하여 압록강과 두만강에 이르기까지 회복하고 확대할 수 있었습니다. 만약 삼국이 통일을 이루지 못하였다면 우리 겨레의 통합된 발전은 기대하기 어려웠을 것입니다.

금동주악상, 경주 안압지에서 출토되었다.

신라를 통일한 문무왕은 동해 바다의 용이 되어 나라를 지키겠다는 유언을 남겼습니다. 그리고 문무왕의 아들 신문왕이 용이 된 문무왕이 건네준 만파식적이라는 피리를 받았다는 이야기가 『삼국유사』에 전합니다. 만파식적이란 '거센 물결을 자게 하는 피리'라는 뜻으로, 이 피리를 불면 적군이 물러가고 병이 낫고 가물 때는 비가 내리며 장마 때는 비와 바람이 그치고 파도가 잠잠해졌다고 합니다. 이 이야기에는 더 이상 전쟁 없는 세상을 바랐던 당시 사람들의 간절한 소망이 담겨 있습니다. 우리가 삼국 통일에서 가장 주목해야 할 지점이 바로 여기입니다. 신라가 삼국을 통일함으로써 끊임없이 계속되던 전쟁이 그치고 한반도에 평화가 찾아왔다는 사실이지요. 이 평화를 바탕으로 나라는 더욱 발전했고 찬란한 문화가 꽃을 피웠습니다. 따라서 우리는 신라가 이룬 삼국 통일을 폄하해서는 안 될 것입니다.

아니야,
삼국 통일은 외세에 기댄
반쪽짜리 통일이었어

도적을 불러 형제를 죽이다

김부식은 『삼국사기』에서 고구려가 불손하게도 중국을 고분고분 따르지 않아 여러 번 죄를 묻는 정벌의 군사를 부르게 되었다고 기록했습니다. 백제도 도리에 어긋나는 행동을 많이 했고, 중국에 겉으로는 순종하는 듯하면서도 안으로는 그렇지 못하였다고 하면서 백제의 패망을 당연시했지요. 그러나 일제시대 민족주의 역사학자 신채호는 『독사신론』에서 김부식의 사대주의적인 태도를 지적하면서 신라의 삼국 통일을 비판하였습니다. 다른 종족을 끌어 들여 같은 종족을 멸망시키는 일은 도적을 불러들여 형제를 죽이는 것과 다를 바 없다는 것이지요. 또 "신라 역대 왕들은 항상 외세의 도움을 받아 고구려, 백제를 멸망시키고자 하였다. 태종 대왕 김춘추가 드디어 그 일을 완성하였다고 우쭐거리며 뽐냈다. 이는 마땅히 욕하고 꾸짖고 배척해야 하는 일이다. 그럼에도 불구하고 우리나라 통일의 실마리를 연 임금으로 치켜세우는 것은 잘못된 일이다."라고 말했습니다.

우리가 신라의 삼국 통일을 긍정적인 시각으로 바라보기 힘든 가장 큰 이유는 신라가 다른 민족인 당나라를 끌어들여서 우리 민족의 문제를 해결했기 때문입니다. 신채호는 이와 같은 신라의 행동을 거세게 비판한 것입니다. 삼국 통일 이전까지 고구려, 백제, 신라는 서로 크고 작은 전쟁을 하며 싸워 왔어도 상대방을 멸망시켜야겠다는 모습을 보이지는 않았습니다. 정복 전쟁으로 치러야 하는 대가가 너무 엄청나서 그럴 수도 있었겠지만, 당나라의 군대까지 동원해 해결해야 할 급박한 위기 상황이 삼국 사이에 존재하지 않았기 때문은 아닐까요? 꼭 외세를 끌어들이면서까지 통일을 위한 전쟁을 일으켜야 했을까요?

당나라를 끌어들여 이룩한 통일의 결과는 한민족의 입장에서도, 신라의 입장에서도 결코 긍정적인 일이었다고 볼 수만은 없습니다. 먼저 당나라에게 신라는 동맹국이 아니었습니다. 그저 오랑캐로써 오랑캐를 통제하는 이이제이■의 수단에 불과한 것이었습니다. 신라를 대하는 당나라의 태도를 보면 이는 더욱 분명해집니다. 643년(선덕여왕 10년), 신라가 당나라에 사신을 보내어 지원을 요청했을 때 당 태종은 이렇게 말하며 거절했습니다. "여자를 임금으로 삼아 이웃 나라의 업신여김을 받으니 이는 임금을 잃고 적을 받아들이는 것이어서 해마다 편안할 때가 없다." 심지어 자신의 친척 한 명을 보내어 신라의 임금으로 삼겠다고까지 하였지요. 이런 굴욕을 참으면서까지 다시 당나라에 도움을 요청한 것은 후대의 입장에서 보아도 굉장히 수치스러운 일이었고, 그 결과로 당시 사람들이 겪었던 현실

■ 이이제이 以夷制夷
적을 이용하여 다른 적을 무찌른다는 뜻으로, 한 세력을 이용하여 다른 세력을 제어함을 이르는 말. 넓은 영토를 가진 중국이 국경을 침입하는 세력을 막아 낼 수 없어 취한 정책.

또한 매우 고통스러운 것이었습니다.

나당 연합군은 660년 고구려가 아닌 백제를 먼저 공격하였습니다. 소정방이 이끄는 13만 명의 당나라 군대는 산둥반도를 출발하여 덕물도에 이르렀습니다. 이곳에서 소정방과 김춘추, 김유신이 만나 백제 공격을 위한 작전을 세웠지요. 소정방은 백강을 거슬러 올라가 사비성으로 나아갔고, 김유신은 황산벌에서 계백의 5천 결사대를 무너뜨렸습니다. 의자왕은 웅진(공주)으로 도망하였지만, 결국 사비성(부여)으로 돌아와 항복하였습니다. 찬란한 문화를 자랑하던 백제의 멸망은 한순간이었지요. 당나라는 의자왕과 왕자, 신하 88명, 백성 1만 2,807명을 포로로 잡아 당나라의 장안으로 끌고 갔으며, 정복한 백제 땅에는 웅진도독부를 두어 다스렸습니다. 백제 땅을 신라에게 줄 생각이 처음부터 없었음을 알 수 있습니다.

이준익 감독, 〈평양성〉, 2010

이준익 감독, 〈황산벌〉, 2003

동아시아의 강자로 군림하며 중국의 대제국과 당당히 맞서 싸웠던 고구려의 패망 역시 허무하고 고통스러웠습니다. 고구려의 마지막 임금인 보장왕과 그 아들 복남, 덕남, 연개소문의 아들인 남건, 남산을 비롯한 지배층들은 20여만 명에 달하는 고구려 백성들과 함께 당나라 장안으로 끌려갔습니다. 사실상 저항 능력이 있어 보이는 모든 고구려 사람들을 끌고 간 것이었지요. 이는 고구려의 부흥 운동을 철저히 막겠다는 당나라의 의도적인 행동이기도 했지만 당나라가 그만큼 고구려인들을 두려워했다는 반증이기도 합니다. 이들은 장안에 들어서기 전 당 태종의 무덤에 절을 하는 수모를 겪어야만 했습니다.

신라가 삼국을 통일하여 평화를 가져왔다고 하나 그것은 승자의 시각에서 바라보는 역사일 뿐입니다. 애초에 당나라를 끌어들여 전쟁을 벌이지 않았다면 고구려와 백제의 백성들이 이처럼 수모를 겪고 불행한 삶을 살지는 않았을 것입니다. 그들의 입장에서는 자신들의 나라가 사라진 것이고, 전쟁으로 목숨을 잃은 수많은 군인과 백성들 또한 전쟁이 없었다면 좀 더 행복한 삶을 살 수 있었을 것입니다. 이 전쟁은 이전에 삼국의 국경 지대에서 일어났던 분쟁과 비교도 할 수 없는 막대한 희생을 초래했지요. 신라가 당나라를 끌어들여 전쟁을 벌이지 않았다면 이런 불필요한 희생은 없었을 것입니다.

끝나지 않는 전쟁, 끝나지 않는 희생

백제와 고구려가 멸망했다고 해서 전쟁이 끝난 것은 아니었습니다. 두 나라가 멸망한 후 당나라는 백제 옛 땅에는 웅진도독부를, 고구려 옛 땅에는 안동도호부를 두었습니다. 심지어 신라 땅에도 계림도독부를 두었지요. 도호부나 도독부는 자국 내 변방 지역의 방어를 위해 설치하는 일종의 군사령부입니다. 처음 동맹을 맺을 때의 약속과 다른 것이었지요. 한반도를 직접 지배하겠다는 당나라의 욕심을 드러낸 것이었습니다. 이는 결국 당나라를 한반도에서 몰아내기 위한 또 다른 전쟁을 불러왔습니다. 신라는 당나라 군대를 몰아내기 위해 백제 및 고구려의 유민들과 힘을 합하여 또다시 전쟁을 치러야 했습니다. 바로 나당전쟁이지요. 나당전쟁을 치르면서 고구려인, 백제인, 신라인이 함께 힘을 모았다고는 하지만, 고구려인과 백제인이 통일된 나라 신라를 위해 싸웠다고 볼 수는 없습니다. 이들은 자신이 살아왔던 터전을 외세로부터 지키기 위해, 다시 말해 자신들의 역사를 지키기 위해 행동한 것이지요.

물론 나당전쟁은 신라가 주체성을 회복하고 자주성을 지켜 낸 전쟁이었습니다. 하지만 처음부터 외세를 끌어들이지 않았다면 불필요했을 전쟁입니다. 삼국 통일 과정에서 당나라를 끌어들인 것은 위험부담이 너무 큰 모험에 가까운 것이었습니다. 사람들은 신라가 당나라와 연합한 것은 신라의 적극적이고 뛰어난 외교의 결과라고 평가하기도 합니다. 그러나 신라가 정말로 치밀한 승부수를 띄울 수 있는 뛰어나고 현명한 외교 감각을 가졌더라면 무모하게 당나라를 끌어들이지 않았을 것입니다. 당나라가 삼국을 통일한 후 순순히 물러갈 것이라는 기대는 너무나도 순진한 생각에 불과했으니까요.

만약 나당전쟁에서 승리하지 못했다면 우리 역사는 어떻게 되었을까요? 신라가 당나라 군대에 공세를 퍼부을 수 있었던 까닭은 서역의 정세 변화와 밀접한 관련이 있습니다. 660년 무렵 당나라의 군사력이 한반도로 집중되면서 서역▪에서는 서돌궐의 여러 부족이 당나라에 반기를 들었습니다. 토번▪은 한반도에서 당나라의 군사작전

▪ 서역 西域
중국의 서쪽 지역인 중앙 아시아를 일컫는 말. 흉노, 돌궐 등이 세력을 키워 중국과 대립했으며 서돌궐은 돌궐의 한 세력이다.

▪ 토번 吐蕃
중국 당나라, 송나라 시대에 중국인이 티베트 왕국 및 티베트인을 가리켜 사용하던 말.

이 장기화되자 669년 실크로드 지역을 공격해 당나라 장수 설인귀의 10만 대군을 격파하는 등 당나라를 압박했지요. 서역의 전황이 급박해지면서 당나라는 주력군을 서역에 집중하게 되었고, 이러한 상황에서 신라가 당나라에 대항할 공간을 마련할 수 있었던 것입니다. 당시 당나라를 압박했던 대외적 상황이 없었더라면 당나라는 신라와의 전쟁에 전력을 기울였을 것이고, 그랬다면 나당전쟁에서 신라가 공세적 입장을 갖기는 어려웠을 것입니다. 물론 신라를 포함한 삼국민의 저항이 만만치 않았겠지만, 그렇다 해도 당시 백성들이 입게 되었을 피해 규모는 훨씬 더 컸을 것입니다. 만약 나당전쟁에서 졌다면 우리 역사가 또 어떤 시련을 겪고 있을지 모를 일입니다.

누구를 위한 통일이었나?

그런데 이렇게 큰 희생을 겪은 백성들이 통일 이후에 조금이라도 더 잘살게 되었을까요? 신라의 통일 이후에 안정과 번영이 찾아왔다고 합니다. 통일 후 신라의 도읍 서라벌(경주) 왕경에는 약 18만 가구가 살았는데 금으로 치장한 대저택인 금입택이 35채가 있었다고 하지요. 이것은 영토가 3배로 늘어나면서 조세수입도 늘어났고 국방비의 지출이 줄어 신라의 재정이 그 어느 때보다 풍족했기 때문이었습니다. 하지만 이런 풍요로운 삶이 일반 백성들에게까지 이어졌다고 보기는 어렵습니다.

『삼국사기』의 기록을 보면 원성왕, 헌덕왕,

주검 앞에서 슬퍼하는 여인 토우

흥덕왕, 문성왕, 경문왕 때에 이르기까지 나라 안에 자연재해, 질병과 더불어 초적이 들끓고 있었습니다. 9세기 후반 헌강왕의 여동생인 진성여왕 3년에는 상주 지방에서 원종과 애노가 주도하는 봉기가 있었습니다. 이 반란은 지방에서 세금을 내지 않아 국가재정이 모자라게 되자 백성들에게 세금 납부를 독촉한 것이 계기가 되었지요. 이전과 비교하여 영토가 늘어나고 인구도 늘어났지만 늘어난 부는 백성들에게 돌아가지 않았습니다. 신라 지배층들이 변화된 현실에 걸맞은 사회체제를 발전시켜 나가지 못하고 자신들의 지위와 부를 유지하는 데에만 급급했기 때문입니다. 신라 말기 헌강왕 때 "서라벌 지역의 민가에서 기와집을 짓고 숯으로 밥을 해 먹는다는 소식에 신하들이 모든 것이 임금이 통치를 잘해서 그렇다고 말했다."라는 기록이 있습니다. 그러나 신라의 지배층들이 마음껏 풍요와 사치를 부리는 동안에 백성들은 자식을 팔아넘길 만큼 굶주림에 시달렸고, 귀족들에게 논밭을 빼앗긴 채 떠돌아다니다 도적이 되기도 했습니다. 『삼국유사』에 전하는 아버지가 굶어 죽게 되자 아

왼쪽부터 말을 탈 때 발을 끼워 넣던 호등, 은으로 만든 합, 전각 모양으로 된 사리기이다. 신라 지배층들의 부유한 생활을 보여준다.

들이 자기 다리 살을 베어 먹였다는 이야기나, 어린 자식이 늙은 어머니의 밥을 빼앗아 먹자 아이를 땅에 묻었다는 이야기는 단순히 효를 강조하는 설화로 볼 수 없습니다. 당시의 가난하고 고달픈 백성의 삶이 고스란히 묻어 있는 설화인 것이지요.

부와 권력을 독차지한 지배층들의 배타적인 특성은 인재를 등용하는 데에도 문제를 불러왔습니다. 통일 전부터 신라인의 삶을 지배하던 신분제도인 골품제는 백성들뿐 아니라 지배계급인 6두품의 앞길도 막았고, 지배층이 포용하지 못한 이들은 사회의 불만 세력으로 남았지요. 최치원은 당나라에 유학하여 18세 때 빈공과에 합격하였던 수재입니다. 하지만 고국으로 돌아온 그를 반겨 준 것은 신분제도의 높은 벽이었습니다. "뜻을 펼치고 싶었지만 의심하고 꺼리는 자가 많아 뜻을 이루지 못했다."라고 최치원 스스로 기록하고 있지요. 이와 같은 상황은 최치원 한 사람에게만 해당되는 것이 아니었습니다. 지배층들의 특권 의식과 배타성은 결국 신라 사회의 통합을 방해하고 또다시 분열에 이르게 하였습니다. 김유신의 후손조차도 시간이 지날수록 제대로 대우를 받지 못했고 6두품으로 떨어졌습니다. 그러니 원래 신라의 백성도 아니었던 백제인과 고구려인의 후손들의 삶은 어땠을까요? 신라 스스로 "삼한을 일통하였다."라고 말하며 모두가 한 백성이라고 주장하였지만, 백제인이나 고구려인은 신라인들이 누릴 수 있는 권리를 다 누리지 못했습니다. 두 나라 출신들은 본국에서 받은 지위보다 낮은 골품을 받았고 겨우 낮은 관직에나 오를 수 있었을 뿐이지요.

신라의 삼국 통일로 드디어 민족의식이 성립된 계기가 마련되었다고는 하지만, 과연 그럴까요? 이런 불만은 신라 말 궁예와 견훤이 원래 고구려와 백제 땅에서 고구려와 백제의 부흥을 내세우자 큰

■ 골품제 骨品制
신라시대 혈통에 따라 신분을 구분한 제도. 왕족은 골제, 귀족을 두품제로 구분. 개인의 정치 활동이나 사회 활동은 물론 집의 규모, 옷 색깔, 수레의 규모와 장식 등 일상생활까지 엄격하게 규제하였다.

발해

상경

중경 ● ● 동경

서경 ● ▲백두산

남경 ●

동 해

황 해

신 라

금성(경주) ●

호응
을 받
았던 것에
서 그대로 드
러납니다. 이런 한
계를 가지고 있는 신라의
삼국 통일을 민족의식이 성립된 계
기로 평가할 수는 없겠지요. 진정한
민족 융합의 출발은 발해 유민까지
통합한 고려로 보아야 할 것입니다.

불완전한 절반의 승리

이처럼 우리가 신라의 삼국 통일에서 가장
주목해야 할 점은 신라의 통일이 불완전한 승리
이자 불완전한 화합일 뿐이라는 사실입니다. 삼국 통
일의 의미를 살리려면 고구려, 백제, 신라의 통치력이 통일 후에도
비슷한 수준으로 유지되었어야 할 것입니다. 하지만 현실은 그렇지
못했습니다. 신라는 당나라의 육군과 수군을 매소성과 기벌포에서
물리치면서 대동강에서 원산만에 이르는 영토를 지킬 수 있었습니
다. 그러나 엄청나게 많은 피를 흘렸음에도 불구하고 삼국이 지배
했을 당시와 비교하면 민족의 활동 무대가 크게 축소되었지요. 고
조선 이래로 한민족의 주요 활동 무대였던 요동과 만주 지역을 상
실했으니까요. 결국 나당전쟁이 끝난 후 신라가 차지한 지역은 한
반도 평양 이남의 땅이었습니다. 그렇다고 하여 나머지 지역을 당

나라가 모두 차지한 것도 아닙니다. 당나라 군대의 총사령관이었던 이적이 당 고종에게 보낸 보고서에 따르면 압록강 이북의 성 가운데 당나라에 투항한 성은 11개 성뿐이었습니다. 넓은 만주 지역 안에는 여전히 수많은 고구려인들이 생활을 이어나가고 있었던 것입니다. 당나라는 만주 전역에 통치력을 행사하기보다는 영주에 영주도독부를 설치하여 이 지역을 형식상 지배하였으며, 고구려 유민뿐 아니라 주변의 말갈 유민들에게 통치권을 강화해 나갔습니다. 당시 이 지역에서는 당나라의 지배에 반발하여 여러 반란이 일어났는데 고구려 및 말갈의 유민들을 모아 발해를 세운 대조영도 그 세력 중 하나였지요. 발해는 만주 지역에 대한 당나라의 지배를 몰아내고 고구려의 통치 영역을 회복하였습니다. 문화면에서도 고구려의 문화를 이어나갔지요.

반면 신라의 지배층은 자신들의 생존을 위협했던 고구려와 백제를 멸망시킨 것에 만족하고 있었습니다. 적극적인 민족 융합 정책을 실시한 것도 아니었고, 잃어버린 영토를 회복하고자 하는 의지도 보이지 않았지요. 대동강에서 원산만까지 영토를 당나라로부터 인정받은 것도 735년(성덕왕 34년)이었습니다. 이는 고구려가 멸망하고 67년이나 지나고서입니다. 당나라가 이를 인정해 주게 된 계기도 732년 발해 무왕이 산둥반도를 공격한 사건 때문이었지요. 당시 당나라는 신라에 군사 지원을 요청해 신라로 하여금 발해 남단을 공격하게 하였는데, 그 대가로 대동강과 원산만까지를 신라 영토로 인정해 준 것이었습니다. 다시 말해 정당하게 돌려받은 것이 아니라 발해를 견제하려는 당의 이이제이 정책에 의한 것이라 볼 수 있지요. 신라는 삼국을 진정으로 하나로 묶을 의지가 없었던 것입니다. 우리가 신라의 삼국 통일을 긍정적으로만 볼 수 없는 이유입니다.

『삼국사기』에서는 삼국 통일의 단초를 연 태종 무열왕 김춘추부터 혜공왕까지를 신라 역사의 중심인 '중대'로 설정했습니다. 하지만 『삼국유사』에서는 이 시대를 중대로 보지 않고, 하대와 함께 묶어서 내리막기인 '하고'로 구분하였습니다. 일연은 어떤 생각에서 그런 시대구분을 했던 것일까요? 통일신라라는 이름으로 이 시기를 정치적 안정과 문화적 번영을 누린 전성기로 바라보려는 우리의 이해가 혹시 잘못된 것은 아닐까요? 확실한 것은 앞에서 살펴보았듯이 신라의 통일이 진정한 통일국가로 나아가지 못한 그들만의 잔치였다는 것입니다.

입장 정하기

● 두 글에서 주장의 근거로 제시한 내용을 각각 요약해 봅시다.

● 다음 쟁점에 대하여 자신의 입장을 정하고 근거를 제시해 봅시다.

쟁점1 신라가 당나라와 연합한 것은 탁월한 선택이었다.

	그렇다	아니다
근거		

쟁점2 신라의 통일로 진정한 민족 융합이 이루어졌다.

	그렇다	아니다
근거		

쟁점3 통일 후 백성들의 삶은 더 윤택해졌다.

	그렇다	아니다
근거		

● 최치원은 신라를 '무궁화 꽃이 피는 고향'이라고 표현했지만 발해는 '싸리나무로 만든 화살의 나라'라고 말했습니다. 신라 사람들은 발해의 원류는 사마귀만 한 부락이고 발해인들을 아이를 잡아먹는 야만인이라 생각하기도 했고요. 이처럼 신라인들이 발해에 대해 거리감을 가지고 있었음에도 불구하고 고려를 비롯한 후대의 역사가들이 이 시기를 남북국시대라고 부르는 이유는 무엇일까요?

쪼개진 거울, 나라를 지키는 피리

설화 속 꿈과 소망

설화는 그 시대를 살았던 사람들의 마음을 보다 가까이에서 느낄 수 있게 해 주는 일상의 역사입니다. 삼국을 통일해 역사의 새로운 문을 열었던 신라인들의 일상은 어떤 모습이었을까요? 삼국사기 열전에 실려 전하는 '설씨녀와 가실', 『삼국사기』와 『삼국유사』 두 곳에 모두 실려 전하는 '만파식적', 이 두 편의 설화를 따라 신라인들의 마음속으로 들어가 봅시다.

아름다운 사랑 이야기? 가슴 아픈 전쟁 이야기!

신라 경주 밤고을에 설씨라는 성을 지닌 아름다운 아가씨가 살고 있었다. 집안은 가난했지만 용모가 아름답고 단정해서 그를 사모하는 젊은 이들이 많았다. 그런데 어느 날 그녀에게 큰 걱정거리가 생겼다. 그녀의 아버지가 군대 소집 명령을 받은 것이다. 설씨녀는 몸이 아픈 아버지를 대신하여 자신이 가려고 하였으나 연약한 여자의 몸이라 그러지도 못하고 걱정만 하고 있었다. 이때 평소에 설씨녀를 흠모하고 있던 사량부의 가실이라는 청년이 자신이 대신 가겠다고 나서자, 설씨녀의 아버지는 그 뜻을 고맙게 여겨 두 사람의 혼인을 약속하였다.

둘은 거울을 반으로 쪼개어 사랑의 신표로 삼은 뒤 다시 만날 날을 기약하였고, 가실은 자신이 기르던 말 한 필을 설씨녀에게 맡기고 떠났다. 그런데 약속한 3년이 지나 6년이 흘렀지만 가실은 돌아오지 않았다. 설씨녀의 아버지는 나이 든 딸을 무작정 기다리게 할 수는 없다는 생각에 그녀를 다른 사람에게 시집보내기로 작정하고 몰래 혼인날까지 받아 두었다. 그녀는 신의를 저버릴 수는 없다며 거절하고 도망치려 했으나 사람들에게 잡히는 바람에 뜻을 이루지 못하고 마구간에 가서 가실의 말을 보며 눈물을 뚝뚝 흘렸다.

이때, 가실이 야위고 남루한 모습으로 집 안으로 들어왔다. 그러나 집 안에 있던 사람들이 모두 그가 가실임을 알아보지 못하였다. 가실은 신표로 지니고 있던 깨진 거울 한 쪽을 던졌고, 그녀는 거울을 받아들고 큰 소리로 울음을 터뜨렸다. 둘은 그제야 마침내 혼인을 하고 해로하였다.

만파식적? 만만파파식적!

『삼국유사』속 만파식적은 죽은 문무왕과 김유신이 신라에 선물했다는 신비롭고 영험한 피리의 이름이다. 그런데 이 만파식적을 잃어버린 일이 있었다는 것을 아는 사람은 그리 많지 않다. 692년, 신문왕의 뒤를 이어 즉위한 효소왕 때 일이다. 국선 부례랑과 낭도 안상만 이라는 사람이 신라 변방에 침입한 말갈족에게 잡혀간 일이 있었다. 이 소식을 전해들은 효소왕이 "나라를 지키는 피리와 거문고가 있음에도 어찌 이런 일이 일어났는가?"라며 탄식을 하자 문득 보물을 보관했던 창고에 신령스러운 기운이 돌더니 만파식적과 거문고가 홀연 사라졌다. 효소왕은 사라진 보물을 찾기 위해 애썼지만 아무도 그 행방을 알지 못했다. 그로부터 두 달 후, 부모들이 애타는 마음으로 백률사 관음상을 향해 부례랑과 안상만의 무사 귀환을 빌고 있었다. 바로 그 때 부모 앞에 사라진 보물과 함께 포로로 잡혀갔던 두 사람이 나타났다. 몹시 놀라며 반가워하는 부모에게 부례랑은 어떤 스님의 도움을 받아 피리를 반쪽씩 나눠 타고 돌아왔노라고 했다. 이 소식을 들은 효소왕은 크게 기뻐하며 백률사에 많은 전답을 하사했다.

그런데 그로부터 한 달 쯤 뒤인 6월 12일, 6월 17일 두 차례에 걸쳐 신라 동쪽에 혜성이 나타났다가 사라지는 일이 생겼다. 신하들은 불길한 징조라며, 나라를 위해 큰일을 한 피리와 거문고에게도 큰 상을 내리는 게 좋겠다고 건의를 했다. 뒤늦게 깨달은 효소왕은, "그대들의 말이 맞도다. 이제라도 피리와 거문고에 상을 내리리라. 이제부터 피리는 만파식적이 아니라 그보다 더 큰일을 해냈으니 만만파파식적이라 하라."하면서 상으로 벼슬을 내렸다고 한다. 세상에서 가장 아름다운 소리를 낸다는 에밀레종의 윗부분에는 원통 모양 음관이 심어져 있는데, 이것 역시 만파식적에서 유래했다고도 한다.

3 서경 천도

그래,

서경 천도 운동은
고려의 재도약을 위한
노력이었어

아니야,

서경 천도는 권력을
잡기 위한 명분이었어

● 신라 말 지방 호족이 성장하면서 후삼국이 성립하였습니다. 고구려를 계승한다는 의미로 고려라는 국호를 내건 태조 왕건은 발해의 유민을 받아들이고, 차례로 신라와 후백제를 통합하여 후삼국을 통일하였습니다. 고려는 나라의 기틀을 다지고 북방 외적을 막아 내며 활발한 국제 무역을 하는 등 착실히 성장해 갔지요. 그러나 호방하고 활기찬 나라였던 고려는 중기에 이르러 지배층인 문벌 귀족의 세력이 커지면서 왕권이 흔들리고 사회 기강이 무너지는 등 어려움을 겪게 됩니다. 서경 천도 운동은 이 시기에 일어난 운동입니다. 어떤 학자들은 이 운동이 역사의 흐름을 바꿔 놓았을지도 모를 만큼 중요한 사건으로, 고려의 재도약을 위한 자주적이고 개혁적인 노력이었다고 평가합니다. 그러나 다른 한편에선 이를 '묘청의 난'이라 부르며 개경의 문벌 귀족들을 제치고 정치적 주도권을 잡으려 했던 집단이 벌인 권력 다툼의 하나였을 뿐이라고 주장합니다.

● 비잔티움 천도

A.D. 330년 5월 11일, 로마의 새 수도 비잔티움에서 천도를 기념하는 완공식이 열렸다. 3년 반의 공사 끝에 고대 그리스 도시 비잔티움의 거리를 4배로 확장한 대역사였다. 새 수도의 이름은 황제의 이름을 딴 콘스탄티노폴리스(콘스탄티노플). 콘스탄티누스 황제는 왜 천도를 결심했을까? 이에 대한 해답의 실마리는 313년, 기독교를 공인한 것에서 찾을 수 있다. 이미 쇠락의 징후가 나타나고 있던 로마 제국을 재건하기 위해서는 기독교 인구가 많은 동방에서 친 황제 세력을 결집할 필요가 있었던 것이다. 예루살렘과 트로이 등이 새 수도 후보지로 물망에 올랐으나 콘스탄티누스는 유럽과 아시아를 잇는 보스포루스 해협의 옛 비잔티움을 최종적으로 낙점했고, 그 후 비잔티움은 1453년 오스만 투르크의 공격으로 멸망할 때까지 동서양을 이어주는 관문이자 학문의 요람으로, 또 서유럽의 방파제 구실을 하며 천 년이 넘는 번영을 구가하게 된다.

● 베이징 천도

베이징의 자금성은 중국 황실의 위용을 상징하는 건물 중 하나로 오늘날 관광객의 발길이 끊이지 않는 곳이다. 자금성은 명나라 3대 황제인 영락제 때 지어지기 시작했다. 영락제는 정변을 일으켜 제위에 오른 뒤 수도 난징의 많은 관료들을 처형하고 자신의 권력에 도전할 만한 다른 제후왕 세력들을 약화시킨 뒤, 1420년 자신의 근거지였던 베이징으로 수도를 옮겼다. 영락제처럼 무력으로 정권 교체를 한 경우, 천도를 하는 것은 어찌 보면 자연스러운 수순이었다. 이유야 어찌 됐건 영락제의 베이징 천도로 북방 이민족에 대한 방위가 보다 용이해졌고, 중국 전체의 발전을 도모할 수

동서고금을 막론하고 천도 문제는 언제나 당대의 '뜨거운 감자'였습니다. 수도를 옮기는 일에 왜 이토록 많은 논란이 따르는 것일까요? 이는 천도가 왕권의 강화와 아울러 지배 세력의 교체와 직결되는 문제였기 때문일 것입니다. 실제로 천도를 통해 왕권을 강화하고 새로운 사회질서를 만드는 데 성공한 경우가 있는가 하면 무리한 천도로 인해 나라가 멸망한 경우도 적지 않지요. 역사 속의 천도 사례를 보며 천도의 의미를 생각해 봅시다.

있는 발판이 마련된 것만은 사실이다. 영락제는 조카를 죽이고 제위에 오르고 자신에게 우호적이지 않은 사람들에게 가차 없는 보복을 하는 등 제위 초기에는 무시무시한 폭군으로 자리 잡았으나 치세 기간 동안 영토를 확장하고 환관 정화가 이끄는 대원정군을 조직해 멀리 아프리카까지 무려 7차례가 넘는 해외 원정단을 파견하는 등 명나라 왕조의 위용을 세계에 떨쳤다.

● 화성 천도

조선 22대 왕인 정조는 개혁 군주로 이름을 떨쳤다. 정쟁으로 어린 나이에 생부인 장헌세자(사도세자)의 끔찍한 죽음을 지켜봐야 했던 그는 근본적이고 철저한 개혁을 통해 나라 안의 질서를 바로잡으려 했고, 그 개혁의 중심에 화성 천도가 있었다. 화성은 정조의 개혁에 대한 꿈과 지혜가 응축된 곳으로 축조 과정부터 남달랐다. 정약용의 치밀한 설계 위에 건설된 화성은 우리나라의 전통 성 축조 방식에 중국과 서양의 방식이 잘 결합된 건물로 매우 아름다울 뿐만 아니라 견고한 전투용 성곽의 특징을 지니고 있다. 또한 이전처럼 백성들을 강제로 동원하는 것이 아니라 농촌을 떠나 떠돌이로 살아가는 사람들에게 임금을 주고 노역을 시켰다. 화성 건설 자체가 일자리를 만드는 과정이 된 것이다. 정조는 신도시 화성에 자유 상인들과 수공업자들을 대거 이주시켜 이곳을 새로운 상공업의 중심지로 삼고자 했다. 화성은 개혁의 상징이자 중심지였던 것이다. 하지만 절실하게 바라던 화성 천도를 얼마 안 남기고 정조가 갑작스러운 죽음을 맞이하면서 개혁의 꿈은 물거품이 되고 말았다.

그래,
서경 천도 운동은 고려의
재도약을 위한 노력이었어

개경이냐 서경이냐

지금도 그렇지만 수도를 옮기는 것은 당시에도 결코 쉬운 일이 아니었습니다. 궁궐과 기반 시설을 마련하는 데 막대한 비용과 노동력이 들어가는 것은 물론이고 당장 수도에 살고 있는 사람들을 설득하는 일이 더 큰 문제였지요. 당시만 해도 수도에 살고 있던 사람들은 가장 힘세고 잘사는 사람들이었습니다. 이들이 조상 대대로 누리던 자신들의 기반을 송두리째 흔드는 천도에 반대하는 것은 당연하지 않았을까요? 그런데 이런 반대를 무릅쓰고 왜 수도를 옮기려고 했을까요? 1127년, 서경으로 행차한 인종은 큰 불교 행사를 열고 개혁안을 발표했습니다. 주요 개혁 내용은 다음과 같았지요.

첫째, 지방관의 행적을 조사하여 상벌을 내릴 것

둘째, 관리들에게 수레나 의복제도를 검소하게 할 것

셋째, 필요하지 않은 관리와 급하지 않은 사무를 없앨 것

넷째, 농사를 잘 짓도록 하여 백성들의 식량이 넉넉하게 할 것

다섯째, 관청에 곡식을 저장하여 백성들이 어려운 처지에 빠질 것을 대
　　비할 것

여섯째, 세금을 거두는 것도 정상적인 경우 외에는 함부로 거두지 말 것

그런데 왜 나라를 바로 잡으려는 중대한 개혁안을 서울이 아닌 서
경에서 선포하였을까요?

한 해 전 고려왕조는 하마터면 망할 뻔했습니다. 여러 대에 걸쳐
권세를 누리던 이자겸이 왕이 되고자 반란을 일으킨 것입니다. 간신
히 반란은 진압되었지만 궁궐은 불타고 왕실의 권위는 땅에 떨어
졌습니다. 당연히 고려 사회는 큰 충격에 빠졌겠지요. 하지만 위
기는 기회라고 했던가요. 청년 임금 인종은 문벌 귀족■이 권력을 독

■ 문벌 귀족
고려 중기 지배층. 과거나
음서를 통해 대를 이어 관
직을 차지하고 대대로 내
려오는 소유지와 과전, 공
음전을 받아 막강한 경제
력을 갖추었다. 비슷한 가
문이나 왕실과 혼인하여
특권을 유지하려 했다.

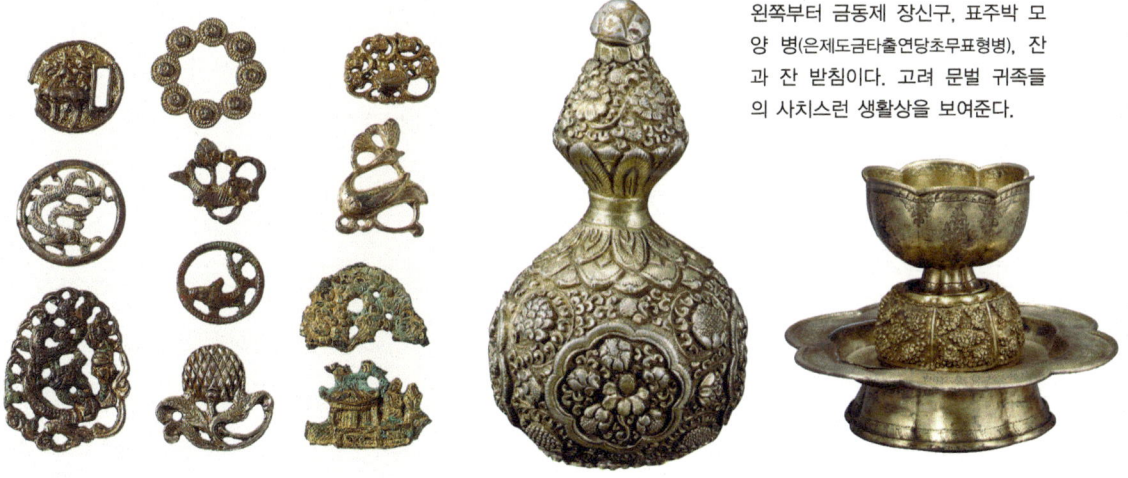

왼쪽부터 금동제 장신구, 표주박 모
양 병(은제도금타출연당초무표형병), 잔
과 잔 받침이. 고려 문벌 귀족들
의 사치스런 생활상을 보여준다.

고려 국조 글자가 새겨
진 거울

점하는 상황을 개혁하고 싶어 하였습니다. 그러나 이자겸을 제거했다고 오랜 세월을 거치면서 세력을 키워온 개경의 문벌 귀족을 일거에 약화시키기는 쉽지 않았습니다. 이때 묘청**과 정지상** 등 개혁 세력은 "상경(개경)은 땅의 기운이 이미 약해져서 궁궐이 다 타서 남은 것이 없고, 서경에는 왕의 기운이 감돌고 있으니 마땅히 임금이 옮겨 앉아 상경으로 삼아야 된다."라고 주장하며 수도를 서경으로 옮길 것을 건의하였습니다. 인종도 궁궐이 불타고 왕권이 땅에 떨어진 개경을 떠나고 싶었을 것입니다.

그래서 인종은 서경에 행차하여 앞서 말한 유신 정교 15조를 선포하고, 궁궐을 새로 짓기 시작하였습니다. 서경으로 천도하여 개경의 문벌 귀족 세력을 약화시키는 한편 다양한 세력이 조정으로 진출할 수 있도록 하여, 국왕을 중심으로 체제를 재정비하려고 한 것이지요. 사실 체제를 재정비하고 왕권을 강화하기 위해 수도를 옮기는 것은 우리 역사에서 종종 볼 수 있는 일이었습니다. 고구려가 초기 국내성에서 넓은 평양으로 수도를 옮긴 것이나, 백제가 웅진에서 사비성으로 수도를 옮긴 것 역시 체제를 재정비하려는 의도가 깔려 있었지요. 조선 정조는 지금의 수원인 화성에 성을 쌓고 그곳을 제2의 수도로 삼아 자주 행차를 했는데, 그 또한 국왕을 중심으로 체제를 개혁하려는 의도였습니다. 고려 인종이 서경 천도에 관심을 보였던 것 역시 체제를 재정비하여 왕권을 강화하고 민생을 안정시키려는 의도가 있었기 때문입니다. 때문에 서경 천도는 체제 정비를 통한 고려의 새로운 도약을 위해서도 꼭 필요했던 것입니다.

■ 묘청 妙淸
?~1135, 고려 시대의 승려, 정심淨心이라고도 함. 백수한, 정지상을 통해 중앙 정계에 진출해 왕실 고문으로 추대됨.

■ 정지상 鄭知常
?~1135, 고려 시대 문신. 서경 천도를 주장함. 시를 잘 짓고 그림과 글씨에도 뛰어나 고려 12시인 중 한 사람으로 꼽힘. 저서에 『정사간집』 등이 있다.

황제의 나라로 거듭나자

개혁 세력은 서경 천도와 함께 '칭제 건원'과 '금국 정벌'을 주장하였습니다. 칭제 건원이라는 것은 임금을 황제라고 부르고 연호를 사용하자는 것이지요. 이것은 고려가 세상의 중심이라는 독자적인 천하관을 나타낸 것으로 고려가 중국과 대등한 나라라는 것을 의미합니다.

사실 고려는 건국 초기부터 임금을 황제라고 불렀습니다. 수도인 개경을 황제가 거처한다는 뜻으로 황도라고 불렀고 서경을 서도라고 하였지요. 고려는 나라 이름에서 알 수 있듯이 고구려를 계승한 나라였습니다. 이름만이 아니라 실제로 고려는 북진정책을 추진하였습니다. 남북국시대 버려졌던 고구려의 옛 수도 평양을 서경으로 삼아 중요시한 것도 이 때문이었습니다. 서경에 수십만 군사를 주둔시키고 고려 왕들은 적어도 1년에 3개월은 서경에 머물렀지요. 이를 바탕으로 고려는 조금씩 조금씩 북쪽으로 국경을 넓혀 갔습니다. 이 과정에서 거란이 세운 요나라와 여러 차례 전쟁이 있었지만 고려는 마침내 요나라를 격퇴하였습니다.

그러나 시간이 지나면서 지배층으로 자리를 굳힌 문벌 귀족들은 체제의 안정을 추구하는 보수적 성격이 강해지면서 고구려 계승 의지가 약해지고 있었습니다. 거란에 이어 대륙의 태풍으로 성장하던 여진이 고려 북방을 공격했을 때, 고려는 힘든 과정을 거치며 마침내 이들을 몰아내고 동북지방에 9성을 쌓았습니다. 그러나 방어의 어려움 등을 이유로 1년 만에 되돌려 주고 말았습니다. 이는 사실상 북진정책의 포기를 의미합니다. 그 뒤 여진은 금나라를 세우고 요나라를 멸망시켰습니다. 1126년 금나라가 고려에 사신을 보내어 사대관계를 요구해 오자 문벌 귀족들은 이 요구를 받아들였습니다. 북진

귀주대첩 기록화

이라는 이상보다는 전쟁을 피해야 한다는 현실적인 판단이었겠지요. 이때 집권자가 바로 이자겸이었습니다.

묘청과 정지상 등 개혁 세력들은 여기에 반발하여 이의를 제기한 것입니다. 물론 금나라를 정벌하는 것은 국제 정세로 볼 때 쉬운 일이 아니었습니다. 하지만 당시 국제 정세가 금나라에게 결정적으로 유리하지도 않았습니다. 중국의 송나라는 금나라와 치열한 전투를 벌이고 몇몇 지역에서는 승리도 거두었습니다. 이때 고려가 송나라와 연합하여 금나라의 배후를 공격했다면 금나라는 굉장히 곤란한 처지에 빠질 수밖에 없었겠지요. 금나라도 이것을 알기 때문에 고려를 크게 자극하지 않으려고 했습니다.

또 금나라가 고려와 전쟁을 벌인다고 했을 때 반드시 이긴다는 보장도 없었습니다. 과거 요나라가 고려를 공격했지만 귀주■에서 강감찬의 고려군에게 참패를 당한 일이 있었는데, 금나라도 요나라의 전철을 밟지 않는다는 보장이 없었지요. 게다가 동북지방의 여진은 고

려의 국경을 침범했다가 윤관*이 이끄는 고려군에 의해 격퇴당하고 그들이 살던 터전에서 쫓겨난 경험이 있었습니다.

■ 윤관 尹瓘
?~1111, 고려 시대의 문신. 별무반을 창설해 여진을 정벌, 함흥 평야 일대에서 길주에 이르는 동북 지역을 점령해 9성을 쌓았다.

만약 고려와 송나라가 힘을 합쳐서 금나라를 공격했다면 어떻게 되었을까요? 금나라는 쉽게 중국을 차지할 수 없었을 것이며, 요나라처럼 북방을 차지하는 정도에 그치지 않았을까요? 한 걸음 나아가 만약 금나라를 멸망시켰다면 고구려의 옛 땅을 되찾아 북진정책의 완성을 볼 수 있었을 것입니다. 묘청이 주장한 것이 바로 이것이었습니다. 금나라를 멸망시키고 천하의 주인이 되어 주변의 여러 나라들이 조공을 바치는 그런 고려를 이룩하자는 것이지요. 만약 그렇게 되었다면 우리 민족은 한반도의 좁은 지역에서 벗어나 대륙으로 나아갈 수 있게 되었을지도 모릅니다. 이처럼 서경 천도는 단순히 수도를 옮기자는 주장을 넘어 고려의 자주성 회복과 고구려의 옛 영광을 되찾자는 운동이었지요.

풍수지리설은 방편일 뿐이다

서경 천도를 둘러싼 비판 중 하나는 서경 천도가 풍수지리설■과 도참사상■을 바탕으로 한 수도 이전 운동이었다는 점입니다. 왕의 기운이 감도는 곳으로 수도를 옮기면 왕실과 국가가 다시 기운차게 일어난다는 풍수지리설은 개혁을 뒷받침할 만큼 진보적이고 합리적인 사상으로 보이지 않기 때문입니다. 그러나 풍수지리설은 신라 말부터 유행하여 고려 사회에 큰 영향을 미치고 있던 사상입니다. 묘청과 서경 세력은 "신 등이 서경의 임원역 지세를 관찰하니 이것이 곧 풍수에서 말하는 큰 꽃 모양의 터입니다. 만약 궁궐을 지어서 거처하면 천하를 병합할 수 있으며 금나라가 선물을 바치면서 스스로 항복할 것이고, 36개 나라가 모두 신하가 될 것입니다."라고 말하며 서경으로 수도를 옮기자고 주장했지요. 서경의 터가 좋기 때문에 수도를 서경으로 옮기자는 것은 얼핏 보기에는 비합리적인 주장으로 보일 수도 있습니다. 하지만 풍수지리라는 것은 사람이 어떤 자연환경 속에서 터를 잡고 사는 것이 좋은지를 고민해 온 사상입니다. 외부로부터 침략을 받지 않으면서 지리적으로 접근하기 좋은 곳이나 바람이 잘 통하고 물을 쉽게 얻을 수 있는 곳을 명당으로 보는 등 살기 좋은 곳이 어떤 곳인가에 대한 사람들의 오랜 지혜와 경험이 들어 있지요. 따라서 무조건 비합리적이라고 매도할 수만은 없습니다. 서경의 임원역 지세가 좋다는 것은 풍수지리의 전문가가 나름의 이유를 갖고 주장한 것은 아닐까요?

물론 묘청의 말 중 "고려가 천하를 병합할 수 있다."는 주장은 일종의 참위설이라고 볼 수 있습니다. 좋은 땅에 터를 잡으면 땅의 기운 덕분에 복이 저절로 굴러들어 온다는 생각은 허황된 생각일 수 있습니다. 그러나 풍수지리설은 합리적이고 논리적인 설명보다 대중들의 마음을 움직이는 데 훨씬 효과적이었을 것입니다. 실제로 풍수지리설의 대가로 알려진 묘청의 권위는 대단했습니다. 서경파들이 묘청과 그의 제자 백수한은 성인이므로 그 주장을 따르자는 내용의 상소를 지어서 여러 신하들의 서명을 받았을 정도였지요. 김부식을 포함한 몇 명의 사람들만이 거부했을 뿐 대다수가 그 서명에 동참했습니다. 서경파는 물론 대다수의 신하들조차 묘청의 권위를 인정했다는 것을 알 수 있습니다. 따라서 서경으로 천도하면 천하를 병합한다는 것은 비합리적인 예언일지 모르지만, 당시 상황에서는 서경 천도의 필요성을 역설하는 데 풍수지리설을 이용하는 것이 가장 적절했을지 모릅니다.

만약 천하를 합병할 수 있다는 예언이 허황한 주장이기 때문에 서경 천도를 할 수 없다고 주장한다면, 개경파의 서경 천도 반대 역시 허황된 논리를 근거로 했다는 비판에서 자유로울 수 없습니다. 개경파인 임완 역시 유교의 천인합일 사상을 바탕으로 서경 천도 운동을 비판했기 때문입니다. 천인합일 사상은 자연과 사회의 질서가 서로 대응하여 일치한다고 주장하는 것으로, 임금이 정치를 잘못하면 하늘이 경고를 보낸다는 식입니다.

"대화궐을 짓는 공사를 일으킨 뒤로부터 지금까지 이미 7, 8년 동안 재변이 계속하여 일어나고 있으니 이는 하늘이 폐하게 경고하여 반성·각오하게 하려는 것입니다. 폐

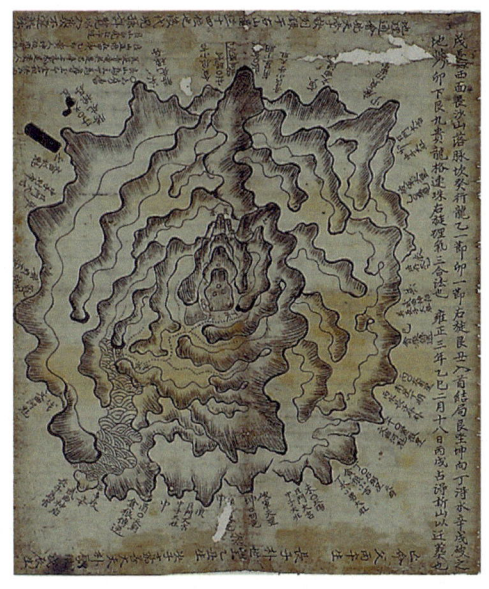

조선 시대에 그려진 명당도. 풍수지리설에 근거해 묘의 위치를 그린 지도이다.

하, 어찌 한 간신을 불쌍히 여기시어 하늘의 뜻을 어기시오리까. 원하건대, 묘청을 베어 하늘의 경계에 응답하시고 민심을 위로하소서."

임완은 당시 자연재해가 서경 천도에 대한 하늘의 경고라고 했는데, 이는 천인합일설을 근거로 주장한 것입니다. 자연재해는 자연재해일 뿐이지요. 임완이 천인합일설을 통하여 서경 천도를 반대했던 것처럼 묘청도 당시 유행하던 풍수리지설을 통하여 서경 천도를 주장한 것으로 보아야 합니다.

결국 서경 천도 운동은 당시 고려 사회를 쥐고 흔들던 문벌 귀족의 힘을 약화시키고 고려의 체제를 정비해 재도약의 기틀을 마련하기 위한 시도였습니다. 나아가 대외적으로 유동적인 국제 정세 속에 칭제 건원과 금국 정벌을 통해 자주 국가를 이룩하려는 노력이었습니다.

아니야,
서경 천도는
권력을 잡기 위한 명분이었어

누구를 위한 천도인가?

수도를 옮긴다는 것은 간단한 일이 아닙니다. 설령 천도를 할 만한 중요한 이유가 있다고 해도 오랜 세월 동안 정치와 경제, 문화의 중심지로 쌓아올린 자산을 포기할 정도로 필요한 일인지 따져 보아야 합니다. 현실적으로도 수도를 옮기기 위한 사업은 엄청난 비용과 노동력이 필요하므로 당시 고려의 상황에서는 쉽지 않은 결정이었습니다.

　서경파는 개혁을 위해 서경으로 수도를 옮겨야 한다고 주장했습니다. 하지만 개혁은 개경에서도 얼마든지 추진할 수 있지 않았을까요? 비록 이자겸과 그를 따르는 무리들이 개혁을 추진하던 세력을 제거하고 권력을 독차지해 왕권을 위협했었지만, 이자겸의 난 이후 관록이 있는 정치인들이 다시 조정에 돌아왔습니다. 그들 역시 개혁의 필요성에는 공감했기 때문에 충분한 논의를 거쳐 점진적으로 개혁을 추진할 수 있지 않았을까요? 굳이 무리수를 두면서까지 천도를 할 필요가 없었을 것입니다.

　이자겸의 난이 진압된 당시 사회적으로 가장 필요한 것은 민심을 안정시키고 피폐해진 백성을 보살피는 것이었습니다. 12세기 초반부터 고려 사회는 토지를 잃고 고향을 떠나는 백성이 많아 "열 집 가운데 아홉 집이 비었다."라고 할 정도였지요. 백성들의 삶이 이토록 어려운 때 서경으로 수도를 옮긴다는 것은 그나마 남은 백성들마저 구렁텅이로 몰아넣는 행위라고 볼 수밖에 없습니다. 서경으로 천도를 하려면 당장 궁궐을 새로 지어야 합니다. 궁궐을 새로 짓는 것은 결국 백성들의 몫입니다. 실제로 1128년 8월, 인종은 묘청의 건의를 받아들여 서경으로 행차해 새로 지을 궁궐터를 잡았습니다. 그리고 그해 11월에 대화궁이라는 새로운 궁을 짓는 공사를 시작하여 불과 3개월 만에 완성했지요. 겨울철 3개월 만에 공사를 마무리 지었다는 것을 보면 노역에 동원된 백성들을 얼마나 닦달했는지 짐작할 수 있습니다. 한때 개경에 재난이 끊이지 않자 묘청, 백수한 등의 주장으로 국왕이 서경으로 피신했던 일이 있었습니다. 명당인 서경으로 임금이 행차를 하면 땅의 기운으로 재난을 잠재울 수 있을 것으로 보았기 때문입니다. 이때 개경 세력인 김부식은

대화궁터에서 발굴된 용머리 형상

"곧 추수를 해야 하는데 임금의 행차가 있으면 틀림없이 곡식을 밟을 것입니다. 이는 백성을 어질게 하고 만물을 사랑하는 뜻이 아닙니다."라고 말하며 임금이 서경으로 행차한 것을 소리 높여 비판하였습니다. 임금이 한번 행차를 하면 많은 인원과 물자가 따라가기 마련입니다. 이 과정에서 백성들이 땀 흘려 지은 농작물에 많은 피해를 입

2006년 대화궁터에서 발굴된 여러 가지 형태의 기와들이다. 대화궁은 현재 터만 남아 있다.

힐 것은 명백하지요. 더구나 서경으로 행차하려는 이유 또한 납득하기 어려운 것이었습니다. 재난이 생기면 그 원인을 따져 보아 합리적인 해결책을 내놓아야 하는 것이 상식입니다. 그런데 재난을 핑계삼아 서경으로 임금의 거처를 옮긴다는 것은 책임 있는 위정자의 자세가 아닙니다. 백성들이 애써 지은 농작물의 추수조차 못하게 하면서 말이지요.

게다가 김부식 등 개경 세력들은 묘청과 정지상 등이 주장하는 서경 천도의 진정성을 의심했습니다. 서경파는 "우리가 만일 임금을 받들어 서도로 옮겨 앉아 상경으로 삼는다면 마땅히 중흥 공신이 될 것이다. 이것은 다만 나 혼자만 부귀해지는 것이 아니라, 자손들도 끝없는 복이 될 것이다."라고 하였습니다. 이 말에서 서경파의 진짜 의도가 어디에 있는지 명백하게 알 수 있습니다. 서경 천도 운동은 고려의 발전을 위해서가 아니라 권력을 장악하여 자자손손 영달을 꾀하려던 서경파의 야욕을 포장한 것에 불과합니다. 서경파가 서경으로 서울을 옮기자고 주장한 것은 결국 자신들의 권력 장악을 위한 잔꾀가 아니었을까요?

금국 정벌은 무모한 모험

서경 천도 운동을 높게 평가하는 가장 큰 이유는 이들이 칭제 건원과 금국 정벌을 통해 고려의 잃어버린 자주성을 되찾기 위해 노력했다는 점입니다. 그런데 황제라고 부르고 연호를 쓴다고 해서 고려의 위상이 달라질까요? 오히려 새로 성장하는 금나라의 의구심만 키워 전쟁의 빌미만 제공할 뿐입니다. 진정 나라와 민족을 생각한다면 아무런 실리도 없는 칭제 건원 따위에 매달릴 일이 아니라 국방을 강화하고 민생을 안정시키기 위한 실질적인 대책을 내놓아야 할 것입니다. 이를 증명하듯 실제로 금나라가 고려에게 군신 관계를 맺자고 제의해 왔을 때 어느 누구도 책임 있는 답변을 하지 않았습니다. 하지만 김부의▪는 상소를 올려 금나라의 요구를 수용하자고 주장했습니다. 사대 요구를 받아들이자는 주장은 강한 나라에 무조건 굴복하려는 행동처럼 보일지도 모릅니다. 하지만 이런 상소는 아무나 올릴 수 있는 상소가 아닙니다. 정말 나라를 위하는 충정이 없으면 할 수 없는 것이

▪ 김부의 金富儀
1079∼1136, 고려 시대 문신. 김부식의 동생. 주요 관직에 두루 임명되었고 시문에 능하였다.

평양에 있는 을밀대, 서경은 오늘날의 평양을 가리킨다.

라고 보아야 합니다. 이미 금나라는 고려가 맞설 수 있는 상대가 아니었습니다. 무모한 주장으로 전쟁이 일어났다면 고려는 어떻게 되었을까요? 김부식을 비롯한 개경파의 일부 문벌 귀족들이 내린 결정은 오히려 냉정하게 미래를 내다 본 현실적인 선택이었다고 볼 수 있습니다.

반대로 서경파가 얼마나 국제 정세에 어둡고 무모했는지 알 수 있는 단적인 사례가 있습니다. 송나라가 침범한 금나라를 격파하고, 그 기세를 이용하여 금나라로 깊숙이 들어갔다는 긴급보고가 올라온 일이 있었습니다. 이에 정지상과 김안▪ 등은 즉시 군사를 출동하여 송나라 군사와 호응해서 금나라를 토벌하자고 주장했습니다. 쉽게 결정을 내리지 못한 인종은 김인존▪에게 의견을 물었습니다. 김인존은 "전해 듣는 일이란 항상 그 사실과 어긋나는 일이 많으니, 뜬소문을 듣고 군사를 일으켰다가 강적의 노여움을 사는 것은 옳지 않습니다. 김부식이 곧 돌아올 것이오니, 그를 기다려서 사실 여부를 알아보십시오."라고 말했습니다. 중국에 갔던 김부식이 돌아왔을 때 확인해 보니, 보고가 엉터리였습니다.

만약 서경파의 주장대로 고려와 금나라가 전쟁을 벌였다면 어떻게 전개되었을까요? 고려의 군대는 무기를 들고 걸어 다니며 싸우는 보병 위주로 구성되어 있었습니다. 또 고려의 전통적 전략은 적이 쳐들어올 때 산성 중심으로 방어하는 것이었습니다. 그러나 금나라를 세운 여진은 말을 타고 싸우는 기병이 중심입니다. 윤관이 동북지방의 여진과 싸워 패했던 것은 그들은 기병 중심인데 고려군은 보병 중심이었기 때문이었습니다. 그래서 윤관은 기병 중심의 별무반을 만들어 몇 년에 걸친 치밀한 준비 끝에 여진을 겨우 물리칠 수 있었지요. 아직 나라를 세우기 전이었던 여진을 몰아내는 데에도 이

▪ **김안 金安**
?~1135. 고려 시대의 문신. 묘청을 왕에게 추천하고 묘청의 난에 가담했다가 김부식에게 참살되었다.

▪ **김인존 金仁存**
?~1127. 고려 시대의 문신. 학문과 문장이 뛰어나 중요한 일마다 왕들이 자문을 했다고 한다.

〈척경입비도〉부분. 윤관이 여진을 물리친 뒤 국경을 넓혀 9성을 쌓고 '고려의 영토'라고 새겨진 경계비를 세우는 장면을 그린 것으로 조선 후기 작품이다.

렷듯 어려웠는데, 별다른 준비도 없이 금나라를 공격하자는 것은 다함께 죽자는 말과 다르지 않습니다. 우수한 기병대가 갖추어지지 않는 한, 고려가 만주 일대의 평원에서 기병 중심의 금나라와 전투를 하는 것은 결코 유리할 수 없었을 테니까요.

국제 정세를 잘못 파악하고 제대로 준비도 하지 않은 상태에서 전쟁을 주장하다가 어떤 일이 일어났는지 우리는 너무나 잘 알고 있습니다. 조선 인조 때 대의명분을 내세우며 배청 정책을 실시하다 결국 청의 침입을 불러와 어떻게 되었습니까? 변변한 저항 한번 못 해 보고 결국 삼전도에서 국왕이 항복 의식을 치르는 치욕적인 상황이 일어났습니다. 그럴듯하게 명분을 내세우고 자존심을 지키는 것은 오히려 쉬운 일입니다. 그러나 평범한 백성이라면 몰라도 모든 백성들의 생명을 책임지는 위정자라면 섣불리 전쟁을 주장해서는 안 되는 것입니다.

그렇다고 고려가 금나라와의 관계에서 사대적인 입장만 취하고 국방에는 아무런 조치를 취하지 않은 것은 결코 아닙니다. 압록강 입구에 있는 내원성은 고려 초기에 이 지역을 차지한 요나라가 쌓은 성입니다. 고려는 끊임없이 그 성을 차지하기 위해 노력하였습니다. 요나라와 금나라의 전쟁을 이용하여 마침내 고려는 내원성을 차지하고 압록강과 의주까지 국경선을 그릴 수 있게 되었습니다. 이처럼 영토를 되찾는 일은 무모한 치기로 하는 것이 아니라 국제 관계를 충분히 이해하고 책임 있는 자세로 신중히 앞으로 나아갈 때만 가능한 일입니다. 따라서 묘청 등이 주장한 금국 정벌, 칭제 건원은 현실을 무시한 정책이라고밖에 볼 수 없습니다. 만약 그 위험성을 알고도 주장한 것이라면, 서경파는 권력을 차지하기 위해 앞뒤를 가리지 않는 무모한 모험주의자에 불과합니다.

서경 천도 운동은 혹세무민이었다

한 나라의 수도를 옮긴다는 것은 국가의 중대한 일입니다. 천도는 단순히 궁궐만 옮기는 것이 아니라 앞으로 고려가 나아갈 방향을 결정하는 일이기도 합니다. 이렇게 중대한 국가적 안건을 결정할 때는 많은 전문가들의 견해를 듣고 관리들의 뜻을 모아 신중하게 결정해야 할 것입니다. 그런데 서경파가 서경 천도를 주장하는 근거는 고작해야 개경 땅의 힘이 약해지고, 서경에 왕의 기운이 감돌고 있기 때문에 옮겨야 한다는 풍수지리설이었습니다. 물론 조선 초 한양으로 천도할 때도 풍수지리설의 영향은 컸습니다. 민심을 회유하는 데도 효과적이었지요. 그러나 한양 천도의 경우 단순히 풍수지리설에만 의존해 천도를 결정한 것은 아니었습니다. 한양은 국토의 중앙부에 위치하고 있는 데다 교통이 편리해 지리적인 이점이 많은 곳으로 고려 숙종 때부터 남경南京으로 승격되어 제2의 도읍지 역할을 하고 있었던 곳입니다. 또한 공양왕 때에도 한양 천도를 계획했을 만큼 수도의 역할을 할 만한 기반 시설이 이미 갖추어져 있던 곳이지요. 그러나 서경은 다릅니다. 수도는 나라 한가운데 있는 것이 여러모로 유리하지만 서경은 북쪽에 치우쳐 있어 수도의 위치로 적절하지 않습니다. 더욱이 서경은 북방 이민족이 한반도로 쳐들어오는 길목입니다. 이민족과 전쟁을 염두에 둔다면 서경은 치명적인 약점을 가질 수밖에 없습니다. 서경파 주장의 핵심은 서울을 서경으로 옮겼을 때 명당의 기운으로 고려가 천하의 주인이 된다는 것이었습니다. 그들의 주장대로 정말 고려가 천하의 주인이 되고, 금나라가 선물을 바치면서 신하가 되겠다고 온다면 얼마나 좋겠습니까? 그런데 도대체 어떤 방법으로 고려가 천하를 지배한다는 말입니까? 그 계책이라는 것이 고작 명당인 서경으로 천도하는 것이라면 너무 무책임하다고밖에 볼 수 없습니다. 풍수지리설은 사람들의 마음을 움직이기엔 효과적이었을지 몰라도 고려의 앞날을 제시하고 진정한 개혁을 뒷받침하기엔 부족한 사상이 아니었을까요?

나라에 재난이 끊임없이 일어나자 서경파는 임금으로 하여금 서경으로 가면 나아질 것이라고 하였습니다. 임금은 이 말을 좇아 서경으로 행차하여 머물렀지만 상황은 나아지지 않았습니다. 이때 김부식은 "금년 여름에 서경 대화궁 30여 곳에 벼락이 떨어졌습니다. 만약 여기가 좋은 땅이면 하늘이 이처럼 벼락을 쳤겠습니까? 하늘의 재앙을 피하고자 이곳으로 옮겨 온다는 것 자체가 잘못된 것입니다."라고 하며 임금과 서경파를 비판했습니다. 서경파가 주장하는 풍수지리설에 따른다 해도 서경은 명당이 아니라는 것이지요.

　서경 천도가 점점 어려워지자 묘청은 상황을 타개하기 위해 꾀를 내었습니다. 기름이 들어간 떡을 대동강에 은밀히 던져 두었던 것이지요. 그러자 떡에서 흘러나온 기름이 물 위에서 찬란히 오색으로 빛났습니다. 묘청은 대동강의 용이 임금의 서경 행차를 반겨 침을 토했기 때문이라고 말하며 이런 현상은 천 년에 한 번 있기도 힘든 상서로운 기운이라고 주장했습니다. 그리고 여기에 편승해 서경 천도를 확정 짓고자 했습니다. 하지만 신중했던 인종은 결정을 미

문벌귀족들이 사랑했던 비색 청자. 왼쪽부터 참외모양병, 연꽃넝쿨무늬매병, 모란넝쿨무늬 조롱박 모양주전자, 비룡모양주전자, 넝쿨무늬완, 꽃·새무늬 합.

루고 신하들에게 명령을 내려 용의 침을 조사하게 했습니다. 그러자 용의 침은 기름떡을 가지고 조작한 것임이 드러나고 말았지요. 서경 파의 서경 천도 주장이 얼마나 무모하고 비논리적인 행태인지 단적으로 알 수 있게 해 주는 일화가 아닐 수 없습니다. 이런 웃지 못할 희대의 사기극으로 한 나라의 천도를 주장하고 고려를 부흥시키겠다고 한 서경파를 과연 책임감 있는 위정자였다고 할 수 있을까요? 개경파의 권력 독점이 정당했다고 주장하는 것은 아닙니다. 고려 문벌 귀족들의 횡포는 해결해야 할 시대적 과제였지만 그렇다고 해서 서경 천도가 그 해결책은 아니었습니다. 이들이 정말 서경으로 천도해 고려를 개혁하고 금국 정벌로 자주성을 회복할 수 있었을까요? 이들은 어지러운 시대를 틈타 임금과 백성들의 마음을 뒤흔들어 놓은 혹세무민의 정치가였고, 서경 천도는 자신들의 영달을 위한 허황된 주장이었을 뿐입니다.

입장 정하기

● 두 글에서 주장의 근거로 제시한 내용을 각각 요약해 봅시다.

● 다음 쟁점에 대하여 자신의 입장을 정하고 근거를 제시해 봅시다.

쟁점1 사회 개혁을 위해서 서경으로 천도했어야 한다.

	그렇다	아니다
근거		

쟁점2 북진정책을 위해서 서경으로 천도했어야 한다.

	그렇다	아니다
근거		

쟁점3 풍수지리설은 서경 천도에 필요한 논리였다.

	그렇다	아니다
근거		

● 일제시대 민족주의 사학자인 단재 신채호는 묘청의 서경 천도 운동 실패를 '조선 역사상 1천 년내 제1사건'이라고 평가했습니다. 자료를 찾아 조사해 본 다음 그 이유가 무엇인지 생각해 봅시다.

미신일까? 과학일까?

풍수지리

로또 명당이라는 말을 들어 보았나요? 복권 당첨자가 많이 나온 곳을 가리키는 말이지요. 소문을 듣고 많은 사람들이 멀리서 복권을 사기 위해 이곳에 몰려듭니다. 그런데 이곳이 정말 명당이라서 당첨 확률이 높은 걸까요, 아니면 사람들이 많이 몰려 확률적으로 당첨되는 횟수가 많아진 걸까요? 풍수지리설의 오묘한 세계로 들어가 봅시다.

풍수 사상은 전통 지리학

산과 물, 방위는 인간 생활에 있어 큰 영향을 준다. 원시시대부터 인간은 집터나 부족의 정착지, 나아가 도읍지의 선정 및 건설 등에 이 세 가지 요소를 고려했다고 한다. 이것을 발전시켜 음양오행설의 토대 위에 이론화하고 체계화한 것이 전통 지리학이다. 지구 표면의 자연현상과 인간 생활의 관계를 과학적으로 설명하는 근대 지리학과 달리 전통 지리학은 땅 밑에 흐르는 기氣라는 무형적인 힘과 인간 생활과의 관계를 추상적으로 설명한다. 즉 땅에는 번성하는 곳과 쇠퇴하는 곳이 있고, 순리를 따르는 곳과 거스르는 곳이 있다는 것이다. 따라서 국가나 일반 백성들이 땅의 기운인 지기地氣가 좋은 곳을 골라 집이나 궁궐, 묘지를 쓰면 행복과 번영을 누릴 수 있고, 그렇지 않은 곳은 불행을 불러온다는 것이다.

좌청룡 우백호, 배산임수의 명당이로세

조선이 세워진 뒤 수도 한양을 조성할 때도 풍수지리에 따라 설계하였다고 한다. 먼저 경복궁은 풍수지리설에서 말하는 좌청룡 우백호라는 명당에 자리 잡고 있다. 경복궁은 남쪽을 바라보고 있는데 그 왼쪽에는 낙산이라고 하여 대학로 동쪽의 야트막한 야산이 동대문까지 흘러 내려가고 있다. 오른쪽에는 인왕산이 우뚝하게 솟아 있다. 그리고 뒤쪽에는 백두대간에서 흘러 내려온 웅장한 북한산이 서울 전체를 감싸고 있으며, 그 앞에는 기운이 훨씬 부

드러워진 북악산이 아담하게 자리 잡고 있다.
경복궁은 바로 북악산 자락에 위치하고 있으며
서울의 앞쪽은 그리 높지 않은 남산이 솟아 있고
조금 더 남쪽에는 한강이 서해로 흘러들어 가고 있
다. 또 그 건너편 남쪽에는 관악산이 위용을 자랑하며
우뚝 서 있다.

 이렇게 보면 서울은 북한산과 북악산에 기대어 있으면서 왼쪽과 오른쪽, 그리고 앞쪽은 야
트막한 산으로 둘러싸여 있어 아늑한 느낌을 준다. 그러면서도 외적이 쳐들어오면 북한산
성으로 들어가 항전을 할 수 있게 되어 있다. 남산 앞으로 흐르는 한강은 서울이라는 도시
의 젖줄이다. 이 젖줄은 서울 시민들의 일상생활에 반드시 필요한 물줄기이며, 한강을 통해
서 전국의 물자가 서울로 오갈 수 있게 한다. 서울은 풍수지리설에 말하는 전형적인 배산임
수의 터에 자리를 잡아 겨울엔 따뜻하고 쉽게 물을 구할 수 있는 좋은 땅이라고 할 수 있다.

마음을 빼앗겨도 너무 빼앗기면 안 된다네

다른 한편 서울의 물줄기는 동쪽에서 서쪽으로 흐르는데, 이것은
풍수지리상 역수라 하여 좋지 못한 형국이라고 한다. 이럴 경우
그 물에 의지해서 사는 도시의 여인들이 문란해진다고 한다.
이를 막는 방법이 있는데, 바로 한강의 흐름과 반대로 흐르는
물줄기를 만드는 것이다. 서울의 한복판을 관통하는 청계천을
정비하는 것이 곧 그것이다. 서울의 결혼한 남자들은 여자가 바람
나기를 바라지 않았을 것이다. 그래서 청계천을 정비할 때 서울의 장
정들이 너도나도 나와서 힘을 보탰다고 한다. 풍수지리설을 이용, 주민을 동
원해 청계천을 정비한 재미있는 이야기이다. 이처럼 풍수지리는 오랫동안 쌓아온 선조들의
지혜와 경험이 녹아 있는 학문이다. 그 뜻을 헤아리지 못하고 노력도 없이 공부방 인테리어
를 풍수에 맞게 바꾸면 성적이 올라간다고 믿거나 명당을 차지하려고 큰돈을 지불하는 순
간, 아름다운 전통은 미신으로 전락하고 만다.

4 삼별초

그래,

삼별초는 나라를 지키려

몽골에 저항했어

아니야,

삼별초는 자신들의 이익을 위해

움직였을 뿐이야

● 삼별초는 고려가 몽골의 침략을 받았을 때 용맹하게 저항한 집단으로 알려져 있습니다. 고려 왕실이 몽골에 항복했음에도 불구하고 강화도로, 진도로, 다시 제주도로 옮겨가면서 끝까지 몽골과 싸웠던 마지막 세력이었기 때문에 국난 극복의 사례로 칭송되어 왔던 것이지요. 하지만 최근 들어 삼별초를 다르게 평가해야 한다는 주장이 제기되고 있습니다. 삼별초의 항쟁은 우리 민족의 자주성을 지켜 내기 위해서가 아니라, 고려 왕실이 개경으로 돌아가면서 삼별초를 없애려 하자 그에 따른 위기의식에서 비롯된 것이라는 주장이지요. 더불어 몽골과의 항쟁에서 가장 적극적으로 앞장섰던 이들은 다름 아닌 일반 백성들이었다는 주장도 있습니다. 삼별초를 포함한 지배 세력이 몽골의 침입으로부터 안전한 강화도로 도망가 사치스러운 생활을 누리는 동안 이들의 횡포뿐만 아니라 몽골의 침략이라는 이중고를 당했던 백성들이 자신들의 삶의 터전을 지키기 위해 목숨을 건 저항을 했다는 것이지요. 삼별초는 과연 어떤 조직이었을까요? 삼별초의 저항을 긍정적으로 보아야 할까요, 부정적으로 보아야 할까요? 비록 삼별초가 자신들의 이익에 따라 움직였다고는 해도 거대한 몽골제국에 맞서 끝까지 저항했다는 사실에서 우리는 당시 고려 사회가 가지고 있던 힘과 역량을 엿볼 수 있습니다.

● **통정 탄생 설화**

고려 때 일이다. 한 과부가 살고 있었는데 밤마다 한 남자가 몰래 들어와 잠을 자고 갔다. 문을 꽁꽁 잠가도 어디로 들어오는지 들어와 자고 가곤 했다. 과부의 배가 점점 불러 오자 마을 사람들은 남편도 없는 사람이 저럴 수가 있느냐고 수군거렸다. 과부가 사정을 털어놓자, 마을 사람들은 그 남자의 허리에 실을 묶어 보라고 했다.

그날 밤 과부는 어김없이 찾아 들어와 잠을 자는 남자의 허리에 실을 묶어 두었다. 다음 날 아침 실을 따라가 본 과부는 소스라치게 놀랐다. 실이 노둣돌 아래에 있는 커다란 지렁이 허리에 감겨져 있었던 것이다. 지렁이와 밤마다 잠자리를 같이 했다니 과부는 기가 막혔다. 그리고 이 징그러운 지렁이가 다시 찾아오면 어쩌나 싶어 지렁이를 죽여 버렸다.

얼마 후 과부는 아이를 낳았다. 온몸에 비늘이 돋아 있고, 겨드랑이에는 자그마한 날개가 돋은 남자아이였다. 마을 사람들은 지렁이와 정을 통해 낳았다 하여 '진통정'이라 불렀다. 혹은 '질통정'이라고 불렀다고도 하는데 그 아이가 바로 김통정金通精이다. 성이 김 씨가 된 것은 김 씨 가문에서 '진'과 '김'이 비슷하다 해서 자기네 김 씨로 바꿔 놓았기 때문이다.

● **아기업개 설화**

김통정은 활을 잘 쏠 뿐만 아니라 하늘을 날며 도술도 부렸다. 그래서 삼별초의 우두머리가 되었다. 어느 날 김통정은 삼별초가 궁지에 몰리자 진도를 거쳐 제주에 들어왔다. 김방경이 거느리는 고려군이 김통정을 잡으러 왔다. 다른 때처럼 말꼬리에 빗자루를 달아매어 연막을 올렸지만 김방

삼별초는 해전에 약한 몽고군의 약점을 노려 섬에서 섬으로 옮겨가며 저항했기에 섬마다 이들의 이야기가 남아 전해 오지요. 삼별초의 마지막 항전지였던 제주도에는 김통정과 관련한 이야기들이 유난히 많습니다. 제주 사람들에게는 김통정이 곧 삼별초였지요. 이야기는 역사라는 거대한 그물망이 미처 담아내지 못한 일들을 주워 담아 옛일을 온전히 복원해 주기도 합니다. 당시 제주 사람들의 눈에 비친 김통정을 따라 700년 전 삼별초의 자취를 따라가 봅시다.

경도 도술이 능했기 때문에 통하지 않았다. 김통정은 사태가 위급해지자 사람들을 서둘러 성 안으로 들여놓고 성문을 잠갔다. 그런데 너무 황급히 서두는 바람에 한 아기업개(아기를 돌보는 처녀)를 들여놓지 못했는데, 이것이 실수였다.

토성이 너무 높고 철문이 잠겨 있어 들어가지 못하고 성 주위를 뱅뱅 돌고 있는 김방경에게 그 아기업개가 '열나흘 동안 쇠문을 녹이라'는 묘책을 일러주었던 것이다. 이때부터 "아기업개 말도 들으라"라는 속담이 생겨났다. 아기업개의 말을 듣고 성문을 무너뜨린 김방경 군사가 성안으로 몰려들었다. 김통정은 깔고 앉은 쇠방석을 바다 위로 내던지더니 날개를 벌려 쇠방석 위로 날아가 앉았다.

김방경이 다시 아기업개에게 묘책을 묻자, "하나는 새로 변하고 또 하나는 모기로 변하면 잡을 수 있으리라"라고 했다. 김방경의 군사들은 곧 새와 모기로 변해서 쇠방석 위의 김통정을 따라갔다. 김통정은 난데없이 새와 모기가 날아오는 것을 보고 심상치 않은 생각이 들어 '골그미' 내로 쇠방석을 띄워 날아갔다. 새가 따라가 김통정의 투구 위에 앉고 모기는 얼굴 주위를 돌며 앵앵거렸다. 김통정이 새를 보려고 머리를 뒤쪽으로 젖히자 목의 비늘이 거슬리어 틈새가 생겼다. 모기로 변했던 군사가 칼을 빼어 그 틈새를 내리치고는 떨어지는 김통정의 목에 얼른 재를 뿌렸다. 김통정은 온몸에 비늘이 좍 깔려 있어 칼로 찔러도 들어가지 않았었는데, 그렇게 해서 목이 떨어지게 됐고 재빠르게 재를 뿌려 놓았기 때문에 다시 붙지 못했던 것이다. 김통정은 죽어 가면서 "내 백성일랑 물이나 먹고 살아라." 하며 화를 신은 발로 바위를 꽝 찍었다. 그러자 화 발자국이 바위에 움푹 파이더니 샘물이 솟아 흘렀다. 이 샘물을 '횟부리' 또는 '횟자국물'이라고 한다.

그래,
삼별초는 나라를 지키려
몽골에 저항했어

무인들의 세상이 오다

고려 인종 때 권력 실세였던 김부식의 아들 김돈중이 술에 취해 왕을 호위하던 청년 장교 정중부의 수염을 촛불로 태웠습니다. 정중부는 한 주먹에 김돈중을 때려눕혔지요. 김부식이 펄펄 뛰며 정중부를 가만 두려 하지 않았지만 왕의 중재로 간신히 처벌을 면했습니다. 그로부터 25년이 흘렀습니다. 나이 지긋한 상장군 이소응이 맨손 무예를 겨루는 시합에서 졌습니다. 새파랗게 젊은 문신 한뢰가 뺨을 치면서 조롱하였습니다. "평생을 군인으로 살아온 장수가 풋내기 하나도 이기지 못하다니 한심하구나." 당시 무신들은 문신들이 호화판 잔치를 벌이면 군사를 거느리고 주변 경비를 맡고 있었지요. 이소응은 잔치에 흥을 돋우기 위해 열린 무예 시합에 억지로 나선 것입니다. 그날 밤, 천대 받던 무신들은 온갖 특권과 위세를 누리던 수많은 문신 귀족들을 죽이고 왕을 폐위시켰습니다. 정중부의 칼날에 김돈중의 목이 날아간 것도 그때였지요.

1170년 8월 29일, 마침내 고려에 무신 정권이 들어섰습니다. 맨 처음 권력을 잡은 것은 정중부입니다. 그러나 그들 사이에 권력다툼이 생겨나 정중부는 경대승이라는 청년 장군에 의해 쫓겨났습니다. 경대승이 얼마 되지 않아 병으로 죽자 그다음엔 이의민이 권력을 잡았지요. 이의민은 천민 출신이었습니다. 이제 군사력만 있으면 누구라도 권력을 손에 넣을 수 있는 세상이 된 것 같았습니다. 그러나 이의민마저도 결국 최충헌 형제에 의해 제거됩니다. 최씨 형제는 "이의민은 의종을 시해한 역적이며, 고려의 종묘사직을 위해 이의민을 제거하였다."라고 왕에게 사건을 보고하고 명종의 인정을 받았습니다. 그러나 이들은 곧 왕을 갈아 치우고 명종의 동생을 새로운 왕으로 삼았으니, 그가 바로 신종입니다. 그사이 두 형제가 서로 권력 다툼을 벌여 최충헌의 부하들이 동생인 최충수를 죽입니다. 이제 모든 국정과 벼슬이 최충헌의 손에서 결정되었습니다. 최충헌은 이에 그치지 않고 자신의 권력 기반을 확실히 하기 위하여 교정도감▪을 설치하였습니다. 최충헌은 무려 두 명의 왕을 폐위시키고, 네 명의 왕을 새로 세울 정도였으니 왕들 역시 최충헌의 눈치만 볼 뿐이었지요. 삼별초▪는 바로 이 무신 정권 때의 특수 부대였습니다.

몽골의 침략

최충헌이 권력을 잡으면서 무신 정권 초기의 혼란은 가라앉았지만, 고려 밖의 세계는 몽골고원에서 성장한 몽골의 등장으로 요동

공민왕릉에 세워져 있는 고려의 무신상이다.

■ **삼별초**

고려 무신 정권 때의 특
수 군대로 야별초에서 시
작했다. 야별초는 '밤에 활
동하는 별초'라는 뜻으로
도둑을 잡기 위해 몽골 침
입 2년 정도 전에 구성되
었다. 이 야별초가 몽골의
침입을 받으면서부터 군
사적 기능을 확대하여 좌
별초와 우별초로 나뉘게
되었고, 여기에 몽골에 잡
혀갔다가 도망쳐 온 사람
들로 만들어진 신의군을
더하여 삼별초라 부르게
되었다.

치고 있었습니다. 몽골은 금나라를 압박하면서 고려에까지 그 세력을 서서히 확장하였습니다. 최충헌의 아들인 최우가 집권할 즈음, 거란족 군대가 고려에 침입했다가 고려군의 반격으로 강동성에서 포위된 일이 있었습니다. 이때 이들을 추격해 온 몽골 군대와 고려군이 연합하여 거란을 격퇴하였지요. 이것이 1206년 몽골과 고려의 첫 만남이었습니다. 이후 고려는 몽골을 형의 나라로 삼기로 약조하고 형제국으로 외교 관계를 맺었습니다. 그러나 몽골은 힘을 앞세워 고려에 공물을 강요하였습니다. 그러던 중 1231년 몽골 사신 저고여가 국경 지대에서 피살 당하는 사건이 발생하자, 몽골은 이를 구실 삼아 군대를 이끌고 쳐들어 왔습니다.

최씨 무신 정권 이래 무인 집권자들은 강력한 항몽 정책을 추진하였습니다. 고려는 이전에 거란과 여진에 대해서는 적절한 사대 관계를 맺고 평화를 유지해 왔지만 몽골에 대해서는 강력하게 대항했습니다. 왜 이런 차이가 생겼을까요? 무신들이 집권을 했기 때문일까요? 거란과 여진이 고려에 사대를 요구하기는 했지만 사실 이들의 간섭은 그렇게 심하지 않았습니다. 고려는 송과 계속 긴밀한 관계를 맺고 있었지요. 그러나 몽골은 고려가 몽골에 전적으로 예속될 것을 요구하는 것은 물론 과도한 공물까지 강요했습니다. 따라서 몽골의 요구를 그대로 수용하는 것은 고려의 자주성을 크게 해치는 일이었습니다. 더구나 몽골이 침입해 오자 고려 조정의 문신들은 이 기회에 무신들을 제거하고 왕과 문신의 권한을 되찾기를 바랐습니다.

안팎에서 조여 오는 압박에 집권자 최우는 강화 천도를 결정했습니다. 천도 결정은 몽골과 끝까지 항전을 하겠다는 의사표시였지요. 섬에서라면 제아무리 대단한 몽골의 기마병이라도 제대로 힘을 쓰지 못할 테니까요.

고려의 항복, 삼별초의 불복

몽골은 40여 년간 크게는 6차례, 실제로는 11차례나 고려를 침략했습니다. 그때마다 고려는 몽골과 힘든 싸움을 치렀습니다. 몽골과 강화 협상®은 1240년대부터 시작되었습니다. 당시 몽골은 고려의 끈질긴 항쟁에 고민하고 있었고, 고려와의 전쟁에 많은 전투력을 소비한다면 자신들이 탐을 내고 있던 남송 공격에 차질을 빚을 수밖에 없었기 때문입니다. 따라서 초기에는 고려를 완전히 정복하려고 했던 몽골도 점차 고려와 강화를 요구하며 조건을 내걸었습니다. 강화도에서 나와 개경으로 돌아올 것, 왕이 몽골의 조정에 와서 직접 항복을 고할 것, 남송 공격에 군사를 지원할 것 등이 그 조건이었지요. 전쟁이 길어질수록 피해가 점점 늘어나자, 몽골의 지원으로 무신들을 누르고 왕실의 권위를 세우고 싶었던 고려는 1259년 우선 태자를 몽골 조정에 보내어 항복을 표시하였습니다. 그리고 태

■ 강화 협상 講和協商
싸우던 나라끼리 평화를 위한 조건을 정해 그 내용에 대한 약속을 정하는 것. 또는 그런 내용을 담은 약식 조약.

강화 고려 궁터, 강화로 천도한 후 39년간 사용되었고 환도 후 허물어졌다.

자가 몽골에 가 있는 사이 고종이 죽게 됨에 따라 태자는 이듬해에 귀국하여 왕(원종)이 되었습니다.

원종은 자신을 지지하는 세력들을 이용하여 무신 정권을 무너뜨리고 왕권을 강화하려 했습니다. 그는 왕이 된 후에도 몽골 조정에 가서 신하가 될 것을 약속하였고 심지어 몽골 병사의 호위를 받으며 귀국하기도 했지요. 이처럼 몽골의 위세를 등에 업은 원종은 내친김에 무신 정권을 무너뜨리고자 하였습니다. 그러나 당시 김준이 이끌던 무신 정권은 강화도보다 서울에서 더 멀리 떨어진 섬으로 수도를 옮겨 끝까지 몽골에 저항을 하자고 주장했습니다. 하지만 김준은 곧 임연에게 제거되었고, 임연이 원종과 대립을 계속했습니다. 그사이 원종이 개경 환도를 통해 왕권을 강화하려는 움직임을 보이자, 임연은 1269년 안경공 창의 집에 문무백관을 모아 놓고 원종을 폐위하고 창을 새로운 왕으로 추대하였습니다. 군인들의 삼엄한 경계 속에 이를 반대하는 사람은 아무도 없었지요. 임연은 원종을 부원배▪라 부르며 고려가 몽골의 신하가 되는 것을 막아야 한다고 주장했습니다. 또 고려가 몽골의 하수인이 되면 남송이나 일본 정벌에 군사를 동원하게 되어 더욱 고통 받을 것이라는 사실을 강조했습니다. 고려의 자주성을 지키려고 했던 것이죠. 이어 1270년, 아들 임유무가 임연의 뒤를 이었지만 원종의 지원을 받은 세력의 습격으로 길거리에서 죽음을 맞았습니다. 잠시 폐위되었던 원종은 임유무가 죽자 일주일 만에 개경 환도를 단행하고 몽골과 강화조약을 맺었습니다. 그러나 배중손 등은 삼별초를 중심으로 승화후 온을 새로운 국왕으로 삼고 개경 정부에 반기를 들었습니다. 환도 일주일 후였지요. 이들은 불과 이틀 뒤에 1천여 척의 배에 가족과 자신들을 지지하는 사람들을 태우고 강화도를 떠나 진도로 향했습니다.

■ 부원배 附元輩
고려 시대 원나라 간섭기에 원나라의 힘을 등에 업고 출세한 사람을 가리키는 말. 자신의 영달만을 꾀했다는 점에서 친원 세력과 구분해서 사용함.

백성들, 삼별초와 끝까지 함께 싸우다

삼별초가 봉기하자 몇 달 뒤에 경상도 밀양 사람들이 삼별초에 호응하여 개경 정부에 반대하는 항쟁을 벌였습니다. 이와 거의 동시에 개경에서는 관청의 노비들이 들고 일어나 몽골에서 파견한 다루가치▪와 관리를 죽이고 진도로 들어가 삼별초에 가세하려는 사건이 일어났지요. 곧이어 경기도 화성군의 대부도 사람들이 개경 관청 노비들의 봉기 소식을 듣고 섬 안의 몽골군을 죽이고 합세하려다 실패한 일도 있었습니다. 이와 비슷한 일들은 기록에서 전하는 것만 해도 상당수로 실제로는 이와 같은 사례들이 훨씬 더 많았을 것입니다. 삼별초의 세력이 왕성해지자 각 지방 사람들이 진도에 가서 삼별초가 세운 왕을 진짜 국왕으로 섬기고자 하였습니다.

왜 백성들은 중앙정권 대신 무신 정권과 삼별초를 지지했던 것일까요? 이는 오랫동안 지배층의 횡포로 인해 불만이 쌓인 데다 몽골의 침략으로 수탈이 더 가중되어 백성들의 삶이 고달팠기 때문입니

▪ **다루가치**
원나라가 고려의 내정을 통제하고 감독하기 위해 파견한 관리.

배중손이 진도에 쌓은 용장산성, 몽고 항전의 근거지였으며 현재는 흔적만 남아있다.

다. 지배층에 대한 불신은 이미 오래 전부터 있었습니다. 무신들이 집권하던 시기는 중앙에서 권력 다툼이 치열했던 것만큼이나 농민들의 반란이 계속해서 일어났던 시기기도 하였습니다. 오늘날의 경상도, 전라도, 충청도 등지에서 끊임없이 농민들의 반란이 일어났었지요. 중앙 귀족들이 자신들의 권력만을 위해 싸우는 사이 지방의 농민들은 관리들의 횡포와 과도한 수탈로 인해 제대로 된 삶을 유지해 갈 수 없었기 때문입니다. 몽골에 대한 항복은 이러한 수탈이 더욱 강화된다는 것을 의미하기 때문에 백성들은 삼별초를 지지하였던 것입니다. 몽골과 지배층보다는 삼별초가 자신들을 더 잘 보살펴줄 것이라 기대했던 것이지요. 삼별초가 빠른 시간 안에 세력을 확장하고, 비교적 오랜 기간 동안 버틸 수 있었던 것도 결국 이러한 백성들의 호응에 힘입어 가능했던 것입니다.

　　진도의 삼별초군은 남해 연안 지역에서 일어난 싸움에서 여러 차

남도석성의 모습. 삼별초가 제주도로 향하기 직전까지 마지막 항전을 벌였던 곳이다.

레 승리를 거두었습니다. 또한 제주를
공격하여 고려군을 격멸하고 제주도를
삼별초의 후방 기지로 삼았습니다. 그
러나 1271년 고려와 몽골 연합군의 공격

삼별초군의 수막새 기와. 용장산성에서 출토되었다.

에 진도의 주력 부대가 무너졌고, 진도가 함락
된 후 김통정의 지휘 아래 또다시 제주로 옮겨가 항쟁을 이어 나갔
습니다. 고려와 몽골 연합군은 군함 160척, 수군과 육군 1만 명으로
공격을 퍼부었습니다. 삼별초는 끝까지 저항했으나 1273년, 마침내
종말을 고하게 되었지요.

　삼별초의 저항을 끝으로 고려는 100여 년간이나 몽골의 간섭을
받게 됩니다. 수많은 외침에도 결코 이민족에게 무릎 꿇지 않고 지
켜 왔던 우리 겨레의 자주성을 삼별초가 아니면 누가 이어 나갈 수
있었을까요? 삼별초가 무신들의 정권 유지를 위해 쓰였다는 점 때
문에, 또 삼별초가 자신들의 권력을 빼앗길까 봐 몽골과 끝까지 싸
웠을지도 모른다는 점 때문에 삼별초의 대몽 항쟁 전체를 폄하하려
는 주장이 있습니다. 비록 출발은 민족정신이나 자주정신과는 거리
가 먼 집단이었을지 모릅니다. 그러나 고려 왕실이 개경으로 돌아
간 후, 삼별초는 자신들을 지지하는 백성들과 함께 몽골에 굴복하
지 않는 또 하나의 고려를 만들어 끝까지 저항했습니다. 삼별초의
대몽 항쟁이 없었더라면 고려는 몽골에 완전히 예속되었을지도 모
릅니다. 삼별초는 고려의 자주성을 지켜 낸 마지막 보루이자 우리
민족의 자존심을 지켜 준 애국 집단입니다.

아니야,
삼별초는 자신들의
이익을 위해 움직였을 뿐이야

몽골에 맞선 진짜 이유

우리는 흔히 최우가 몽골과 끝까지 싸우기 위해 강화도로 천도를 했다고 생각합니다. 육지에 비해 수비하는 데 유리하고 기마병 중심인 몽골의 부대가 힘을 쓰지 못하는 섬에서 계속 버티다 보면 언젠가는 그들이 지쳐 물러가리라는 계산에서 말이지요. 최우는 몽골이 쳐들어오는 경우, 일반 백성들도 몽골의 기마병이 힘을 제대로 쓰지 못하는 산성이나 섬으로 들어가 항쟁하도록 일렀다고 합니다. 그런데 최우가 강화로 천도한 것은 과연 순수하게 민족과 나라를 위해서였을까요? 최우가 강화도로 천도를 하고 몽골과의 싸움을 계속한 데에는 여러 가지 계산이 있었을 것입니다. 우선 몽골의 간섭을 받게 된다면 자신들의 권력이 무너질 수 있겠지요. 또 전쟁이 일어나면 백성들이 더욱 단결하게 되니, 이를 이용해 자신들의 권력을 유지할 수도 있고요. 몽골의 간섭을 받게 된다면 국왕조차 입맛에 맞게 폐위하고 세우던 자신들의 권력이 약화될 수밖에 없었을 것입니다. 더구나 자신들이 억누르고 있는 왕과 문신들이 몽골과 결탁할 가능성도 배제할 수는 없었겠지요. 따라서 전쟁을 빌미로 다른 생각이나 불만이 터져 나오는 것을 막겠다는 계산이 컸을 것입니다.

이처럼 권력의 속성은 결코 순수할 수 없습니다. 이를 증명이라도 하듯 무신들이 정권을 잡았던 시기 내내 자신의 아들에게 권력을 세습한 경우를 제외하고 순탄하게 권력이 이양된 경우는 없었습니다. 항상 피바람이 불었지요. 이것만 봐도 당시 권력의 속성이 어떠했는지 짐작할 수 있습니다. 무신 정권 초기, 최씨 형제가 이의민의 잔당들을 제거하고 난 후 명종에게 올린 개혁책 '봉사10조'를 살펴볼까요? 권신들의 토지를 회수할 것, 승려들의 폐단을 금지할 것 등 나름대로 개혁안을 담고 있었으나 그들이 이것을 실제로 실천할 생각은 없었다고 봐야 합니다. 다만 자신들이 일으킨 일이 나라를 위한 것이었다는 명분을 얻기 위한 것이었지요. 결국 무신 정권은 자신들의 말과는 달리 왕실과 귀족의 재산을 빼앗고 권력을 독차지했으며, 몽골에 저항한 것도 바로 자신들의 이권을 유지하기 위해서였습니다. 이런 이유들로 무신 정권은 몽골에 투항할 생각이 전혀 없었고, 그런 상황에서 그들의 군사 기반이었던 삼별초가 대몽 항쟁의 주력을 담당하게 된 것은 당연한 일이었지요.

무신 정권의 앞잡이 삼별초

대몽 항쟁에 나서기 전부터 이미 삼별초는 자신들의 이익을 지켜 준 정권의 하수인이었습니다. 최우는 도둑을 잡기 위해 야별초를 만들

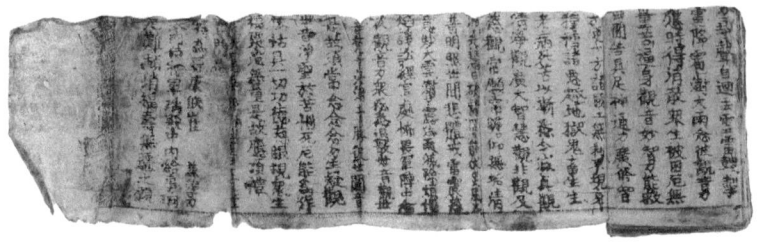

최충헌과 그의 아들들을 위해 만든 호신용 경전과 경갑이다.

었다고 합니다. 그러나 도둑은 어느 시기에나 있었던 것인데 굳이 도둑을 잡기 위해 별도의 부대를 만들 필요까지 있었을까요? 도둑을 잡는 것이 목표였다면 기존의 방범 기구를 확대해도 충분했을 것입니다. 치안 유지를 위해 부대를 만든다고 했지만 그것은 명분일 뿐 실제로는 자신들의 정권을 강화하기 위해서였지요. 무신 정변으로 정권을 장악한 고려의 무신들은 자신들의 세력 기반을 군사력에 두고 있었습니다. 즉 군대를 장악함으로써 반대 세력을 억제하고 자기 기반을 강화하였던 것입니다.

　실제로 무신 정변 직후 처음으로 정권을 잡았던 정중부는 같은 무인이었던 경대승에게 제거되었습니다. 경대승은 권력을 잡은 후 곧바로 자신의 신변을 보호하기 위해 친위 부대인 도방■을 설치하였습니다. 경대승이 병으로 죽은 후 이의민이 실권을 장악하였으나 곧바

■ 도방
고려 무신 집권기의 사병 기관. 집권자의 신변 경호와 재산 보호 외에도 외적 방어, 토목공사 등 정치적·군사적으로 이용됨.

로 최충헌에게 제거되었지요. 도방은 이후에도 계속 존재하여 무신 집권자의 신변 보호를 담당하는 기구로 유지되었습니다. 최충헌은 교정도감이라는 최고 권력 기구를 만들어 자신이 나랏일을 좌지우 지하고 아들 최우에게 정권을 물려주었습니다. 최우는 자신의 기반 을 더욱 강화하는 차원에서 야별초를 만들었고요. 자신에게 충성하 는 군대만이 자신을 지켜 주리라 믿었기 때문입니다. 설사 자신의 부하 장수에게 배신을 당할지라도 무신 정권이 믿을 것은 군대밖에 없었으니까요.

자신에게 충성을 다하는 군대를 만들려면 결국 그들에게 최상의 대우를 해 주어야 합니다. 대우는 보잘것없이 충성만 강요하면 언제 든지 더 나은 대우를 해 주는 사람을 위해 돌아설 수 있기 때문입니 다. 이런 경향은 우리 현대사에서도 찾아볼 수 있습니다. 군사 정변 으로 권력을 장악한 박정희 정부는 군사 정부 시절 중견 장교들로 하여금 각 부분의 행정을 담당하게 하였습니다. 이후 전두환 정부를 거쳐 노태우 정부에 이르기까지 대한민국은 군인 출신들이 정부의 요직과 기업체의 간부 등 사회의 이권을 장악했지요. 이렇게 정치군 인*들을 후하게 대우함으로써 오래 기간 군사독재가 유지될 수 있었 던 것입니다. 과연 그러한 군대가 국민과 독재자 중 누구를 위해 존 재할까요? 무신 정권과 삼별초의 관계 역시 마찬가지였습니다.

■ **정치군인**
군인 본연의 일보다 정치 적 활동에 치중하는 군인 을 일컫는 말.

의리도 명분도 없이 특혜만을 좇다

60여 년간 다섯 명이나 왕을 갈아 치우면서 정권을 장악했던 최씨 집안은 바로 자신들 정권의 기반이었던 삼별초에 의해 막을 내립니 다. 왕정을 회복하자는 명분을 내건 유경, 김준 등이 삼별초를 이끌

■ 쿠빌라이 忽必烈

1215~1294. 국호를 원으로 고치고 중국을 통일해 몽골의 전성시대를 이룸. 형인 몽케 칸이 남송 공격 도중 사망하여 동생 아릭 부케와 칸 자리를 놓고 싸웠다. 그때 만난 고려 원종과 깊은 유대 관계를 가지게 된다.

고 최씨 집안의 마지막 집권자 최의를 제거했기 때문입니다. 이와 함께 조정 내에서는 몽골과 화의를 맺자는 주장이 등장하게 되었습니다. 또한 몽골군은 이전과 달리 병선을 동원하여 고려의 섬들을 공격하기 시작하였고, 강화도 역시 공격을 받게 되었습니다.

고종은 몽골과의 화의를 위하여 태자를 쿠빌라이에게 보냈습니다. 당시 몽골에서는 남송을 공격하던 중 헌종이 사망하자 대칸 자리를 놓고 쿠빌라이와 아릭 부케가 대립하고 있었습니다. 그런데 고려 태자가 자신에게 항복을 하러 온 것처럼 되었으니 쿠빌라이가 자연스럽게 우위를 점하게 되었지요. 1271년, 쿠빌라이는 몽골 제국의 이름을 원으로 바꾸고 세조가 되었고, 항복을 위해 갔던 고려의 태자 역시 원종이 되어 둘은 나란히 왕위에 올랐습니다. 이런 까닭에 원나라의 지원을 받아 힘을 얻게 된 원종은 몽골과 화의를 맺고 강화도에서 개경으로 환도함으로써 왕권을 회복하고자 하였습니다. 그러자 당시 집권자였던 김준은 원종을 폐위하려 했고, 이를 눈치 챈 원종은 임연과 자신의 측근을 이용해 먼저 김준을 제거해 버렸습니다. 그런데 이때 앞장선 부대도 삼별초였습니다. 계속해서 정권이 바뀌었지만 삼별초는 정권에 관계없이 언제나 집권자의 군대로서 특혜를 누렸습니다. 임연은 계속 항몽을 주장하며

리우 쿠안 타오, 〈사냥을 떠나는 쿠빌라이〉 부분, 1280

원종과 대립하다 병으로 죽고, 아들 임유무가 아비를 대신했으나 얼마 되지 않아 원종에 의해 제거됩니다. 이때 임유무를 제거한 것 역시 삼별초였습니다. 삼별초는 한편으로는 무신 정권의 집권자들로부터 각종 특혜를 받으면서 다른 한편으로는 무신 정권의 집권자를 교체하는 앞잡이 노릇을 해 온 것입니다. 결국 삼별초는 애국심이나 충성심 따위는 저버리고 자신들의 사익만을 위해 존재한 정치군인에 불과한 집단이었습니다.

몽골과 맞선 것은 삼별초가 아니라 이름 없는 백성들이었다

문벌 귀족에서 무신 정권으로, 또 무신 정권 내의 다툼으로 지배층은 계속 바뀌었지만 백성들에 대한 수탈은 여전했습니다. 거기에다 몽골의 침략까지 더해지자 백성들의 삶은 말할 수 없이 고달파졌지요. 계속해서 교체된 무신 집권자들 가운데 심지어 천민 출신 권력자까지 나오자 이에 자극을 받은 농민과 천민들이 전국적으로 봉기를 일으켜 지배층에 대항하기 시작했습니다. 이들은 무리를 이루어 부자들의 집과 절을 공격하는 초적*이 되었지요. 그런데 몽골이 처음 고려에 쳐들어 왔을 때 정권에 저항해 싸우던 초적들이 몽골과 싸우는 특이한 일이 발생했습니다. 마산의 초적 5천 명과 관악산 초적 50명이 무신 정권과 힘을 합하여 항몽 전쟁에 참여했던 것입니다. 관료 지배층에 대한 불만으로 봉기를 한 농민들이었지만 국가의 어려움 앞에서는 힘을 합하여 몽골과 맞섰던 것입니다.

 몽골과 싸우던 시기 충주에서 있었던 일이었습니다. 몽골의 침략에 대비해 충주에서는 상류층으로 구성된 양반 별초와 하층민들로 이루어진 노군 잡류 별초군*이 모여 몽골의 침략에 대비하고 있었습

"무신의 난 이후 고관들이 천민과 노비에서 많이 나왔다. 왕후장상(장군과 재상)이 어찌 씨가 따로 있으랴. 때가 오면 누구나 할 수 있다. 왜 우리만 근육과 뼈를 괴롭히며 채찍질을 당해야 하는가." —만적

■ 초적 草賊
농민 반란군. 산간지대에서 오랫동안 싸우던 이들을 남의 물건을 훔쳐가는 도적으로 몰아 낮잡아 부르는 말이다.

일정한 지역을 지키려고 선발한 별초군 중에서 노비로 편성한 부대를 노군, 하층민으로 편성된 부대를 잡류 별초라 하는데 이를 합해서 부르던 말.

니다. 그러나 막상 몽골군이 쳐들어오자 양반 별초는 모두 도망을 가고, 노군 별초만이 힘써 몽골군을 막아 냈습니다. 그런데 몽골군이 물러난 뒤 양반 별초가 충주의 관아로 돌아와 은그릇을 점검해 보니 거의가 없어진 상태였습니다. 노군 별초들에게 이 사실을 추궁하자 이들은 몽골군이 은그릇을 약탈해 갔다고 했지요. 그러나 양반 별초는 노군 별초들이 은그릇을 훔쳐 갔다고 몰아붙였고, 그 일로 노군 별초들이 양반 별초를 공격하는 일까지 있었습니다.

1232년 시작된 몽골의 고려 침입은 이후 30년 이상 계속되었습니다. 몽골의 침입은 초기에는 일시적으로 고려를 침략하여 약탈한 후 돌아가는 형태였기 때문에 무신 정권이 그런대로 유지될 수 있었습니다. 그러나 1250년대 이후로는 거의 휴식기도 없이 침공을 되풀이해, 고려의 국토는 황폐될 대로 황폐되었고 항전을 강요하는 무신 정권의 영향력도 약해질 수밖에 없었습니다. 백성들이 처음에 무신 정권의 항몽책에 호응하여 몽골과 싸웠던 것은 물론 나라를 지키려는 마음이 있었기 때문입니다. 그러나 꼭 그 때문만은 아니었지요. 몽골이 고려를 지배하게 되면 자신들이 겪어야 할 고통이 더욱더 가중될 것이라 생각했기에 몽골과 싸울 수밖에 없었던 것입니다. 그러나 이 시기에는 그마저도 견디기 힘든 상황이 되었던 것이지요.

무신 정권이 삼별초를 내세워 외세의 침략에 목숨을 걸고 싸운 것이라면 전쟁에 내몰린 백성들에게 무엇인가 해 주어야만 했습니다. 지배층들이 독점하고 있던 토지를 돌려주거나 세금을 깎아 주면서 백성들의 고통을 덜어 주고 이들과 함께 싸워야 했을 것입니다. 그러나 몽골이 온 국토를 유린하는 동안에도 강화도의 무신 정권은 민생에 소홀했습니다. 나아가 자신들의 호화로운 생활을 위해 오히려 과중한 세금을 강요하였지요. 『고려사절요』의 기록에 보면 "최우

■ 고려사절요
조선 전기 문종 2년 김종서 등이 편찬한 고려 시대의 역사서. 편년체로 기전체인 《고려사》와 함께 고려시대를 연구하는데 아주 중요한 사료이다.

처인성 전투 기록화

가 자기 집안사람과 신하를 불러 잔치를 열었는데 비단으로 장막을 만들고 가운데에 그네를 매어 온갖 꽃으로 장식하고 은 단추와 자개를 붙였다."라는 기록이 나옵니다. 이 꽃과 비단이 어디에서 나왔을까요? 백성들은 몽골의 침략에 시달리는 동시에 지배층으로부터도 가혹한 수탈을 당해야만 했던 것입니다. 오죽하면 기록에 "백성들이 관리의 수탈을 견디지 못하여 몽골군이 오는 것을 오히려 반겼다."라는 이야기가 전해질까요? 지금의 영흥 지방에서는 백성들이 지방관을 죽이고 몽골에 투항을 하는 일마저 있었습니다. 그리고 몽골이 이곳에 쌍성총관부*를 설치함으로써 국토의 일부를 상실하게 되는 일도 발생했지요. 마땅한 대책도 없이 몽골의 공격에 대비해 강제로 죽도라는 섬에 들어가라고 명령하자 백성들이 이에 반발했기 때문입니다.

■ 쌍성총관부
고려 시대에 원나라가 지금의 영흥 지방에 둔 통치 기구

1254년 몽골의 제6차 침입은 혹독한 것이었습니다. 그해 전국 각지는 해골로 산을 이루었고, 기록에 의하면 20만 명이나 포로로 끌려갔다고 합니다. 끌려간 사람이 20만이면 죽은 사람은 또 얼마였겠습니까? 삼별초는 이러한 때에 어떤 일을 했을까요? 삼별초는 백성들과 함께 싸우지도 고통을 나누지도 않았습니다. 피눈물을 흘리며 죽어가는 백성들에게 가혹한 세금을 거두어 호화로운 생활을 하는 권력자들을 지켜 주었을 뿐입니다. 삼별초는 나라와 백성을 지키고 대몽 항쟁을 이끌던 집단이 결코 아니었던 것입니다.

조국을 위한 마지막 저항? 살기 위한 선택!

삼별초가 몽골과 항쟁한 마지막 군대인 것은 사실입니다. 그런데 삼별초가 몽골 세력과 손잡지 않고 끝까지 저항한 이유는 무엇일까요? 그것은 자신들이 살기 위한 어쩔 수 없는 선택이었기 때문입니다. 삼별초는 무신 정권을 무너뜨리고 왕실이 개경으로 돌아가는 데 나름대로 역할을 했지만 고려 왕실은 적절한 보상 대신 걸림돌이 될지도 모를 삼별초를 해체하려고 했습니다. 개경으로 돌아오라는 방을 붙이고 삼별초를 회유하려 했던 원종이 곧 다시 삼별초를 강제 해산시키려 이들의 명부를 가져오도록 했던 것입니다. 자신들의 명부를 원종이 입수했다는 것은 이들에게는 곧 죽음을 의미하는 것이었습니다. 명부가 원나라에 넘겨질지도 모르는데 속사정이야 어찌 되었든 몽골과 싸운 주력부대는 자신들이었으니까요. 삼별초의 군인들은 다시 김통정의 지휘 아래 왕실과 결별하고 대몽 항쟁을 계속해 나갈 것을 결의합니다. 다른 선택의 여지가 없었지요. 결국 삼별초는 나라를 지키기 위해 대몽 항쟁을 자발적으로 선택한 것이 아니라 자신들이 살기 위해 대몽 항쟁을 선택한 것입니다.

개경 환도 결정 일주일 후 삼별초의 지휘관이었던 배중손, 노영희 등은 반몽 세력을 규합하고 무장을 강화한 다음 승화후 온을 새로운 왕으로 삼아 독자적인 반몽 정부를 구성하였습니다. 이들은 창고를 열어 문서를 불태우고, 사람과 물자를 배에 싣고 진도로 향했습니다. 이들이 불태운 문서 중에는 토지 문서, 노비 문서 등이 포함되어 있었지요. 고려 정부는 개경으로 환도를 하고, 삼별초는 진도에 반몽 정부를 세웠던 것입니다. 삼별초는 진도에 용장성을 쌓고 관부를 설치하며 독립 정부를 표방하였습니다.

삼별초군은 진도에 정부를 수립하면서 전라도 지역에 대한 지배권을 행사하고자 하였습니다. 이 지역은 과거 후백제 영역으로 심정적으로 삼별초에 동조하려는 세력이 있었기 때문입니다. 그러나 전라도의 요충지인 나주와 전주를 점령하는 데는 실패하였습니다. 삼별초가 많은 백성들의 사랑과 지지를 받았다는 주장과 달리 모두가 삼별초에 동조한 것은 아니라는 사실을 보여 주지요. 그럼에도 진도의 삼별초군은 남해 연안 지역에서 여러 차례 싸움에서 승리를 거두었습니다. 또한 제주를 공격하여 고려군을 격멸하고 제주도를 삼별초의 후방 기지로 삼았습니다.

진도의 배중손사당에 세워진 배중손 동상

그러나 1271년, 삼별초는 고려와 몽골 연합군의 진도 공격에 맥을 못 추고 무너졌고, 진도는 결국 함락되었습니다. 작은 승리에 취해 방비를 제대로 못한 데다 몽골군이 화약을 사용해 치밀한 작전을 펼쳤기 때문이지요. 그런데 눈여겨보아야 할 점은 몽골의 군사작전이 진도 내부의 상황을 자세하게 알고 펼쳐졌다는 것입니다. 이런 상황이 뜻하는 바는 무엇일까요? 바로 삼별초가 이끄는 진도 정부 안에는 강력한 항쟁을 주장하는 세력만 있었던 것이 아니라 이들을 따를 마음이 없는 사람들도 다수 포함되어 있었고, 이들이 전쟁이 끝나기를 바라 몽골군을 도왔다는 사실입니다.

진도가 함락된 후 삼별초는 김통정의 지휘 아래 또다시 제주로 근거지를 옮겼습니다. 제주의 삼별초는 강한 반몽 의식을 가지고 있었으나 이를 뒷받침할 군사력이나 경제력, 외부의 도움이 없었으므로 2년 후 마침내 종말을 고하게 되었지요.

삼별초는 외세의 침입에 항거해 끝까지 저항하며 불굴의 민족정신을 보여 준 군대가 결코 아니었습니다. 결과적으로는 몽골에 맞서 끝까지 항쟁을 하기는 했지만 나라를 지키기 위해 몽골과 항쟁한 것이 아니라 권력을 좇아 배신과 반목을 거듭하며 자신들의 이권에 따라 움직인 친위 부대였을 뿐이지요. 항몽 의지가 높았다고 해서 이런 사실을 바꿀 수는 없습니다. 고려가 비록 몽골에 항복했어도 고려의 이름을 지킬 수 있었던 것은 백성들의 눈물겨운 투쟁 때문이지 결코 삼별초의 저항 때문이 아닌 것입니다.

입장 정하기

● 두 글에서 주장의 근거로 제시한 내용을 각각 요약해 봅시다.

● 다음 쟁점에 대하여 자신의 입장을 정하고 근거를 제시해 봅시다.

쟁점1 삼별초는 무신 집권자들의 용병에 불과했다.

	그렇다	아니다
근거		

쟁점2 삼별초는 나라를 지키기 위해 싸웠다.

	그렇다	아니다
근거		

쟁점3 삼별초는 백성들의 지지를 받는 군대였다.

	그렇다	아니다
근거		

● 무신 정권과 삼별초가 없었다면 고려는 몽골과 40여 년간이나 맞서 싸울 수 있었을까요? 만약 이들이 없었다면 고려가 몽골의 침입을 막기 위해 어떤 방안을 취할 수 있었을지 생각해 봅시다.

팍스 몽골리카, 새로운 실크로드를 열다

몽골제국의 역사

"해가 뜨는 곳부터 해가 지는 곳까지 하늘이 우리에게 주셨으니 우리는 그것을 정복하리라." 1245년 교황의 친서를 가지고 온 프라노카르피니에게 칭기즈 칸의 손자 구유크 칸이 한 말이지요. 13세기, 전 세계를 공포에 몰아넣었던 몽골에게 고려처럼 끈질기게 저항한 민족은 없었습니다. 고려가 맞섰던 몽골이 얼마나 거대하고 얼마나 무시무시한 나라였는지 들여다볼까요?

날쌘 기병, 무시무시한 공포 전술

13세기 이전까지만 해도 중앙아시아 초원 지대의 작은 기마 부족에 불과했던 몽골은 불과 20여 년만에 세계 역사상 가장 거대한 제국을 세우고, 동서양을 아우르는 팍스 몽골리카(몽골 지배 아래 평화)의 시대를 열었다. 그 비결은 무엇일까? 편리한 그물 갑옷, 도망가면서도 뒤로 화살을 쏘아대는 전술, 가족과 가축을 함께 이끌고 이동해 보급로가 따로 필요 없는 전선 형성 등 몽골군은 당시로서는 보기 드문 막강한 전투력을 갖춘 부대였다. 게다가 몽골군은 심리전과 정보전에도 강했다. 호라즘 왕국의 변방인 오트라르에서 몽골 상인들이 학살당하는 일이 발생하자 칭기즈 칸은 "그들의 머리에 달린 머리카락의 숫자만큼 보복하라."는 명령을 내렸다고 한다. 항복하지 않고 저항하는 지역에서는 어김없이 끔찍한 대학살이 벌어졌고, 이런 무시무시한 학살의 소문은 다른 전투에서 적의 군사들로 하여금 아예 싸울 생각조차 못하고 도망가게 만들었다.

칭기즈 칸의 리더십

몽골 기마병은 모두 합해 10만이 채 되지 않았다고 한다. 아무리 날쌘 기병과 가공할 만한 전투력을 지녔다고 해도 그렇게 적은 숫자로 어떻게 중국과 서아시아와 유럽을 동시에 상대하며 무패 행진을 계속했을까? 이는 칭기즈 칸의 남다른 지도력이 있었기 때문에 가능했다.

첫째, 칭기즈 칸은 다른 정복자와 달리 이민족의 문화와 종교에 관대했다. 자신은 유목민 고유의 '탱그리(하늘)' 신앙을 가지고 있어 전투에 나가기 전 늘 높은 언덕에 올라 하늘을 향해 빌었지만 다른 종교에 대해 관대했기 때문에 종교 분쟁에 시달리던 이들은 칭기즈 칸의 군대를 구원자로 생각하기도 했다.

둘째, 자유로운 상업정책을 펼쳐 실크로드 도시를 다시 부활시켰다. 14세기 초 원제국과 베네치아 공화국의 상인 보호에 대한 통상조약을 보면 "캐러밴의 도난에 대해서는 원이 변상한다. 세금은 일률적인 매상세 3.3퍼센트만 지급하고 관세는 물리지 않는다."라는 내용이 있다. 덕분에 몽골의 새 수도인 카라코룸에는 전 세계 상인들의 발길이 끊이지 않았고, 이는 결국 몽골제국에 엄청난 경제적 부를 안겨주었다.

셋째, '역참 제도'라는 독특한 통신망으로 광대한 제국을 효율적으로 관리할 수 있었다. 역참은 본래 칸의 명령과 여러 가지 정보가 빨리 전해질 수 있도록 4킬로미터마다 '참'이라는 역을 두고 숙박 시설, 수레와 말, 식량 등을 갖추어 놓아 전령이 릴레이식으로 빨리 달릴 수 있도록 해놓은 것인데, 이를 이용하면 하루 500킬로미터를 주파할 수 있어 카라코룸에서 유럽까지 불과 보름밖에 걸리지 않았다고 한다. 이는 20세기 초까지도 동양과 서양을 이어주는 가장 빠른 길이었다.

넷째, '천호제', '울루스Ulus 연맹' 등에서 볼 수 있듯이 개방적인 정책을 통해 열린사회를 지향했다. 천호제는 모든 씨족을 해체한 뒤 제국의 전 지역을 10호 단위로 재편성한 것으로, 변형과 변신이 자유롭고 철저하게 실력 위주로 운영된 제도였다. 색목인의 대거 등용 사례에서 볼 수 있듯이 몽골제국은 신분이나 인종, 종교에 얽매이지 않고 능력에 따라 인재를 쓰는 사회였다. 이처럼 혈연관계에서 탈피한 새로운 개념의 열린사회 시스템이야말로 팍스 몽골리카를 가능하게 한 원동력이라고 할 수 있다.

최초이자 최고(最古)의 세계사로 평가 받고 있는 라시드 앗 딘의 『집사集史』가 몽골제국에서 나온 것은 결코 우연이 아니었다.

5 왕권과 신권

그래,

왕권이 강해야

나라를 발전시킬 수 있어

아니야,

왕권을 견제해야

더 좋은 나라를 만들 수 있어

● 조선왕조는 한국사에서 가장 많은 연구와 교육이 이루어졌지만 역설적이게도 가장 많은 '오해'를 받고 있는 왕조이기도 합니다. 조선왕조에 대한 가장 흔한 오해 중 하나는 국왕을 무소불위의 권력을 휘두르는 전제군주로 생각하는 것입니다. 그런데 조선의 왕권은 이슬람 군주의 절대권이나 중국의 황제권과는 달리 재상과 신료들에 의해, 즉 신권에 제약을 당하는 불완전한 권력이었습니다. 따라서 조선왕조를 이해하려면 왕권과 신권의 길항 관계를 이해하는 것이 필수적이지요. 이러한 왕권과 신권의 대립이 가장 극적으로 표출된 것이 바로 이방원에 의한 정도전의 죽음입니다. 조선을 건국하는 데 중추적인 역할을 한 정도전과 이방원의 삶과 그들의 정치사상을 이해하는 것은 왕권과 신권이 공존하는 가운데 끊임없이 대립하며 발전해 온 조선왕조 정치사를 이해하기 위한 첫 단추입니다. 다만 그 과정에서 우리가 살고 있는 현재의 기준과 잣대를 사용해 함부로 평가해서는 안 됩니다. 민주주의가 일반화된 근대적 정치제도를 기준으로 역사를 평가한다면, 조선과 고려 모두 국왕 1인에게 전권이 집중된 독재국가 이상의 평가를 받기 힘들기 때문이지요. 우리는 왕권과 신권의 대립을 당시 사람들의 치열한 고민과 노력이 수놓아진 결과물로 이해해야 합니다. 역사를 당대인들의 입장에서 이해할 때만이 다양하고 활기찬 진짜 삶의 풍경을 들여다볼 수 있으니까요.

생각열기

● Scene 1 『태조실록』을 바탕으로 각색

정도전 등이 밤낮으로 송현松峴에 모여 왕자들을 공격하기로 비밀리에 모의하였다. 이 사실을 접한 이방원은 이를 막기 위해 급히 말을 달려 작은 골목 안 남은의 첩이 사는 집으로 갔다. 이방원은 말을 멈춘 후 10여 명을 시켜 집을 포위하게 했는데 종들은 모두 자고 있었고 등불이 켜진 방 안에서 말소리와 웃음소리가 새어 나오고 있었다. 이숙번이 옆집 서너 곳에 불을 지르라 명하고 그들을 공격하자 정도전은 도망하여 숨고 심효생, 이근, 장지화 등은 잡혀서 죽었다.

(밤, 작은 골목 안. 도망친 정도전은 이웃집에 숨어 있다. 그를 꾸짖어 밖으로 나오게 하니 정도전이 조그만 칼을 손에 쥐고 나온다. 걸음도 제대로 걷지 못한 채 엉금엉금 기어 나오는 정도전. 크게 호령하여 꾸짖어 칼을 버리게 하니, 정도전이 칼을 던지고 문 밖을 나와 떨리는 목소리로)

정도전   청하건대 죽이지 마시오. 한마디만 말하고 죽겠습니다.
(정도전을 끌어내어 이방원의 말 앞으로 데려간다.)
정도전   예전에 공公이 이미 나를 살렸으니 지금도 또한 살려 주소서.
이방원   네가 조선의 봉화백奉化伯이 되었는데도 만족하지 못했느냐? 어떻게 악한 짓을 한 것이
          이 지경에 이를 수 있느냐?

(이방원이 그의 목을 베라 명령하며 페이드 아웃)

고려가 망하고 조선이 건국되는 과정은 역사소설이나 사극의 단골 소재입니다. 이야기 전개가 흥미진진한 것은 물론 일편단심 정몽주, 패기 넘치는 이성계, 천하를 호령한 정도전, 권력을 위해 어린 동생마저 살해한 이방원 등 당시를 살았던 인물들의 고뇌와 갈등이 오늘날에도 여전히 생각거리를 던져 주기 때문이지요. 그런데 여기 정도전의 죽음을 전혀 다르게 묘사한 두 글이 있습니다. 만약 여러분이 배우가 되어 정도전을 연기한다면 어떻게 할지 다음 글을 읽고 생각해 볼까요?

● Scene 2 정도전의 문집 『삼봉집』을 바탕으로 각색

정도전의 네 아들 중 둘은 아버지를 구하러 가다 이방원의 군사들에게 죽임을 당하고, 나머지 자식들은 아버지와 형제들이 비명횡사했다는 소식을 듣자 집에서 조용히 자결했다.

(밤. 골목 여기저기 불길이 솟아오른다. 마당에 끌려 나와 무릎 꿇린 정도전. 허리를 꼿꼿이 세우고 앉아 담담히 마지막 시를 읊는다.)

操存省察兩加功조존성찰량가공
不負聖賢黃卷中불부성현황권중
三十年來勤苦業삼십년래근고업
松亭一醉竟成空송정일취경성공

조심하고 성찰하는 일에 공력을 기울여
책 속 성현들을 저버리지 않았노라
삼십 년 동안 부지런히 힘쓴 업이
송정에 한 번 취하니 끝내 허사가 되었도다

(칼날이 얼굴 가까이 다가오는 가운데 두려운 기색 없이 의연한 표정 클로즈 업)

그래,
왕권이 강해야
나라를 발전시킬 수 있어

정도전이 꿈꾼 나라, 이방원이 꿈꾼 나라

1388
위화도 회군

1392
조선 건국

1394
한양 천도

1398
제1차 왕자의 난
정도전 목숨을 잃음

1400
이방원, 태종 등극

1418
세종 즉위

정도전 등이 도당徒黨을 결합하고 비밀리에 모의하여 우리의 종친 원훈들을 해치고 우리 국가를 어지럽게 하고자 했습니다. 신 이방원 등은 일이 급박하여 성상께 미처 아뢰지 못하였으나 이미 죄인을 죽였으니, 원컨대 성상께서는 놀라지 마옵소서.

『태조실록』 권14, 7년 8월 26일

태조 7년인 1398년, 명실공히 조선 개국의 1등 공신이었던 삼봉 정도전이 반역 혐의로 제거되었습니다. 정도전은 한 나라가 망하고 다시 새로운 나라가 일어서던 격동의 시기에 역사의 중심에서 새 왕조를 설계한 인물입니다. 성리학의 이념에 따라 궁궐과 종묘사직의 터를 정하고 도성의 큰길과 성문을 배치하는 등 새로운 수도 한양을 계획하고 건설한 사람도 바로 정도전이었습니다. 이처럼 킹 메이커로서 새 나라 조선의 실질적 설계자였던 정도전, 그런 그가 권력을 잡고 본격적으로 자신의 뜻을 펼치기도 전에 죽임을 당한 것이지요. 그것도 조선을 개국하는 데 손을 맞잡았던 동지이자 후에 태종이 되는 이방원의 손에 말이지요.

　동지였던 이방원과 정도전은 조선 건국 이후 각자의 정치적 위치와 국가관의 차이 때문에 등을 지기 시작했습니다. 조선을 건국하는 과정에서 태조의 여러 왕자들 중 단연 돋보이는 공로를 쌓았던 이방원은 스스로를 '차기 왕 후보자 1순위'라고 생각하였고, 왕이 어떠해야 나라가 발전할 수 있을까를 고민하며 새 나라 조선의 앞날을 구상했습니다. 반면 일인지하 만인지상▪의 위치인 재상의 반열에 오른 정도전은 왕의 역할도 중요하지만 실제 정치는 신료, 그중에서도 특히 재상과 같은 고위 신료들에 의해 행해져야 한다고 믿었습니다. 이렇게 두 사람은 새 나라 조선이 나아가야 할 길에 대해서 서로 다른 꿈을 품고 있었던 것입니다. 이런 두 사람 사이의 갈등은 왕위 계승 문제가 불거지면서 깊어지게 되었고, 그 결과가 정도전의 죽음이었습니다. 나라를 세우고 기틀을 잡아가는 데 왕과 신하 중 누구의 역할이 더 중요할까요? 왕과 신하, 누구에게 권력이 주어져야 나라가 안정될까요? 동지였던 사람들이 하루아침에 적으로 변할 만큼 왕권과 신권의 문제는 중요한 문제였습니다.

손에 피를 묻히고 왕이 되다

기울어가는 고려 말, 신진 사대부▪들은 어지러운 사회질서를 바로

조선시대 임금이 집무할 때 머리에 썼던 익선관이다.

▪ 일인지하 만인지상
一人之下 萬人之上 '한 사람의 아래, 만 사람의 위'라는 뜻. 한 사람이란 국왕을 가리키므로 재상이나 승상을 가리키는 말

▪ 신진 사대부
사士는 글 읽는 사람, 대부大夫는 관리를 뜻하는 말로 성리학을 공부해 관리로 진출한 유교 지식인 계층을 가리킨다. 고려 후기 성리학을 배워 사회 개혁을 주장하며 새롭게 등장한 사대부라는 뜻으로 신진사대부라 한다.

■ 위화도회군
1388년 5월, 요동 정벌에
나선 우군도통사 이성계
가 압록강 하류 위화도에
서 군사를 되돌린 것으로,
훗날 조선왕조 창업의 기
반이 된 사건.

■ 과전법 科田法
고려 말 문란해진 토지
제도를 바로잡기 위하여
1391년(공양왕 3년) 사전
개혁私田改革을 단행하여
새로운 전제田制의 기준으
로 삼은 토지제도.

잡기 위해 고군분투했습니다. 그러나 개혁은 거센 저항에 부딪혔고, 정도전과 이성계 등 혁명 세력은 더 이상 고려에 희망이 없다고 생각하며 새 왕조의 건설을 꿈꾸었습니다. 이들 혁명 세력은 위화도회군*으로 정권을 잡고 개혁을 추진해 나갔습니다. 공양왕 3년인 1391년, 혁명 세력은 군사권과 재정권을 손에 넣고 과전법*을 단행해 권문세족이 광대한 토지를 독점하고 있던 폐단을 개혁했습니다. 이 개혁은 사대부와 백성들의 지지를 받았지요. 그러나 개혁은 개혁일 뿐 고려왕조는 존속되어야 한다고 주장하는 사람들은 혁명 세력을 견제하고 있는 상황이었습니다. 이듬해인 1392년 4월, 이성계가 명나라에 다녀오는 왕자를 마중 나간 길에 말에서 떨어져 다리가 부러지는 사건이 일어나자 고려에 대한 충성심을 끝까지 지키던 정몽주는 이 기회를 틈타 이성계 세력을 일망타진하기 위해 그 오른팔인 정도전을 또다시 탄핵해 투옥하였습니다. 형세가 이성계 일파에게 불리하게 돌아가자 이방원은 아버지 이성계의 반대를 무릅쓰고 정몽주를 살해할 것을 결심하고 이를 실행에 옮겼습니다. 결국 문상을 다녀오던 정몽주가 선죽교에서 이방원이 보낸 자객에 의해 무참히 살해된 후, 고려의 운명도 끝이 났습니다. 같은 해 음력 7월 17일, 이성계는 새 나라 조선의 첫 번째 임금으로 추대되었습니다.

이방원은 새 나라 건국의 걸림돌을 없애야 한다는 마음으로 정몽주를 제거했습니다. 이때 이성계는 아들 방원의 야심을 알아차리게 되었습니다. 이성계는 권력을 갖기 위해서는 못할 일이 없는 방원 대신 어린 이복동생 방석을 세자로 책봉했습니다. 재상 정도전도 방원을 견제했지요. 건국에 큰 공을 세웠지만 찬밥 신세가 된 방원은 조용히 세력을 키워 나갔습니다. 그러던 중 표전문 사건이 일어났습니다. 표전문이란 조선이 명나라에 보내는 외교 문서를 지칭하는 말로, 신년 축하를 위해 중국에 보낸 표전문에 오만불손한 글귀가 들어갔다며 명나라가 이 글을 작성한 정도전과 정탁을 당장 명나라로 보내라고 요구하는 사태가 벌어졌습니다. 이 사건을 표전문 사건이라고 부르는데 이 때문에 명나라와 조선 사이에 긴장감이 높아졌지요. 이런 상황에서 정도전이 요동 정벌을 주장하며 이를 위해 왕자와 공신들이 소유하고 있던 사병을 없애려 하자 방원은 드디어 거사에 나섰습니다. 마침 이성계도 병으로 누워 있었기에 방원은 정도전, 남은을 비롯한 공신들과 함께 이복동생들인 방번, 방석을 죽이고 권력을 잡았는데, 이것이 바로 제1차 왕자의 난입니다. 왕자의 난을 겪고 피비린내 나는 권력 다툼이 지긋지긋해진 태조는 왕위를 둘째 아들인 방과에게

『오륜행실도』에 그려진 정몽주의 죽음 장면이다.

물려주고 상왕으로 물러났습니다. 하지만 이것으로 피바람이 끝난 것은 아니었습니다. 2년 뒤 왕위 계승에 야심을 품고 있던 태조의 넷째 아들인 방간이 방원의 세력을 꺾으려고 제2차 왕자의 난을 일으켰기 때문입니다. 방간이 난을 일으키려 한다는 정보를 들은 방원은 정종에게 나아가 "형님이 나를 모해하려 하므로 부득이 군사를 일으켜 치겠습니다."라고 말한 후 방간을 잡아 토산으로 귀양을 보냈습니다. 제2차 왕자의 난이 끝난 후 하륜 등 신료들은 정종에게 방원을 왕세제*로 세우기를 청했습니다. 정종에게는 적자가 없었고 국가를 세우고 사직을 안정시키는 데 방원의 역할이 컸다는 이유를

■ 왕세제
왕위를 이어받을 왕의 아우.

들었지요. 왕좌에 앉아 있었지만 늘 동생이 두려웠던 정종은 두말 없이 동생을 왕세제로 삼았고, 같은 해 11월에 왕위를 내주었습니다. 태종이 왕위에 오르자 정종은 상왕에, 태조는 태상왕에 올랐습니다.

강력한 왕권 위에 피어난 부국강병의 꿈

대부분의 사람들은 조선의 세 번째 임금인 태종을 피도 눈물도 없는 인물이라고 생각합니다. 선죽교에서 고려의 충신 정몽주를 죽인 것은 조선이라는 새로운 나라의 건국을 위해 불가피한 일이었다고 해도, 정도전처럼 혁명을 함께 이룬 동지마저도 가차 없이 제거하고 심지어 자신의 어린 동생까지 죽여 버렸기 때문입니다. 왜 그랬을까요? 타고난 성품이 무자비하고 잔혹한 사람이라서 그랬을까요? 아니면 정말로 왕이 되고자 하는 욕심에 그랬을까요? 이방원이 단지 권력욕에 눈이 멀어 피바람을 일으킨 것이라면, 그가 왕이 된 후 보여 준 훌륭한 업적은 어떻게 설명할 수 있을까요?

역사를 아는 사람들은 태종을 야심에 찬 비정한 인물로만 기억하지 않습니다. 오히려 새 나라를 반석 위에 올려놓은 뛰어난 군주로 기억합니다. 사실 나라를 세울 때 공을 쌓은 개국공신들은 점점 그 힘이 커져 막상 건국 이후에는 왕권을 위협하는 세력이 됩니다. 새로

태종 어책, 어책은 왕의 존호를 올릴 때 예물과 함께 올리는 책으로 옥으로 제작하였다.

왕족이 된 왕의 가까운 친척
들이나 후계자로 지목받지 못
한 왕자들 역시 호시탐탐 옥
좌를 노리는 위험한 존재가 되
고요. 역사 속에서 종종 나라를 세
운 왕에 이어 혈육과 공신을 무참히 제
거하는 피의 군주가 나타나는 것은 바로
이러한 이유 때문입니다. 그러나 피의 군주는
역으로 이런 희생을 통해 왕실을 지키고 나라의
기틀을 다지는 제 2의 창업주가 됩니다. 태종 역

임금이 탔던 가마인 홍색련이다.

시 권력을 잡는 과정은 피로 얼룩졌지만 왕이 된 이후에는 이를 만
회라도 하듯이 훌륭하게 국가를 다스렸기에 우리는 태종에게 제 2
의 창업주라는 칭호를 붙일 수 있는 것이지요. 태종이 제 2의 창업
주가 될 수 있었던 까닭은 개국 초기의 흔들리는 왕권을 바로잡았
기 때문입니다. 태종은 왕권 강화를 지상 과제로 삼은 군주였습니다.

저서를 많이 남긴 정도전과 달리 태종은 직접 남긴 저술이 전혀
없습니다. 따라서 우리는 『조선왕조실록』에 드러나는 태종의 말이
나 행동, 태종이 적극 등용했던 하륜이나 변계량과 같은 인물들이
남긴 기록을 통해 우회적으로 그의 생각을 알 수 있습니다. 태종의
정치철학 역시 당연히 조선을 건국한 세력의 이념이었던 유교에 근
본을 두고 있었습니다. 유교에서는 군주가 덕으로 백성을 이끌어야
한다는 왕도 정치■의 실현을 이상으로 여깁니다. 그런데 정도전은
왕도 정치를 실현하려면 재상과 신료들이 적극적으로 나랏일을 이
끌어 가야 한다고 주장했습니다. 신권을 강조한 것이지요. 그러나
태종은 정도전과는 달리 신권에 대한 왕권의 우월성과 초월성을 내

■ 왕도 정치
맹자가 주창했으며 도덕에
의한 교화, 즉 덕치德治를
정치의 기본으로 삼는 동양
정치사상. 힘으로 백성을 다
스리는 패도覇道와 비견되
어 사용되며 왕이 백성을
인의로 다스려야 함을 강조
한 것

세웠고, 왕권을 강화하는 데 주력했습니다. 이러한 생각은 태종의 생각을 지지했던 변계량이 정도전의 재상 정치론을 반박한 글에서 짐작해 볼 수 있습니다. 변계량은 성리학을 집대성한 주자를 비롯한 사대부들이 말한 '인주人主의 제한적 역할', 즉 왕은 재상만 정할 따름이라는 생각은 옛날에나 가능했지 지금은 행할 수 없는 것이라고 주장했습니다. 왜냐하면 국왕은 오직 한 명이고 군신은 그 수가 매우 많은데, 한 사람이 많은 이들을 효과적으로 거느리기 위해서는 당연히 권력이 위에 있어야 하기 때문이라는 거죠. 이는 권력은 군주가 가져야 한다는 군권론으로 재상 정치론을 펼친 정도전의 사상과는 매우 다른 견해입니다. 왕조 국가의 근본은 군주에게 있으며, 좋은 정치의 기본은 훌륭한 자질을 가진 왕과 그 왕에게 집중된 강력한 권력이라는 것이지요.

태종은 왕권 확립을 위해 고군분투하였습니다. 왕세제가 되자마자 사병 혁파에 착수했지요. 정도전이 사병을 혁파하려고 할 때는 반발했다가 자신이 왕위에 오르기 직전에는 이를 혁파하였으니 역사의 아이러니가 아닐 수 없습니다. 그러나 그는 자신 역시 사병으로 제1, 2차 왕자의 난을 승리로 이끌었기 때문에 사병이 있는 한 정국 안정은 물론 중앙집권 체제를 갖출 수 없다는 것을 너무도 잘 알고 있었습니다. 그래서 왕위에 오르기 직전 사병을 혁파하고 중앙군을 강화한 것입니다. 태종은 왕권 강화를 위해서 정도전을 역적으로 몰아 죽였지만, 왕이 된 이후에는 정도전이 주장한 정책 중 많은 부분을 계승할 만큼 그릇이 큰 인물이었습니다. 태종이 단행한 피의 숙청 역시 왕권 강화를 위한 불가피한 선택이었습니다. 그 칼날은 형제들은 물론, 자신이 왕위에 오르는 데 물심양면으로 후원한 자신의 아내 원경왕후의 집안에까지 겨누어졌습니다. 원경왕후의 네 형

용상 뒤에 놓았던 일월오봉도, 다섯 개의 산봉우리와 해, 달, 소나무, 물을 배치하며 왕권을 상징한다.

제들이 세자를 끼고 권력을 행사하자 이들이 장차 왕권을 위협하리라 판단하여 숙청￭한 것입니다.

1418년, 태종은 왕권 강화를 위해 '최고의 선택'이라고 불리는 큰 결단을 내리기에 이릅니다. 무려 14년 동안이나 왕세자의 자리에 있던 양녕대군을 폐위하고 장차 위대한 세종 임금이 될 충녕대군을 세자로 삼은 것입니다. 사실 태종은 자신이 왕위 계승의 소용돌이를 경험했기 때문에 자신 이후로 적장자가 왕위를 계승하는 전통을 세우고자 했습니다. 그래서 원경왕후와의 사이에서 낳은 맏아들 양녕을 일찌감치 왕세자로 책봉하여 안정된 후계 체제를 미리 구축해 놓았던 것이지요. 그러나 시간이 지날수록 호방하고 풍류에 관심이 많던 맏아들보다는 성실하고 진지하게 학문에 열중하는 셋째 아들에게 왕의 자질이 있음을 알고 고민했습니다. 태종에게 국왕의 자리란 장자 세습의 원칙을 지키는 자리가 아니라 나라를 키우고 뻗어나가

■ 숙청
반대자를 암살 · 제명 · 추방 · 처형 · 체포 · 구금하는 행위. 혁명기, 정책의 일대 전환기, 대외적 위기, 독재자의 야심의 절정기나 불안의 시기에 많이 일어난다.

■ 택현 擇賢
어진 사람을 고름.

게 만드는 능력자가 앉아야 할 자리였던 것이지요. 태종은 결국 신하들의 택현擇賢 을 받아들이는 방식으로 세자를 바꾸었습니다.

골육상잔의 진통을 몸소 치렀던 태종은 왕권이 안정되어야 국가가 제대로 기틀을 잡을 수 있다는 신념이 누구보다 확고했습니다. 재상이 권력을 가져야 한다고 주장했던 정도전을 제거한 것, 백성들을 국가에서 철저히 파악하는 정책을 시행한 것 모두 왕권 강화책의 일환이었습니다. 그리고 자신이 그린 밑그림을 완성할 역량 있는 후계자를 원했습니다. 태종은 마지막 결단을 내립니다. 생전에 세종에게 왕위를 미리 물려주고 자신은 상왕이 되어 정치 일선에서 물러났던 것입니다. 세종 집권 초반, 태종은 자신의 후계자이자 새로운 국왕인 세종이 마음껏 정치적 능력을 발휘할 수 있도록 장애가 되는 요소를 제거해 주며 뒤에서 지원하였습니다. 그리고 태종의 계획대로 세종 때에 이르러 조선왕조는 찬란한 문화를 꽃피우며 굳건히 뿌리를 내릴 수 있었습니다.

준비된 군주, 조선왕조의 토대를 닦다

■ 도평의사사
고려말 나랏일 전반을 논의하던 최고의 정무 기관. 고려 초에 설치된 도병마사가 무신 정권 때 제 기능을 하지 못하자 충렬왕 때 도평의사사로 이름을 바꾸고 재건하였다.

낡은 제도와 법은 고치고 필요한 법과 제도를 만들어 가면서 고려와는 다른 조선만의 정치체제를 정비한 것도 태종입니다. 조선은 건국 후에도 큰 틀에서 고려의 제도를 유지했습니다. 특히 재상들이 모여 중대한 일을 논의했던 도평의사사 가 그대로 존재했지요. 도평의사사에 권력이 집중되면 왕권이 약화될 뿐 아니라 여러 사대부들의 여론을 광범위하게 수렴할 수 없습니다. 왕자의 난은 태종의 정치적 결단과 사병 혁파 조치에 불만을 품은 무인 개국공신들의 불만이 합쳐져 촉발되기도 했지만 태종이 도평의사사 체제에서 소외된 사대

부들의 여론을 잘 이용했기에
가능할 수 있었습니다. 태종
은 권력을 장악하고, 왕위에
오른 이후에는 유학자들을 적
극 등용함으로써 문관을 중심
으로 한 조선왕조의 유교적
통치 체제를 확립하는 데 큰
기여를 하였습니다.

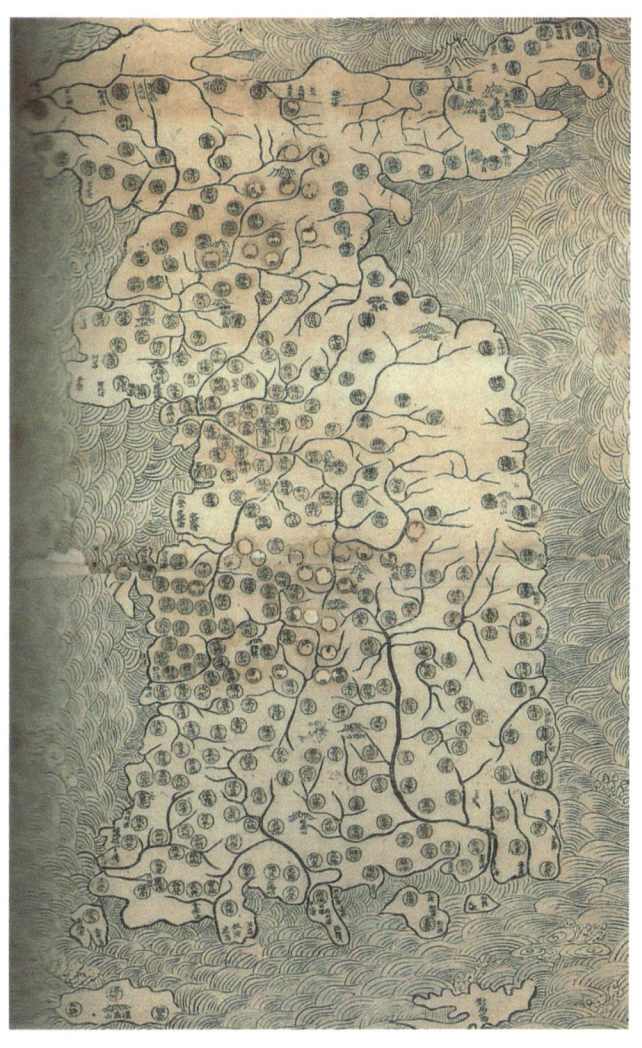

태종은 차근차근 새 나라의
근간이 될 여러 시스템을 만
들어 나갔습니다. 군사력을
강화시키기 위하여 군제를 정
비했고, 오늘날까지도 지방
제도의 근간이 되고 있는 8도
체제를 세워 그 아래에 부·
목·군·현을 두고 모든 군현
에 왕의 대리인인 수령을 보
내 백성을 다스렸습니다. 이
와 같이 태종이 실시한 여러
개혁 조치 중 최고의 개혁은 6
조 직계제의 실시였지요.

16세기 후반에 제작된 조선팔도지도, 8도와 주요 군현이 표시되어 있다.

조선 건국 초기 3정승이 합의
에 따라 국가 정책을 결정하는 의정부를 두고 그 아래 오늘날의 행
정부와 같은 이·호·예·병·형·공의 6조를 두어 나랏일을 집행하도
록 했지요. 이로써 고려시대와는 다른 일원적인 정치제도가 마련되

었습니다. 그러나 초기의 의정부·6조체제는 의정부의 힘이 상대적으로 강력하여 왕권을 위축시키는 원인이 되었습니다. 6조에서 올리는 크고 작은 모든 일이 의정부를 거쳐야만 국왕에게 전달될 수 있었으니까요. 이에 태종은 사안에 따라서 6조의 장관이 의정부를 거치지 않고 국왕에게 직접 직계할 수 있는 제도 개혁을 단행하였으니, 이것이 바로 6조 직계제입니다. 6조 직계제는 당시 권력의 구조와 운영 방식을 혁명적으로 바꾸어 놓는 일이었기에 상당한 진통을 겪었지만, 결국 조선에서 왕권 중심의 중앙집권적인 통치 체제가 뿌리내리는 데 기여하였습니다.

태종이 추진한 정책은 정도전 역시 고민하여 그 기초를 닦아 놓은 정책들이었습니다. 둘은 왕권이 우선이냐 신권이 우선이냐를 놓고 대립했지만, 백성을 위하는 정치를 하겠다는 마음은 같았습니다. 문제는 이를 구체적으로 어떤 체제를 통해 실현하느냐에 있었습니다. 왕의 말 한마디가 곧 법인 체제에서 왕권이 흔들린다면 나라를 제대로 이끌어갈 수 있었을까요? 만약 정도전의 주장대로 신권을 강조하며 나라를 다스려 갔다면, 정도전이 꿈꾸고 설계했던 그 많은 개혁 정책들은 구세력과 개혁을 반대하는 사람들의 거센 저항에 부딪혀 제대로 실현되지 못했을지도 모릅니다. 태종이 피바람을 무릅쓰고 왕권을 확실히 세웠기에 조선의 건국 세력이 꿈꾸었던 이상을 비로소 현실로 이루어 낼 수 있었지요. 강력한 왕권은 이상을 현실로 실현시켜 주는 강력한 도구로, 혼란한 시기일수록 더욱더 신권보다 우선되어야 할 가치였던 것입니다.

아니야,
왕권을 견제해야
더 좋은 나라를 만들 수 있어

정도전을 위한 변명

이성계가 위화도회군을 한 지 꼭 10년, 조선을 개국한 지 6년이 되던 해, 새 왕조의 설계자나 다름없던 정도전은 함께 나라를 세운 동지인 이방원의 손에 죽었습니다. 그것도 왕을 섬기는 유학자로서 더할 수 없이 치욕적인 혐의인 '역적죄'로 죽었으니 그의 억울함은 이루 말할 수 없었을 것입니다. 과연 10년 동안 무슨 일이 일어났던 것일까요? 정도전은 정말 역적죄를 지었을까요? 정도전은 왜 죽었는가, 혹은 왜 죽어야만 했는가라는 질문을 역사적으로 해명해 봅시다.

역사는 철저히 승자의 입장에서 쓰이기 때문에 정도전이 반역을 저질렀다는 실록의 기록을 곧이곧대로 믿어서는 안 될 것입니다. 정도전 자신도 죽기 직전에 "내가 이미 고려를 배반했는데 지금 또 이편을 배반하고 저편에 붙는다면, 사람들이 비록 말하지 않더라도 내

스스로 마음에 부끄러움이 없겠는가?"라는 말을 남기며 자신의 억울함을 호소했지요. 정도전이 실제 반역죄를 저질렀는가에 대해서 의구심을 품게 하는 또 다른 대목은 죄인을 벌하는 과정에서 보이는 수상한 점들에 있습니다. 조선왕조에서는 아무리 대역죄 혐의를 받고 있는 사람이라 하더라도 국왕에게 보고도 하지 않고 신료들 마음대로 죄를 물어 죽일 수는 없었습니다. 절차를 통해 죄를 입증하고 벌을 주어야만 했죠. 더구나 정도전이 어떤 사람인가요? 일개 신료가 아닌 조선 개국의 1등 공신이요, 태조 이성계의 신임을 두텁게 받고 있던 중신이었습니다. 그런 정도전을 국왕에게 미리 알려 재가를 받지도 않은 상태에서 자의적으로 반역죄로 처단한다는 것은 상식적으로 분명 납득하기 힘든 일입니다.

실제로 이 사건이 반역을 저지른 사람의 이름을 따서 '정도전의 난'이라 불리는 것이 아니라 '왕자의 난'이라는 이름으로 불리는 것을 보면 무언가 다르게 해석되고 있다는 것을 알 수 있습니다. 즉, 곧 조선 세 번째 왕이 될 이방원이 자신의 정적인 정도전을 제거하고 권력을 쟁취하기 위해 벌인 사건이라는 것이죠. 정도전은 새 나라 조선이 나아가야 할 길에 대해서 이방원과 다른 생각을 갖고 있었기에 죽임을 당한 것입니다. 그러므로 정도전이 어떤 생각을 가졌는가를 알아보는 일은 나라를 어떻게 운영하는 것이 옳은지에 대한 답을 찾는 과정이 될 수 있습니다.

새 나라는 백성이 근본이 되어야 한다

정도전은 고려 말의 혼란기를 개혁하기 위해 노력하는 사이 숱한 유배 생활을 했습니다. 그 유배 생활 동안 고통 받는 백성들의 삶을 지켜보며 새로운 나라는 백성들을 위한 나라가 되어야 한다고 생각했습니다. 정도전은 새로운 나라의 기틀을 잡기 위해 분주한 상황에서도 많은 저술을 남겼는데, 그의 저서 『조선경국전』, 『경제문감』, 『삼봉집』, 『불씨잡변』 등을 통해 정도전의 생각을 살펴볼 수 있습니다.

당대 유학자들이 지닌 사상 체계의 밑바탕에 흐르고 있던 기본 정신은 백성인 민民이 나라의 근본이라는 '민본 사상'입니다. 정도전은 이러한 '민본 사상'을 구체적으로 개념화하여 제시하였습니다. 그에 따르면 백성이 근본이 되는 나라가 되기 위해서는 모든 문제를 백성의 입장에서 풀어가야

정도전 초상화

하며, 백성을 위하고(위민爲民), 백성을 사랑하고(애민愛民), 백성을 존중하고(중민重民), 백성을 보호하고(보민保民), 백성을 기르고(목민牧民), 백성을 편안하게 해야(안민安民) 합니다. 또 백성은 이렇듯 귀중한 존재이기 때문에 통치자는 모든 동작이나 명령을 할 때, 또 법제를 만들 때도 하나하나 백성을 위하고 존중하는 마음으로 해야 한다고 강조하였습니다. 그래야만 통치자나 통치권이 정당성을 가질 수 있다는 것이지요.

그런데 이처럼 통치권이 오로지 백성을 위해서만 쓰이기 위해서는 두 가지 전제가 필요합니다. 먼저 권력의 사적 이용이 금지되어야 합니다. 다시 말해 관리는 권력을 사익을 위해서 행사해서는 안 됩니다. 그렇게 되면 그 권력은 백성의 이익을 침해하는 도구로 변

경복궁 근정전. 경복궁이란 이름은 정도전이 지은 것으로 '군자만년 개이경복君子萬年 介爾景福'이란 『시경』의 글귀에서 따왔다고 한다.

질될 수 있기 때문입니다. 다른 하나는 그렇다고 통치권이 너무 약해서도 안 됩니다. 그렇게 되면 문벌 귀족과 지방 세력가들이 백성을 억압하는 것을 효과적으로 감시하고 통제할 수 없으니까요. 결국 국가의 공권력은 강력하되, 이것이 남용되거나 오용되지 않도록 하기 위한 제도적 장치가 필요한 것이지요. 따라서 정도전은 권력이 지방보다는 중앙에, 왕의 측근에서 시중드는 궁궐 벼슬아치인 궁관보다는 관료에게 집중되어야 한다고 보았습니다. 즉 중앙집권적 관료 체제가 강화되어야만 지방 세력의 횡포나 궁관의 전횡이 억제될 수 있고, 그래야만 효과적인 위민 정치가 구현될 수 있다고 보았던 것입니다.

정도전이 생각하기에 고려 말의 지배층들은 이와 같은 역할을 수행할 수 있는 능력과 자질을 이미 상실한 상태였습니다. 그는 "관리를 둔 것은 본래 백성을 위한 것인데, 지금은 백성의 부모 노릇을 해야 할 사람이 도리어 백성을 좀먹는 벌레가 되었으니 백성은 누구를 믿어야 하는가!"라고 개탄하였습니다. 그가 보기에 고려왕조는 더이상 희망이 없는 국가였습니다. 따라서 고려를 대신해 진정 백성을 위하는 새 왕조를 세워야겠다는 결심은 정도전의 입장에서는 불가피한 선택이었지요.

권위는 국왕에게, 권력은 재상에게

국가가 강력한 중앙집권 체제를 갖추기 위해서는 상징적인 구심점이 필요합니다. 왕조 국가에서 그 역할을 맡는 것은 다름 아닌 국왕입니다. 국왕은 국가의 상징이자 백성을 통합하는 구심체지요. 따라서 왕은 가장 존귀하고, 천하의 인민과 토지를 소유하는 막강한 권력자의 지위를 부여 받습니다. 그리고 이 모든 것은 천명*의 대행자로서 정당화됩니다.

그러나 정도전은 왕권은 어디까지나 상징적이요 관념적인 것이지 실제로 국왕이 절대권을 갖고 모든 것을 결정하는 전제자*가 되어서는 안 된다고 보았습니다. 정도전은 왕이 행사하는 실제적인 권한은 두 가지면 족하다고 주장합니다. 하나는 재상을 선택·임명하는 권한입니다. 그래서 "인주人主의 직책은 재상을 선택하는 데 있다"라고 말합니다. 또 하나는 재상과 정사를 협의하고 결정하는 권한입니다. 단, 모든 문제를 일일이 재상과 협의하고 결정하는 것이 아니라

■ 천명 天命
하늘의 명령. 유학에서는 우주 만물을 지배하는 하늘의 명령에 따라 땅위의 성현이 나라를 통치한다고 보았다.

■ 전제자 專制者
개인으로서 국가권력을 온전히 장악하고 전횡을 휘두르는 사람을 일컫는다. 보통 전근대 군주제 사회의 국왕들에게서 많이 보이는데 이러한 국왕을 흔히 '전제군주'라고 부른다.

큰 문제에 한해서만 협의할 뿐이며, 소소한 일들은 재상의 독자적인 처리에 맡겨야 한다는 것입니다. 그리고 왕이 재상과 정사를 협의하고 처리할 때도 주도권은 왕이 아니라 재상이 가져야 한다는 것입니다. 정도전은 "신하 된 자들은 마땅히 임금을 하늘처럼 섬겨야 하지만, 임금은 늘 백성을 위한 정치를 하도록 노력하여야 한다. 이를 위해서는 민심을 잘 알고 있는 재상을 찾아 그에게 정치를 맡겨야 한다."라고 말했습니다. 이 말은 결코 모든 권력이 재상에게 있어야 한다는 주장이 아닙니다. 왕과 재상이 힘을 모아 나라를 잘 다스려 나가야 한다는 뜻이지요.

왕위는 세습제이므로 왕이 반드시 현자賢者라는 법은 없습니다. 때문에 국왕에게 절대권을 부여할 수 없다는 정도전의 주장은 타당하지 않을까요? 세습군주제에서 국왕에게 너무 큰 권한이 집중되면

"국왕의 자질에는 어리석음도 있고 현명함도 있으며, 강력한 자질도 있고 유약한 자질도 있어서 한결같지 않다. 그래서 재상은 국왕의 좋은 점은 순종하고 나쁜 점은 바로잡으며, 옳은 일은 받들고 옳지 않은 일은 막아서 임금이 훌륭한 사람이 되게 한다." —정도전, 「조선경국전」

신하들의 옷에 달았던 흉배, 문관은 날개 달린 동물을 무관은 네 발 달린 동물을 문양으로 하였다.

군주의 자질에 따라 국가 운영이 좌지우지될 수 있는 위험성이 있지만, 국왕의 권한이 제한되면 설령 자격을 갖추지 못한 사람이 왕위를 물려받더라도 어질고 현명한 신하의 도움을 받아 국가를 안정적으로 유지할 수 있으니까요. 그런데 세습 군주에게 절대권이 부여될 수 없다는 것을 거꾸로 뒤집어 보면, 왕은 절대자가 아니기 때문에 세습되어도 크게 문제가 없으며, 왕의 자식들 중 다음에 누가 왕이 되어도 무방하다는 의미로 해석할 수도 있습니다. 실제 왕위 계승 문제에 있어서 정도전은 태조의 아들 중 누가 왕이 되든지 크게 상관없다는 입장을 보였습니다.

임금의 의장용 부채인 용단선.

태조는 막내아들 방석을 애지중지했을 뿐 아니라, 이방원처럼 나라를 여는 데 공이 있어 힘이 커진 첫째 부인의 아들들을 꺼려했습니다. 따라서 조선을 개국하는 데 큰 공을 세운 이방원 대신 방석을 세자로 책봉하였습니다. 『태조실록』을 보면 제1차 왕자의 난 이후 태조는 "과인이 사랑에 빠져 방석을 세자로 삼았으나 그 잘못을 말리지 않은 정도전과 남은에게 책임이 있다."라고 말해 정도전에게 책임이 있는 것처럼 말했지만, 이는 이방원의 측근인 하륜에 의해 쓰인 것이므로 신빙성에 문제가 있다고 봐야 합니다. 실제 정도전이 신덕왕후 강씨의 둘째 아들 방석을 세자로 적극 추대한 것도 아니었습니다. 우리가 알 수 있는 건 당시 정도전이 태조의 결정을 지지했다는 사실뿐입니다. 물론 정도전 역시 드러내 놓고 방석을 지지하지는 않았지만 내심 이를 바라고 있었는지도 모릅니다. 이방원은 태조의 아들들 중 유일하게 문과에 급제할 만큼 학문적 소양을 갖추고 있었을 뿐 아니라 정몽주를 제거하는 과정에서 볼 수 있듯 과단성까지 갖춘 인물이었기 때문입니다. 이방원과 같은 버거운 상대보다는 어린 세자 방석이 즉위하면 자신의 입지가 보다 커질 수 있다고 판단했겠지요.

무너진 정도전의 꿈

조선 개국 후 명나라는 조선의 내정에 간섭하지 않겠다는 원칙을 표방하였습니다. 다만 조선이 여진과 제휴하거나 요동에 진출하는 문제에 대해서는 촉각을 곤두세웠습니다. 당시 정도전은 기본적으로는 명나라에 사대 관계를 취했지만, 조선의 실리와 사대 관계가 서로 배치될 때에는 상황에 따라 실리를 택할 수도 있다는 입장이었습니다. 따라서 명나라에서는 정도전을 요주의 인물로 주시하고 있었습니다. 그러던 중 표전문 사건이 일어난 것입니다. 처음부터 명나라는 정도전을 못마땅하게 여겼습니다. 정도전이 겉으로는 존명 사대를 부르짖지만, 속으로는 '딴 마음'을 품고 있다고 생각했기 때문입니다. 괘씸한 정도전을 제거할 기회를 엿보고 있던 명나라는 표전문의 글귀를 핑계 삼아 정도전을 명으로 보내라고 요구한 것이지요. 상황이 이러했기 때문에 명의 요구대로 정도전을 명나라로 보내면, 그의 신변에 큰 위험이 생길 게 분명했습니다. 따라서 조선 조정에서는 정도전을 보내야 할지 말아야 할지를 두고 논쟁이 일었습니다. 그런데 이방원을 따르던 하륜은 정도전을 보내야 한다고 주장했습니다. 이방원은 이미 정도전을 적으로 생각하고 있었던 것입니다.

조정에서는 중신을 사지로 보낼 수 없다는 의견을 모아 정도전을 명으로 보내지 않았고, 명과 갈등을 겪다 못한 정도전은 남은과 함께 '요동 출병론■'을 주장하였습니다. 명나라의 압송 요구가 계속되

■ 요동 출병론
고려 우왕 때 명나라가 철령 이북의 땅을 요동에 귀속시키기로 결정하고 철령위 설치를 통해 오자 요동 정벌론 주장이 제기되었고, 그 결과 최영 등의 즉각 출병론이 채택되어 요동 정벌을 하기로 결정함.

138

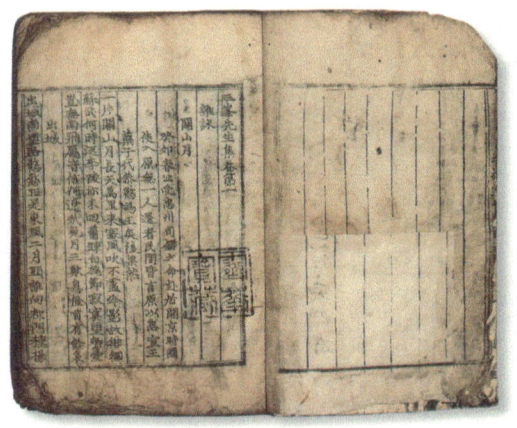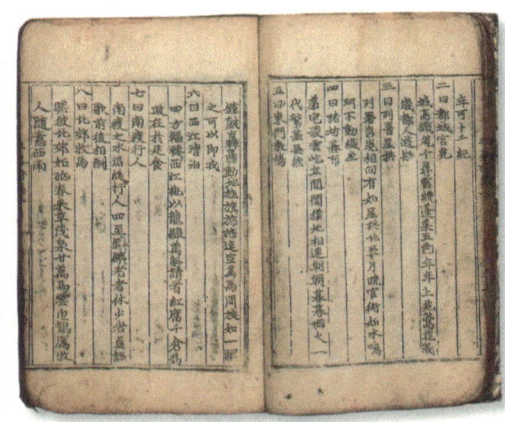

정도전의 문집인 〈삼봉집〉

는 상황에서 자신이 만든 병서인 『오진도』를 중심으로 군사들에게
진법 훈련을 시키면서 요동 정벌을 위한 준비를 진행하였던 것이지
요. 그리고 그 과정에서 왕자와 공신들이 소유하고 있던 사병을 모
두 관군에 편입시키려 했습니다. 정도전이 사병 혁파를 주장하면서
겉으로 내세운 명분은 구세력과 귀족들의 군사적 기반을 모아 나라
의 군사력을 강화하고 대외 전쟁을 준비한다는 것이었습니다. 그러
나 속으로는 구세력들이 가진 군사권을 빼앗아 그들의 힘을 약화시
키려는 의도를 가지고 있었지요. 그런 정도전의 속마음을 구세력들
도 잘 알고 있었습니다. 왕자와 공신들의 불만은 극에 달했습니다.
사병 혁파론은 왕위 계승 문제와 더불어 왕자 및 공신들에게 경계심
을 심어 주기 충분했고, 그중 이방원의 위기의식이 가장 컸습니다.
조선을 세우는 데 가장 큰 공을 세운 자신을 제쳐 두고 방석을 세자
로 책봉한 데다 사병마저 빼앗기게 되면 대권의 꿈이 물거품이 될지

도 모른다고 생각했던 것입니다. 그리고 그렇게 된 배후에 정도전이 있다고 생각했지요. 결국 이방원은 정도전에게 권력이 집중되는 것을 꺼려하는 사람들을 결집해 그를 제거합니다. 동시에 세자 방석도 없애 버리지요. 제1차 왕자의 난이 발생한 것입니다.

조선을 건국한 사람들이 받아들인 이념은 유학을 새롭게 체계화한 성리학이었습니다. 이들은 엄격한 법이나 무력을 써서 백성을 다스리는 나라가 아닌, 도덕적인 정당성을 가진 왕이 덕으로 백성을 다스리는 나라를 꿈꾸었습니다. 이들에게 정치란 백성을 나라의 근본으로 삼는 민본 정치였으며 권력자와 관료는 백성을 위해 존재하는 사람이었습니다. 고려 말 권력을 가진 사람들의 횡포에 짓눌려 고통 받는 백성을 가난과 굶주림에서 구하고 싶었던 정도전, 백성의 마음이 떠났다면 그 왕조도 버릴 수 있다는 마음으로 혁명을 통해 새 나라를 세웠던 정도전은 자신의 꿈을 다 펼쳐 보기도 전에 왕권 강화란 명분 아래 죽임을 당하고 말았습니다.

왕권을 세우는 일이 함께 나라를 세운 동지를 역적으로 몰아 죽여야 할 만큼 그렇게 급하고 중요한 일이었을까요? 권력을 재상과 신료가 모두 갖겠다며 사리사욕을 부린 것도 아니고, 권력이 왕에게 집중되는 것을 막고 왕권을 견제해 왕권과 신권이 서로 균형을 이루어야 한다는 주장이 죽임을 당할 만큼 위협적인 것이었을까요? 절대 권력은 언제나 피바람을 동반합니다. 따라서 한 사람에게 모든 권력이 집중되는 것을 견제해야 한다는 주장은 왕조 국가의 건강한 발전을 위해서라도 타당한 주장이었던 것입니다.

입장 정하기

● 두 글에서 주장의 근거로 제시한 내용을 각각 요약해 봅시다.

● 다음 쟁점에 대하여 자신의 입장을 정하고 근거를 제시해 봅시다.

쟁점1 이방원이 왕위에 오르는 과정에서 많은 사람을 희생시킨 것은 나라를 위한 것이므로 정당하다.

	그렇다	아니다
근거		

쟁점2 정도전이 주장한 재상 중심의 정치체제는 왕권 견제를 위해 꼭 필요하다.

	그렇다	아니다
근거		

쟁점3 왕권과 신권의 갈등 관계는 혼란을 불러와 국가의 발전을 방해한다.

	그렇다	아니다
근거		

● 사리사욕에는 관심이 없고 능력마저 탁월한 사람이 독재를 한다면 그저 그런 능력을 가졌을 뿐인 평범한 사람이 돌아가며 권력을 가질 때보다 더 좋은 정치를 할 수 있을까요? 반드시 민주주의가 좋고 독재정치가 나쁜지, 그렇다면 왜 그런지 생각을 정리해 봅시다.

세상에 무서운 것은 역사뿐이다

조선왕조실록

왕이 가장 큰 권력을 가진 나라 조선에서 왕이 두려워한 것이 두 가지가 있었는데, 그것은 하늘과 사관이었다고 합니다. 민심은 천심이라 했으니 하늘은 곧 백성을 말하고 사관은 왕의 모든 것을 기록했으니 사관이란 곧 역사를 말하겠지요. 백성과 역사를 두려워 한 왕이 다스린 나라 조선, 그 조선의 모든 것이 녹아 있는 조선왕조실록을 들여다봅시다.

자랑스러운 세계기록유산

유네스코 세계기록유산으로 지정된 조선왕조실록은 25대 471년간(1392~1863)의 조선왕조 역사를 총 1,893권 888책으로 간행한 기록물이다. 사건을 연 · 월 · 일 순으로 기록한 이 편년 역사서는 다방면에 걸친 갖가지 내용이 기록되어 있으며, 역사적 진실성과 신빙성도 매우 높은 편에 속한다. 실록은 중국과 일본, 베트남에도 있었지만 궁중에서 일어난 정치사만을 간략하게 다루었을 뿐, 조선왕조실록처럼 방대하고 꼼꼼하게 500년 왕조의 역사를 기록한 것은 없다. 이는 세계 역사에 전무후무한 일이다.

기록한다는 것은 곧 견제한다는 것

조선왕조실록의 위대성은 단지 기록의 방대함과 정확성에만 있는 게 아니다. 실록의 편찬 행위 자체가 대단히 큰 역사적 함의를 담고 있다. 조선왕조는 왕의 사후 그 왕의 실록을 편찬하기 위해 참으로 많은 노력을 기울였다. 실록 편찬의 토대가 되는 사초는 사관에 의해 매일매일 왕과 대신들의 언행이나 정책 등을 기록한 것이다. 우리는 TV나 영화에서 왕이 신하와 단둘이 만나는 장면을 보게 되는데, 이것은 원칙적으로 있을 수 없는 일이었다.

조선의 왕은 실록을 적는 사관이나 승정원일기를 적는 기록자가 없이는 어느 누구도 만날 수 없었기 때문이다. 이처럼 사초와 실록에 꼼꼼하게 왕과 고위 관료들의 언행이 기록되고 평가되기 때문에 권력자들로서는 자신들이 어떻게 기록되는지 신경쓸 수밖에 없었다. 그래서 그들은 어떻게든 사초와 실록을 보려고 안간힘을 쓰고, 요행히 열람한 사초나 실록에 혹 자신들에게 불리한 내용이 기록되어 있다면 이 기록을 삭제하거나 수정하고자 했다. 만약 이런 식으로 사초나 실록의 내용이 외부로 공개되면 사관이 정치권력으로부터 위협을 받을 수 있기 때문에 공정한 기록이 힘들게 된다. 따라서 조선왕조는 사초와 실록의 비밀 유지를 위한 제도를 마련하여 사초는 실록 편찬 전까지 철저하게 비밀로 유지했다. 실록 편찬 후에도 사초를 비롯한 모든 기록을 자하문 밖 세검정 시냇물에서 깨끗이 씻어 삭제했다. 실록 역시 열람이 엄격히 금지되어 국왕마저 볼 수 없도록 하였다.

후대의 역사적 평가를 무엇보다 중시했던 조선의 왕과 대신들은 역사에 자신들이 어떻게 기록될지 모르는 두려움 때문에라도 마음대로 전횡을 휘두를 수 없었던 것이다. 이처럼 조선왕조는 대단히 합리적이고 체계적인 국가 체제가 왕의 권력을 항시 견제하고 제한하고 있었기 때문에 왕이라 하더라도 마음대로 할 수 없는 국가였고, 이런 국가 체제는 동시대 세계의 다른 국가들에 비하여 매우 선진적인 것이라 평가할 수 있다.

실록 속엔 회회교도도 있고 코끼리도 있고

조선왕조실록은 국왕을 중심으로 기록되었지만 정치뿐 아니라 사회, 문화, 경제, 민속, 천문, 지리, 음악에 이르기까지 모든 것이 기록된 종합 역사서이다. 정도전의 죽음이 기록된 태종실록엔 일본 사신이 선물한 코끼리가 궁중의 풀과 나무를 먹어 치우고 사람을 밟아 죽여 귀양 보낸 기록도, 이슬람교 승려 도로가 조선에 살기를 원해 임금이 집과 쌀을 주었다는 이야기도 나온다. 임진왜란으로 서고 네 곳 중 세 곳의 실록이 모두 불탔을 때 전주의 선비 두 명이 마지막 남은 실록을 내장산으로 옮겨 밤낮으로 지킨 일은 유명하다. 내란과 외침, 식민지와 한국전쟁을 겪으며 살아남아 오늘에 이른 실록은 웹페이지 http://sillok.history.go.kr에서 원문과 한글 번역문을 언제나 볼 수 있다.

6 임진왜란

그래,

해전에서 승리했기 때문에

왜군을 물리칠 수 있었어

아니야,

바다만 지킨다고

전쟁에서 승리할 수는 없어

● 조선왕조는 건국 후 200년 동안 비교적 평화로운 상태를 이어 가고 있었습니다. 사대교린 정책을 바탕으로 주변의 다른 나라와 우호적 관계를 유지하고 있었지요. 하지만 16세기 후반 동아시아 국제 정세가 소용돌이에 휘말리면서 평화가 흔들리기 시작하였습니다. 북방 여진이 점점 강성해지면서 북쪽 국경 지역에서 충돌이 잦아졌고, 도요토미 히데요시가 전국시대의 오랜 분열을 수습하고 일본을 통일하면서 남쪽 국경에도 신경을 곤두세워야 했지요. 마침내 1592년 4월, 일본이 침략해 왔습니다. 조선은 7년 동안 전쟁을 치르며 크나큰 시련을 겪게 됩니다. 임진왜란이 터졌을 당시 조선은 오랜 평화로 전쟁 준비를 제대로 하지 못한 상태였지요. 전쟁이 일어난 지 불과 보름 남짓 만에 서울을 점령당하였으니까요. 그러나 엄청난 어려움을 겪었지만 조선은 일본군을 물리쳤습니다. 어떻게 승리를 할 수 있었을까요? 유성룡은 『징비록』에서 우리가 전세를 뒤바꿀 수 있었던 것은 전라도를 끝까지 지켜 냈기 때문이라고 했습니다. 그렇다면 전라도를 지킨 것은 누구일까요?

● 군대는 다리가 아니라 위胃로 행군한다

전쟁에서 적의 공격보다 더 무서운 것은 배고픔이다. 서로 죽고 죽이는 아수라장인 싸움터까지는 보급 수레가 접근하기 어렵고, 밀고 밀리는 격렬한 전투가 끝없이 이어지면 식량 조달이 며칠씩 끊어지는 일도 많았다. 더구나 쥐 떼들이 소중한 식량을 쓸어 가는 일도 다반사였다. 전쟁터의 쥐는 시체를 먹고 산다고 해서 송장쥐로 불렸는데, 몸집도 크고 식욕도 왕성해서 개를 물어 죽일 정도였다고 한다. 현대의 전쟁은 최첨단 무기와 각종 통신위성 장비를 갖추는 일이 가장 중요하겠지만, 제1차 세계대전까지만 해도 군대에서 가장 큰 문제는 병사들을 먹이는 일이었다. 옛 기록을 살펴보면 5만 명이 넘는 군사가 전쟁을 하려면 현지에서 식량을 조달한다 해도 우선 500톤의 식량이 필요한데, 이를 옮기려면 3천 대의 수레와 6천 마리의 우마가 필요했다고 한다. 결국 임진왜란 당시 각국의 군대들이 아무리 철저하게 전쟁 준비를 한다 해도 군대를 먹이고 지탱할 수 있는 방법은 현지 징발뿐이었다. 따라서 전쟁을 수행하는 곳에서 물자와 식량을 구할 수 있느냐 없느냐가 전쟁의 승패를 갈랐다.

● 러시아에서 패한 나폴레옹

1812년 5월, 나폴레옹은 70만 대군을 이끌고 러시아원정을 시작한다. 겨울이 오기 전에 전쟁을 끝내겠다는 호언장담과 함께 식량과 전쟁 물자를 실은 끝이 보이지 않는 수레 행렬이 러시아 서쪽 레만 강을 건넜다. 가는 곳마다 러시아 군은 금방 패했고, 빠르게 후퇴했다. 러시아 군대가 전투다운 전투도 치르지 못한 채 자꾸 패하니 이상하기도 했지만, 러시아 병력은 20만도 안 되는 데다 러

"병마가 움직이기 전에 병사가 먹을 양식과 말에게 먹일 풀을 먼저 움직여야 한다."는 말이 있습니다. 전쟁에서 군량 보급의 중요성을 강조하는 말이지요. 창과 칼을 들고 싸우는 전투 뒤에는 보급로를 확보하려는 적군과 이를 차단하려는 아군의 치열한 몸부림이 있습니다. 7년이나 계속된 임진왜란 중에 일본 군사들은 어디서 식량을 조달했을까요? 당연히 조선의 백성들이 먹을 식량을 약탈했겠지요. 이어지는 글을 통해 보급이 어떻게 전쟁의 승패를 가르는지 살펴봅시다.

시아의 황제 알렉산드르 1세에겐 전쟁 경험이 없었기 때문에 나폴레옹은 안심했다. 프랑스군의 보급 식량이 모두 떨어졌지만 나폴레옹은 현지에서 조달하면 된다는 생각에 이를 무시하고 9월 2일 모스크바에 진입했다. 그러나 이들을 기다린 것은 폐허뿐이었다. 러시아 군대는 퇴각하면서 그 곳을 점령하게 될 프랑스군이 먹고 쓸 수 있는 것은 하나도 남기지 않고 모조리 불태웠던 것이다. 나폴레옹의 군대가 어쩔 수 없이 고양이를 잡아먹어야 했을 정도였다. 할 수 있는 일은 서둘러 퇴각하는 것 뿐. 기회를 엿보던 러시아군이 살을 에는 추위와 굶주림 속에 퇴각하는 프랑스군을 추격해 왔다. 모스크바 원정 실패는 나폴레옹 몰락의 결정적인 요인이 되었다.

● 곡창지대를 지킨 조선

임진왜란 7년 동안 조선군 총사령관이자 영의정으로 조정을 이끈 유성룡은 우리가 임진왜란에서 승리할 수 있었던 까닭을 이렇게 말하고 있다.

"적은 본래 수군과 육군이 합세하여 서쪽으로 가려고 하였다. 이 한 싸움에 힘입어 드디어 적의 한 팔을 끊어 버렸다. 이 때문에 고니시가 비록 평양을 얻었지만 군세가 고립되어 감히 더 전진하지 못하였고, 전라도와 충청도 및 황해도와 평안도 바닷가 일대를 보전할 수 있었다. 이 덕분에 군량을 조달할 수 있었고, 명령이 통할 수가 있어서 우리가 다시 일어날 수 있었다. 중국 요동 지방의 금주, 복주, 해주, 개주와 청진 지역도 동요하지 않게 되어 명군이 육로로 와서 구원하여 적을 물리치게 된 것이다. 이 모두가 다 이 한 싸움의 공적이다. 아아, 어찌 하늘의 뜻이 아니겠는가?"

그래,
해전에서 승리했기 때문에
왜군을 물리칠 수 있었어

승리는 결코 우연히 주어지지 않는다

임진왜란은 조선 건국 이래 최대의 전쟁이었습니다. 오랜 평화와 붕당 정치의 영향으로 조선은 전쟁에 대한 어떤 준비도 되어 있지 않은 무방비 상태였지요. 이에 비해 일본은 전쟁 직전 도요토미 히데요시에 의해 100여 년에 걸친 전국시대의 분열이 수습되는 과정을 거쳐 통일된 국력을 지니게 되었습니다. 정권을 잡은 도요토미는 내전을 치르는 동안 강성해진 지방 제후들의 무력을 국외로 방출하고 내부적으로 결속을 다질 수 있는 방법은 전쟁밖에 없다고 생각했지요.

1592년 4월 13일 부산에 상륙한 일본군은 가는 곳마다 승리를 거두고 약 보름만인 5월 2일 서울에 입성했습니다. 당시 일반인들이 부산에서 서울까지 걸어서 가는 데만 대략 칠팔일 정도 걸렸다는 것을 생각하면 그야말로 파죽지세였지요. 순식간에 서울을 점령한 일

148

본군은 그 기세를 몰아 평안도와 함경도를 향해 두 갈래로 나누어 진격하였습니다. 그 소식에 놀라 평양마저 버리고 의주까지 쫓겨 간 임금이 갈 곳이라고는 이제 압록강 건너뿐이었습니다. 나라의 운명이 바람 앞에 놓인 등불과 같았지요.

　채 20일도 안 되어 한 나라의 서울을 빼앗긴 것은 무엇보다도 임금을 비롯한 지배층의 무능과 부패 때문이었습니다. 명나라 구원군을 이끌고 왔던 송응창이 "왕과 대신의 무능과 부패로 백성들의 원한이 뼈에 사무쳐 있다."라고 비난했을 정도였지요. 조선에 건너온 일본 침략군은 15~16만밖에 되지 않았습니다. 이 숫자는 도요토미 히데요시가 전국시대의 일본 국내를 통일하기 위해 동원한 군사보다도 적은 수입니다. 그렇다면, 1419년 대마도를 정벌하여 일본은 물론 동아시아를 놀라게 했던 조선이 이렇게 허무하게 서울을 빼앗긴 까닭은 무엇일까요? 많은 사람들은 조선이 100여 년 동안의 오랜 평화에 젖어 있는 동안 일본은 전국시대라는 혼란기를 겪으면서 치열한 전투로 단련되었고, 우리나라 사람들이 '신기'라고 부르며 놀라워했던 조총으로 무장을 하고 있었기 때문이라

고 합니다. 하지만 제아무리 일본군이 수십 년 간의 전쟁을 통해 단련되었고 신식 무기인 조총을 가지고 있었다고 해도 조선의 통치 체제가 정비되고 국방이 튼튼했다면 그렇게 쉽사리 서울을 내주지는 않았을 것입니다.

　이런 절망 속에서 민족을 구한 영웅이 나타났으니 그가 바로 이순신이었습니다. 서울을 떠나 세차게 내리는 비를 맞으며 평양으로 가던 선조는 전라도 좌수사 이순신이 올린 승전 보고를 받았습니

그래, 해전에서 승리했기 때문에 왜군을 물리칠 수 있었어

■ **옥포해전**
1592년(선조 25년) 옥포 앞바다에서 이순신이 지휘하는 조선 수군이 일본의 도도 다카토라의 함대를 무찌른 해전.

■ **첨자진 尖字陣**
임진왜란 당시 수군이 배를 이동·전진시킬 때 사용하던 진법으로 모양이 첨尖자 형태를 취해서 붙여진 이름.

■ **학익진 鶴翼陣**
전투에서 사용하는 진법의 하나로 학이 날개를 펼친 듯한 형태로 적을 포위하여 공격하는 진법.

다. 5월 7일 옥포해전 승리 소식이었지요. 사실상 전쟁이 시작된 뒤 처음 거둔 이 승리 소식은 단순한 승전 소식이 아니었습니다. 밀리기만 하던 절망적인 상황을 바꾼 계기를 마련해 준 참으로 기쁜 소식이었습니다. 이순신은 전쟁이 일어나기 한 해 전인 1591년에 전라좌수사로 발탁이 되었습니다. 부임하자마자 이순신은 전함과 각종 무기를 새로 만들거나 정비하였습니다. 또한 수시로 자신이 관할하던 진을 순시하며 무너진 성곽을 보수하는 등 군비 상태를 점검하고 군기를 엄격히 세웠지요. 관리가 부실하거나 민폐를 끼치면 관리는 물론 말단 병사까지 엄벌하였으며, 탈영자는 바로 목을 베어 효시하였습니다. 그동안 해이해진 기강을 바로 잡은 것이지요.

이와 함께 이순신은 주변 해역의 사정에 밝은 연안 백성들을 유효적절하게 이용하였습니다. 실전을 방불케 하는 훈련을 실시하여 일자진, 첨자진, 학익진 등 유사시 필요한 전략과 전술을 갈고 닦은 것은 두말할 것도 없습니다. 그 가운데 기본은 일자진이었지요. 일자진은 한 줄이나 두 줄로 서서 달리던 함대가 일一자로 펼친 진형을 만드는 것이었습니다. 왜 이순신은 이 진법을 그토록 열심히 연습하였을까요? 임진왜란 당시 일본 수군은 주로 적선에 가까이 가서 배에 뛰어들어 적을 제압하는 전술을 썼습니다. 일본 수군이 안택선 방패판 일부에 돌쩌귀를 달아 놓은 것도 이 때문이지요. 이 방패판을 바깥으로 넘어뜨리면 바로 적선에 올라가는 사다리가 되었습니다. 일본의 군대가 철저하게 훈련된 군인으로 이루어진 반면, 조선 군사는 농사를 짓거나 고기를 잡다 소집된 군인이었습니다. 이런 군사로 전국시대 혼란기에 실력을 갈고닦은 일본 정예병을 맞아 일대일로 맞서는 것은 자살행위나 다름없었지요. 이순신은 이 사실을 아주 냉정하게 파악하고 있었습니다. 그렇다면 해결책은 무엇일까요? 만약 적선에 가까이 가지 않고 멀찍이 떨어져서 화포를 쏘아 적을 혼란에 빠뜨릴 수 있다면? 적이 우리 함선에 올라올 수 없다면? 아무리 오합지졸인 군사뿐이라고 해도 이런 전투 형태라면 용기를 낼 수 있지 않았을까요?

조선 수군의 비밀 병기, 화포와 판옥선

일본군이 조총을 가지고 있었다면 조선군은 화포를 가지고 있었습니다. 임진왜란 첫 해전이었던 옥포해전에서 조선 수군이 거의 피해를 입지 않고 적선 30여 척을 격파할 수 있었던 것도, 한산도해전[▪]에서 적 함대를 바깥 바다로 끌어내어 크게 무찌를 수 있었던 것도 바로 뛰어난 성능을 가진 화포가 있었기 때문에 가능하였습니다. 그러나 화포에도 약점은 있었지요. 바로 무거운 화포와 탄환을 운반하기가 쉽지 않다는 점, 위력은 대단하지만 명중률이 떨어진다는 점이었지요. 탄환도 지금처럼 폭발하는 방식이 아니었고요. 게다가 화포 역시 조총처럼 한번 발사하고 나면 총구에 다시 화약을 재고 탄환을 넣은 뒤 심지에 불을 붙여 발사해야 했습니다. 때문에 명중률을 높이는 것 만큼이나 다시 장전할 시간을 최대한 줄이는 것이 실제 전투에서는 무엇보다 중요했습니다. 따라서 화포를 효과적으로 사용하기 위해서는 많은 노력이 필요했지요. 먼저 적을 위협할 수 있을 만큼 충분한 화포를 갖고 있어야 했습니다. 화약과 탄환도 충분히 준비되어야 했지요. 또한 병사들이 화포 발사 훈련을 제대로 받지 못했다면 화포가

지자총통. 임진왜란 때 거북선, 판옥선 등에 장착한 화포이다.

가지고 있는 위력을 다 발휘하기 어려웠을 것입니다. 마치 임진왜란 초기, 무력하기 짝이 없던 조선 육군처럼 말이죠.

이 모든 문제가 해결되었다 해도 해전을 승리로 이끌기 위해서는 뛰어난 함선이 필요합니다. 화포를 배에서 쓰기 위해서는 우선 배가 튼튼해야 했습니다. 화포의 무게가 엄청난 데다 발사할 때의 충격도 크기 때문이지요. 이 점에서 조선 수군의 주력함인 판옥선은 일본 수군의 주력함인 안택선에 비해 유리하였습니다. 판옥선은 안택선과 달리 용골과 늑골* 대신 선체가 찌부러지지 않게 양쪽 옆판 판재에 장쇠(가룡목)를 가로지르고 맨 위에는 멍에*(가목)를 걸쳐 놓았습니다. 옆판을 만들 때도 판옥선은 판자를 조금씩 어긋나게 겹 대어 나무못으로 쐐기를 박듯이 붙였지만 안택선은 판자끼리 딱 맞게 이어 붙여 쇠못을 박았습니다. 선체끼리 부딪치면 판옥선은 쐐기가 조이는 구실을 하여 완충작용을 하기 때문에 충격을 흡수한 반면, 안택선은 충격이 고스란히 옆판에 전달되었지요. 이 때문에 판옥선은 뭉툭하고 둔탁하지만 튼튼하였고, 안택선은 뾰족하고 날렵하지만 충격에 약했습니다.

판옥선에는 정면에 2문, 옆면에 5문씩 모두 12문이 설치되어 있었습니다. 20척의 판옥선을 일자로 펼쳐 한꺼번에 화포를 발사하면 모두 100발이 발사되었지요. 40척이면 모두 200발입니다. 야구공만 한 탄환이 수백 개씩 하늘에서 떨어지는 광경을 한번 상상해 보세요. 제아무리 막강한 일본군이라고 해도 이 포탄 속을 뚫고 돌격을 하겠다는 엄두를 내기는 어려웠을 것입니다. 게다가 육지와 달리 해전에서는 한번 탄환에 맞은 배는 엄청난 타격을 입을 수밖에 없었습니다. 배에 구멍이 나면 가라앉는 것은 시간문제였으니까요. 타고 있던 병사들도 달리 도망칠 곳이 없었지요.

거기에다 U자 선체를 한 판옥선의 장점도 한몫을 하였습니다. 판옥선의 경우 치열한 전투가 벌어져 화포를 재장전하기 힘든 상황이 되었을 때 선체를 한 바퀴 돌리면 그 문제를 쉽게 해결할 수 있었습니다. 판옥선의 양쪽에 배치된 화포에 각각 장전을 한 뒤 왼쪽 화포를 먼저 발포하고 재장전할 동안 선체를 돌리면 오른쪽 화포를 쏠 수 있었습니다. 그리고 선체를 돌려 왼쪽 화포를 쏘면 화포의 재장전에 드는 시간을 줄일 수 있었지요. 이 방법은 병사들에게 주는 심리적인 효과도 있었습니다. 배를 움직임으로써 적선이 다가올 수도 있다는 두려움에서 벗어날 수 있었기 때문입니다. V자형 선체로 회전 반경이 큰 일본 함선이라면 결코 생각할 수 없는 방법이었지요. 보이는 것 같지 않으세요? 일본 수군이 놀라는 모습이…….

조선 시대 수군의 대표적인 전투선인 판옥선. 임진왜란 때 거북선과 함께 많은 활약을 하였다.

연습만이 살길

바로 이 때문에 이순신 함대는 밤낮없이 일자진을 연습한 것입니다. 일자진 전법은 조총에 비해 멀리 나가지만 명중률이 낮은 총통의 약점을 보완하기 위해 탄착점을 가운데로 모아 명중률을 높일 수 있는 전법이었습니다. 몰려오는 적 함대를 맞아 우리 함대를 일자로 펼쳐 적 함선을 둘러싸면 자연스럽게 탄착점을 가운데로 모을 수 있었지요. 적 함선이 가운데에 몰려 있으면 비록 다른 배를 겨냥해서 발사를 해도 옆에 있는 배를 맞힐 수도 있었을 것입니다. 이는 이순신이 냉철하게 적과 우리의 사정을 꿰뚫어 보고 치밀하게 준비하고 작전 계획을 세웠다는 것을 보여 줍니다.

게다가 일자진은 모든 진법의 기초라고 할 수 있습니다. 일자진이 완성되면 그것을 바탕으로 나머지 진법들은 비교적 쉽게 만들 수 있었기 때문입니다. 널리 알려진 학익진도 일자진을 연달아 펼친 것이었지요. 하지만 일자진은 하루아침에 이룰 수 있는 전법이 아니었습니다. 생각해 보세요. 한 줄로 서서 달리던 함대가 옆으로 펼치는 일자를 만드는 것이 육지에서처럼 간단한 일이었을까요? 지금처럼 휴대폰이 있는 것도 아닌데 파도치는 바다에서 일사불란하게 함대를 지휘하여 일자진을 만드는 것은 결코 쉬운 일이 아니었습니다. 일자진 전법 역시 끊임없는 훈련의 결과였던 것입니다.

거듭된 강훈련으로 이순신 함대는 점차 강군이 되어갔지만 문제가 하나 남아 있었습니다. 판옥선은 뛰어난 전함이었지만 전투원들이 그대로 드러난다는 약점이 있었지요. 멀리에서 화포로 적선을 격침하는 전법을 구사할 때는 안전하지만 해전을 하다 보면 때로는 적진 깊숙이 들어가야 할 경우도 있었을 것입니다. 그런 위험부담 때

삼군 수군 조련도. 경상도, 전라도, 충청도의 수군이 모두 모여 진을 짜는 연습을 하고 있다.

문에 이순신은 판옥선에 덮개를 씌운 돌격선을 만들었습니다. 바로 거북선이었지요. 임진왜란 때 활약한 거북선은 모두 3척이었습니다. 그나마 초기 전투에 참가한 것은 2척뿐이었지요. 하지만 함포 사격을 기본 전략으로 삼은 조선 수군에게 돌격선은 그 정도면 충분했을 것입니다. 이런 치밀한 준비와 훈련 덕분에 이순신이 이끄는 조선 수군은 연전연승을 거둘 수 있었던 것입니다. 승리는 결코 우연히 얻어진 것이 아니었지요. 1년여에 걸친 준비와 이순신의 치밀한 전략이 없었다면 임진왜란의 승리는 결코 주어지지 않았을 것입니다.

수군 승리가 갖는 의미

전쟁이 나기 하루 전날인 4월 13일에 이순신은 새로 만든 거북선에

■ 지자포와 현자포
조선 태종 때 발명되었으며 임진왜란 당시 거북선 등 전함에 사용된 화포. 불씨를 손으로 점화·발사한다. 크기와 사용되는 화약의 양, 발사 거리에 따라 4가지로 분리하여 천자문에서 그 이름을 따 천天·지地·현玄·황黃자 총통이라 부름.

■ 수륙병진 水陸竝進
바다와 육지에서 수군과 육군이 동시에 공격하여 나아가는 일.

■ 조운 漕運
고려·조선 시대에 각 도에서 국가에 수납하는 현물을 중앙으로 운송하던 제도로, 주로 내륙의 수로나 바닷길을 이용하였다.

■ 징비록
조선 선조 때 영의정을 지낸 유성룡이 전쟁이 일어난 7년 동안 임진왜란의 원인, 전황 등을 상세히 기록한 책.

서 지자포와 현자포■를 시험 발사하였습니다. 이 화포 소리는 그동안 해 왔던 전투 준비가 끝났음을 알리는 신호탄이었지요. 조선 수군은 5월 초 옥포해전을 시작으로 7월 한산도대첩으로 바다를 완전히 장악하였습니다. 이 때문에 일본군은 곧바로 서울로 진격한 육군에게 군량과 군수물자 등을 제때 보급하지 못하였습니다. 도요토미가 야심차게 준비한 수륙병진■ 작전을 어그러뜨린 것이지요. 여기에 더 이상 일본 수군이 서쪽으로 가지 못하게 막아 전라도를 지킬 수 있었습니다. 물론 전라도 땅을 지켜 낼 수 있었던 것은 의병과 관군의 활약 때문이기도 합니다. 그러나 만약 이순신과 수군이 해전에서 패했다면 그런 싸움을 할 수 있는 조건마저 주어지지 않았을 것입니다.

조운■이라는 말을 들어봤지요? 세금으로 걷은 곡식을 배를 이용해 서울로 옮기는 것을 말합니다. 당시 바닷길은 오늘날의 고속도로 역할을 했다고 볼 수 있지요. 그런데 만약 수군이 승리를 거두지 못하고 전라도를 잃었다면 어떻게 되었을까요? 무엇보다 군량을 비롯한 물자 조달에 엄청난 어려움을 겪었을 것입니다. 의주로 쫓겨 간 왕은 명령을 내리고 싶어도 전달할 통로를 찾기 어려웠을 것이고 전국 각지에서 활약하던 의병들도 기운을 잃어버리지 않았을까요? 수군의 해전 승리는 비단 전라도만을 지킨 것이 아니라 임진왜란을 승리로 이끄는 계기를 만들어 준 것입니다. 이 때문에 유성룡이 『징비록』■에서 "모두가 다 이 한 싸움의 공적이다."라고 말했던 것입니다.

이처럼 임진왜란에서 전라도를 지키는 일은 아무리 강조해도 지나치지 않을 만큼 중요했고, 이순신과 수군의 활약이야말로 이를 지켜 낼 수 있었던 가장 큰 힘이었던 것입니다.

아니야,
바다만 지킨다고
전쟁에서 승리할 수는 없어

운명의 6개월

임진왜란 때 벌어진 크고 작은 전투는 모두 105번입니다. 이 가운데 우리가 이긴 전투 횟수는 65번인데 38번은 관군이, 10번은 의병이, 17번은 관군과 의병이 함께 일본군을 무찔렀습니다. 수군이 승리한 숫자를 뺀다고 해도 육지에서 관군이 거둔 승리가 의병이 거둔 승리보다 더 많습니다. 연합 전투에서도 11번은 관군이 주도하였지요. 이긴 전투 횟수만으로 보면 승리의 주역은 의병이 아니라 관군입니다. 그런데 왜 의병 때문에 이겼다는 평가가 나왔을까요? 혹시 횟수는 적지만 규모 면에서 의병이 치룬 전투가 더 크고 중요했던 걸까요? 임진왜란에서 가장 규모가 큰 전투는 행주대첩, 진주대첩, 한산도대첩이었습니다. 그런데 이 전투는 모두 관군이 앞장서서 승리를 거둔 전투였지요. 사실 의병들은 주로 유격전을 하였기 때문에 규모

일본군의 침입로와 의병 항쟁

가 크지 않았습니다. 그렇다면 승리의 주역은 의병이 아니라 관군이라고 할 수 있겠지요. 하지만 전쟁 초기 허둥지둥 쫓겨 간 관군들의 모습을 생각한다면 당연히 이 숫자에 의문을 가지지 않을 수 없습니다.

자, 다시 전투 상황을 차분하게 살펴보도록 합시다. 전체 105번 가운에 70번은 1592년 4월에서 12월까지 9개월 동안 벌어졌습니다. 이 가운데 우리가 먼저 공격한 전투가 43번, 일본군이 먼저 공격한 전투가 27번입니다. 이 가운데 40번은 이겼고 30번은 졌지요. 그런데 우리가 진 30번 가운데 대부분은 4월에서 6월까지 벌어진 전투입니다. 이 숫자가 뜻하는 것은 무엇일까요? 그것은 바로 평양까지 몰렸던 전쟁 초기의 서너 달을 빼면 그해 가을부터 우리가 승기를 잡기 시작했다는 뜻입니다. 그렇다면 나머지 6개월! 그 속에 비밀을 풀 열쇠가 들어 있다고 할 수 있지요. 그 6개월 동안 무슨 일이 있었던 것일까요?

들불처럼 일어난 의병

파죽지세로 서울까지 진격했던 일본군은 경상남도와 충청남도 두 방향에서 전라도를 공격하였습니다. 처음 일본군은 비교적 소규모

부대를 보냈지요. 부산과 동래 전투의 경험으로 그 정도면 충분하다고 보았던 것입니다. 서울까지 가는 길에 저항다운 저항을 받아 본적이 없으니 그렇게 생각했던 것도 무리는 아니었겠지요. 그러나 5월 하순 김해를 점령하고 전라도로 가던 일본군은 뜻밖에도 강력한 저항에 부딪쳤습니다. 관리와 군인들이 다 도망을 간 상황이었는데 대체 누가 남아서 저항을 했던 것일까요? 의령, 합천, 고성 등 경상남도 서쪽 지방 곳곳에서 창칼을 들고 일본군에 맞선 사람은 바로 농민들로 이루어진 의병이었습니다. 이들을 이끈 곽재우, 정인홍, 이달, 최강 등은 관리를 지냈거나 이름난 유학자들이었지요.

고향과 나라를 지키기 위해 자발적으로 일어난 민병을 의병이라 부릅니다. 의병들이 활동한 기록은 삼국시대 때부터라고 하니 외침이 잦았던 역사만큼이나 우리나라 의병의 역사도 오래된 셈입니다. 고구려의 안시성싸움이나 대몽 투쟁 때도 의병들의 활약이 컸지만 왜란 때만큼 대규모는 아니었지요. 의병은 대개 자기 고향 근방에서 활동을 하였습니다. 이 때문에 그곳의 지리적 이점을 잘 알아, 치고 빠지는 유격전 방식으로 일본군을 괴롭혔습니다. 이런 의병들의 활약과 함께 한때 흩어졌던 관군도 김시민이 임시로 진주 목사를 맡으면서 성을 고쳐 쌓고 무기를 정비하는 등 대오를 정비했지요. 이에 힘입어 조선군과 의병은 여러 차례 승리를 거두고 일본군에 빼앗겼던 고성, 창원 등 여러 성을 되찾았습니다. 이 공으로 김시민은 진주 목사로 승진하였고 의병장들도 크고 작은 관직을 받았지요.

이치대첩과 진주대첩

충청남도 쪽에서 처음 일본군을 막아선 부대 역시 의병이었습니다.

5월 초 옥천에서 의병을 일으킨 조헌은 의병 1,600여 명을 이끌고 차령에서 전라도로 가던 일본군을 물리쳤습니다. 차령은 충청에서 호남으로 내려가는 길목이지요. 생각지도 못한 사태에 당황했던 일본군은 얼마 후 대군을 편성하여 전라도로 내려보냈습니다. 7월 초 일본군 2만여 명이 이치와 웅치 고개에 나타났지요. 이치 고개는 대둔산 중허리를 넘어 충남 금산에서 전주로, 웅치 고개는 전북 진안에서 전주로 가는 길목이었습니다. 조선군과 의병은 일본군 진격로를 미리 알고 두 고갯마루에서 기다리고 있었습니다. 광주 목사 권율이 거느린 조선군과 의병 1,500여 명은 이치 고개에서 목숨을 내걸고 싸워 일본군을 물리쳤습니다. 웅치 고개에서는 일본군이 치열한 전투 끝에 이들을 물리치고 전주로 나갔습니다. 그러나 전주성을 함락시키지 못한 데다 주력부대가 이치 고개에서 패했다는 소식을 듣고 금산, 무주로 물러날 수밖에 없었지요. 이치와 웅치 싸움이 있던 다음 날 금산에서 의병 수천 명이 또다시 일본군을 공격하였습니다. 담양에서 서울로 올라가다가 전라도 전주를 지키기 위해 금산으로 간 것이지요. 치열한 격전을 치른 끝에 의병은 패배하고 의병장 고경명은 아들과 함께 최후를 맞이하였습니다.

한편 8월 1일 또 다른 의병장 조헌은 승병장 영규대사와 함께 청주성을 되찾았습니다. 그리고 그 여세를 몰아 일본군이 주둔하고 있던 금산으로 갔지요. 하지만 관군과 제대로 협조가 이루어지지 않아 많은 의병이 흩어지고 결국 700여 명밖에 남지 않았습니다. 턱없이 적은 숫자였지만 조헌과 영규대사를 비롯해 남은 의병들은 마지막 한 사람까지 적과 마주 싸우다 장렬히 전사했습니다.

놀란 일본군은 충청도 쪽에서 전라도로 내려가려던 시도를 그만두고 금산과 무주에서 철수하였습니다. 비록 자신들이 승리는 했지

임진왜란 3대 대첩 중 하나인 진주대첩이 벌어진 진주산성이다.

만 그사이 전라도 순찰사로 승진한 권율이 관군을 재정비하였고, 고경명에 이어 김덕령, 최경회 등이 전라도 여기저기에서 의병을 일으켰기 때문입니다. 예기치 못한 의병의 활약으로 사태가 심각해지자 일본군은 이번에는 경상도 쪽에 모든 힘을 기울였습니다. 일본군은 서울에서 온 응원군을 합쳐 2만이 넘는 대군을 편성하여 진주로 진격하였지요. 진주가 경상남도 서부 지역에서 일본군을 위협하는 중심 거점이었기 때문입니다. 일본군으로서는 전라도는커녕 경상남도 서부 지역마저 빼앗겨 후방이 위험하다고 판단했음이 틀림없습니다. 9월 24일 김해성을 출발한 일본군은 삽시간에 노현, 창원, 함안 등지에서 조선군을 격파하고 10월 5일 진주성을 포위하고 공격하였습니다. 진주를 지나 남원을 거쳐 전주로 진격하려 한 것이지요.

이때 진주성을 지키는 군인은 4천 명이 채 되지 않았습니다. 회오리바람같이 일본군이 몰려오자 도망치려는 사람도 적지 않았지만 진주 목사 김시민은 조금도 물러서지 않았습니다. 6일 동안 치열한 전투를 치른 끝에 조선군은 일본군을 물리치고 빛나는 승리를 거두었습니다. 물론 이 승리는 김시민 혼자만의 힘으로 이룬 것은 아니었습니다. 곽재우, 이달, 최강 등 여러 의병장들이 진주성 밖에서 힘을 보탰기 때문에 가능한 일이었지요. 안타깝게도 전투 마지막 날 김시민은 적탄에 맞아 장렬한 최후를 맞이했습니다. 하지만 이 전투에서 패배한 일본군은 충청도에 이어 경상도 쪽에서 전라도로 가려던 계획마저 포기할 수밖에 없었습니다.

누가 전라도를 지켰을까?

7월 초 조선 수군은 한산도에서 일본 수군을 대파하면서 제해권을 완전히 장악하였습니다. 하지만 차령과 이치에서 일본군을 막아 내지 못했다면, 10월 초 4천 명이 채 안 되는 조선군과 수천 의병들이 진주성을 지켜 내지 못했다면, 전라도는 일본군 손에 떨어졌을 것입니다. 아무리 조선 수군이 제해권을 장악했다고 해도 전라도가 섬이 아닌 이상 수군만으로 전라도를 지키기는 어려웠을 테니까요.

　이때 조선 수군은 전라도에 군영을 둔 전라 좌수군과 우수군이 주력이었습니다. 만약 전라도를 점령당했다면 수군 군영도 무사하지 못했을 것입니다. 물론 전라도는 섬이 많아 군영을 섬으로 옮길 수도 있었을 것입니다. 하지만 육지에 있는 군영 시설을 이삿짐 옮기듯 모두 가져갈 수 있었을까요? 또한 판옥선을 비롯한 배들과 화포, 창, 화살 등 무기를 만들기 위해서는 기술자와 숙련된 노동자가 필요합니다. 이들이 흩어지지 않는다고 누가 장담을 할 수 있을까요?

전투를 하다 보면 전함을 새로 만들거나 수리를 해야 하는 경우가 많습니다. 화포와 화약도 제때 공급받아야 하지요. 전함과 화포가 없다면 수군들이 피나는 노력 끝에 완성한 일자진도 무용지물이 되고 말았겠지요.

임진왜란 당시 일본 장수의 갑옷

　전라도가 우리에게 준 것은 이것이 전부가 아니었습니다. 4월 14일 부산에 상륙한 일본군은 파죽지세로 서울을 거쳐 6월 초 평양성까지 진격하였습니다. 그 무서운 기세에 눌려 자발적으로 일본군에 협조를 하는 사람도 나타났지요. 심지어 함경도에서는 군사를 모으러 온 왕자 두 명을 잡아 적장 가토 기요마사에게 자발적으로 넘기는 일까지 있었습니다. 그런데 일본군은 6월 14일 평양을 점령한 뒤 더 이상 북쪽으로 올라가지 않았습니다. 왜 그랬을까요? 명나라에서 원군이 왔기 때문이었을까요? 조선 수군이 한산도대첩으로 제해권을 장악한 때는 7월이었습니다. 이치대첩도 7월이었고 진주대첩은 10월이었지요. 명나라에서 처음 원군이 온 때도 7월이었습니다. 하지만 고작 5천 명 정도였고, 그나마 섣부르게 평양성을 공격하다 패배하여 일본군의 사기만 올려 주고 말았지요. 그 후 이여송이 4만여 명의 명나라의 원군을 이끌고 다시 온 때는 12월이었습니다. 그렇다면 일본군이 의주로 올라가지 않은 것은 명나라 원군보다는 조선군과 의병들이 후방을 위협하였기 때문이라고 보아야 하지 않을까요? 그들이 합심하여 전라도를 지켜 냈기 때문은 아닐까요? 일본군이 더 이상 북상하지 않고

임진왜란 당시의 조선 장수의 갑옷

평양에 머문 6개월. 이 6개월 동안 대체 무슨 일이 일어났던 것인지 살펴보면 해답의 실마리를 찾을 수 있을 것입니다.

임진왜란 초기 조선왕조는 행정 체계는 물론 군사 조직도 허물어진 상태였습니다. 한번 허물어진 조직을 다시 추스르는 것은 결코 쉽지 않은 일입니다. 당연히 시간이 걸릴 수밖에 없었지요. 그러나 일본군이 평양에 머문 6개월. 이 6개월이면 완전하지는 않지만 부족하나마 행정 체계와 군사 조직을 정비할 수 있는 시간을 벌어 주지 않았을까요? 또한 이 6개월은 명나라가 원군을 보낼 시간도 벌어 주었습니다. 조선 정부가 명나라에 원군을 요청한 때는 5월 초입니다. 명나라는 7월에 먼저 5천 명을 보내고, 12월에 4만 대군을 보냈습니다. 아무리 명나라라고 해도 대군을 보내려면 시간이 걸릴 수밖에 없었겠지요. 이만하면 이 6개월이 조선 왕조의 운명을 바꿔 놓았다고 해도 지나친 말은 아니지 않을까요?

결국 조선왕조의 사활이 걸린 이 운명의 6개월은 조선이 전라도를 지켜 냄으로써 얻은 시간입니다. 일방적으로 밀리던 전세를 유리하게 바꿀 수 있는 계기를 마련한 셈이지요. 맨 처음 이러한 계기를 마련해 준 사람은 당연히 이순신입니다. 이런 점에서 『징비록』에서 유성룡이 한 말은 백번 옳습니다. 하지만 섬이 아닌 이상 수군만으로 전라도를 지킬 수는 없었습니다. 곽재우, 조헌, 김시민, 권율 등 의병과 관군이 목숨을 내걸고 전라도를 지키지 않았다면 결코 이 6개월을 벌 수 없었을 테니까요. 우리는 충무공하면 이순신만을 떠올리지만 김시민이 받은 시호도 충무입니다. 두 충무공 가운데 누가 전라도를 지켜 낸 1등 공신일까요?

진주대첩을 승리로 이끌고 장렬히 전사한 김시민의 동상

입장 정하기

● 두 글에서 주장의 근거로 제시한 내용을 각각 요약해 봅시다.

● 다음 쟁점에 대하여 자신의 입장을 정하고 근거를 제시해 봅시다.

쟁점1 일본이 서울을 빨리 점령할 수 있었던 까닭은 조선 왕실의 무능 때문이다.

	그렇다	아니다
근거		

쟁점2 임진왜란에서 승리할 수 있었던 이유는 명나라의 원군 때문이다.

	그렇다	아니다
근거		

쟁점3 수군만으로 전라도를 지킬 수 있었다.

	그렇다	아니다
근거		

● 동아시아 삼국은 임진왜란을 각기 다른 이름으로 부릅니다. 한국은 임진년에 일본이 일으킨 난리라는 뜻의 '임진왜란'으로, 중국은 조선을 구해준 전쟁이라는 뜻의 '위안차오셴'으로, 일본은 조선 정벌을 강조하려고 '히데요시 노 조센 신라쿠(히데요시의 조선 침략)'나 '분로쿠 · 게이초 노 에키(문록 · 경장의 역)'이라고 부릅니다. 세 나라가 합의해 이 전쟁을 부르는 이름을 하나로 정한다면 어떤 이름이 좋을지 생각해 봅시다.

조선과 일본의 7년 전쟁

우리가 몰랐던 임진왜란

임진왜란은 지금도 우리 마음속에 살아 있습니다. TV에서 영화에서 박물관에서, 그리고 소설로 우리는 임진왜란을 보고 느끼고 있지요. 마치 엊그제 일어난 전쟁처럼 말이죠. 하지만 정말로 우리가 임진왜란에 대해 얼마나 알까요? 그 유명한 거북선의 실체도 우리는 아직 모르고 있지 않나요? 우리가 잘 몰랐던 임진왜란의 뒷이야기를 조금 더 들어 볼까요?

의병장들은 전쟁이 끝난 뒤 어떻게 되었을까?

농민들을 창칼로 무장을 시킨다. 평상시라면 반란을 일으킨다는 의심을 받아 죽임을 당하기 십상이다. 임진왜란이라는 위기 상황에서도 왕실에서는 의병장들을 좋게만 보기 어려웠다. 정말로 나라를 위한 것인지 아닌지를 판단하기 쉽지 않았기 때문이다. 대부분 의병장들은 그 지방에서 사회적 지위와 영향력이 큰 명문거족이었다. 이 때문에 많은 사람들에게 호응을 얻을 수 있었던 반면 왕실로서는 더욱 불안하게 여길 수도 있었다.

실제로 적지 않은 의병장들이 오해를 받아 죽임을 당하거나 죽을 위기를 맞이하였다. 처음 의병을 일으킨 곽재우는 감옥에 갇혔다가 겨우 석방되었고, 전라도를 든든히 지켰던 김덕령은 죽임을 당하였다. 반면 의병 활동으로 탄탄한 기반을 닦아 정권을 장악한 인물들도 있었다. 영남 의병장이라 불린 정인홍은 북인을 이끈 영수로 광해군 때 영의정까지 올랐다. 곽재우도 진주 목사, 함경도 관찰사 등을 지냈다. 북인 중에는 의병장으로 활동한 사람이 많았다. 정인홍과 곽재우는 같은 선생 밑에서 함께 공부를 한 선후배였다.

잊혀져 버린 사람들

우리가 의병을 이야기할 때 흔히 빼먹는 것이 있다.
바로 바다에서 활약한 의병들인 의수군義水軍이다.

육지에서 농민들이 창칼을 들고 일본군에 맞섰듯이 바다에서는 어민들이 고향과 나라를 지키기 위해 일어났다. 이들은 해안가에 성을 쌓거나 배를 만들고 식량을 구하여 군사들에게 나눠 주었다. 일본군의 움직임을 파악하여 알리기도 하였다. 전투가 일어나면 고기잡이배를 타고 물자를 보급하기도 하고 직접 전투에도 참가하였다. 이순신도 조정에 올린 보고서에서 이들을 아낌없이 칭찬하였다. "어민들이 자기 발로 수군에 들어왔다. 스스로 군량을 마련하여 두루 공급하는 등 관군보다 더 열심이다. 전투에서도 뚜렷한 전공을 세웠다. 많은 어려움을 겪으면서도 나라를 위한다는 의로운 마음이 전혀 흔들리지 않고 있다." 이들 가운데에는 승려들도 있었다. 여수 흥국사에 머물던 자운선사는 승려 300여 명을 모아 수군 승리에 큰 도움을 주었다. 비록 그 공이 서산대사나 사명대사와 비교할 수 없을지 몰라도 우리가 이들을 잊어버릴 수 있을까?

원군인가? 침략군인가?

임진왜란 당시 명나라가 보낸 원군은 모두 합쳐 십만이 넘는다. 그때 명은 원군을 보낼 상황이 아니었다. 안으로는 통치 질서가 흔들리고 있었고, 밖으로는 북방 민족과 왜구에 시달리고 있었기 때문이다. 이런 상황에서 명은 원군을 파견하여 우리를 도와주었다. 정말 고마운 일이다.

사실 우리가 임진왜란을 승리로 이끌 수 있었던 것은 명군에 힘입은 바가 크다. 1593년 1월 6개월 만에 평양을 되찾은 주력부대는 바로 이여송이 이끌고 온 명군이었다. 1598년 전쟁 마지막 해에는 1월 울산성 전투를 시작으로 10월 순천성 전투까지 경상도와 전라도 곳곳에서 조선군과 함께 일본군을 거세게 몰아붙였다. 11월 노량해전을 끝으로 일본군이 이 땅을 떠난 것은 도요토미의 죽음과 함께 이 총공세 때문이라 할 수 있지 않을까?

하지만 명이 원군을 보낸 것은 단지 조선을 구원하기 위함은 아니었다. 전쟁이 중국 땅으로 번지는 것을 막기 위한 목적도 있었다. 명군은 조선 정부와 백성에게 적지 않은 고통을 주기도 하였다. 명군에게 필요한 식량과 군수 물자는 조선 백성이 운반하였다. 식량이 모자라게 되면 명군에게 우선 배정을 하였기 때문에 백성들은 굶주린 배를 움켜쥘 수밖에 없었다. 때로는 마을을 습격하여 물건을 빼앗고 사람들을 죽이기도 하였다. 오죽하면 선조 임금이 "한편으로 반갑고 한편으로는 두렵다."라고 하였을까.

7 붕당정치

그래,

붕당은 권력을 놓고 벌인

당파 싸움이었어

아니야,

붕당은 학문과 명분을

바탕으로 한 선진 정치였어

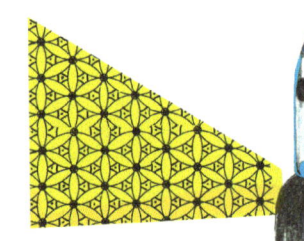

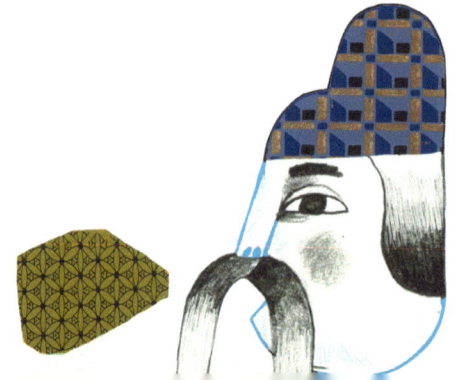

● 조선의 국운이 기울 무렵, 한 일본인 학자는 학문과 정치적 입장의 차이에 따라 나뉜 조선의 정치 세력들을 두고 "어떠한 주장을 가지고 서로 대립하는 공적인 당이 아니고, 각각의 이해 아래 서로를 배제하려는 사적인 당"이라고 표현했습니다. 이러한 인식은 일제 식민지 시대에 우리 민족은 만나기만 하면 싸우는 단합할 수 없는 민족이라는 부정적인 민족성을 사람들에게 심어 주는 데 이용되었지요. 지금도 많은 사람들이 조선왕조가 멸망한 것은 개인의 사사로운 이익을 위해 당을 만들고, 시도 때도 없이 싸웠기 때문이라는 생각을 가지고 있습니다. 그러나 식민 사관을 극복하기 위해 노력하는 학자들에 따르면 조선왕조 당대에는 '뜻을 같이하는 사람들의 모임'이라는 뜻의 '붕당'이라는 말이 주로 쓰였는데, 일본인 학자들이 서로 싸운다는 의미를 강조하기 위해 '당쟁'이라는 용어를 새로이 만들어 썼다고 합니다. 이들은 붕당 간의 대립과 비판 속에서 오히려 정치가 활성화되었다며 붕당을 긍정적으로 평가합니다. 그러나 지금 우리에게 보다 중요한 일은 붕당이 조선의 독이었는지 약이었는지 따지기에 앞서 "우리 민족은 어쩔 수 없다."라는 감정적 평가를 걷어 내고 붕당의 긍정적인 측면과 부정적인 측면을 동시에 균형 있게 이해하는 일일 것입니다.

생각열기

이 두 분은 왜 이렇게 항상 붙어 다니는 거야? 1,000원짜리에 그려져 있는 사람이 율곡 이이고 5,000원짜리에 그려져 있는 사람이 퇴계 이황인 거 맞지? 주기론인지 주리론인지 서로 주장한 이론 이름도 비슷하고 말이야.

둘 다 성리학의 대가로 존경받는 인물이니 헷갈리는 게 당연해. 1,000원이 퇴계 이황이고 5,000원이 율곡 이이라고. 잘 봐, 초상화 옆에 진짜로 조그만 글씨로 써 있어. 그리고 이황이 주리론, 이이가 주기론이야. 이 두 사람의 학문적 입장을 이은 사람들이 학파를 만든 게 붕당이고.

이렇게 훌륭한 분들이 붕당의 시초란 말이야? 붕당 그거 되게 안 좋은 거 아니야? 동서남북인지 노론, 소론인지 이름도 복잡한 대감마님들이 권모술수를 써서 물어뜯고 귀양 보내고 사약 내리고. 이황과 이이가 권력에 눈이 멀어 서로 헐뜯고 싸웠다니 의외인걸.

두 사람이 싸웠다는 게 아니라 두 사람의 사상을 따른 사람들이 싸웠다고. 그리고 싸운 것도 아니야. 정치적 의견 대립이 있었던 거지. 나랏일을 꾸려가는데 의견 대립은 당연한 거 아니겠어? 영국의 토리당과 휘그당이 대립한 건 정치의 모범이라고 하면서 우리나라 붕당은 나라를 망친 당파 싸움이라고 보는 건 잘못된 거야.

국회에서 싸움이 일어나면 사람들은 "예나 지금이나 파벌 싸움이나 한다."라고 말합니다. 그런데 왜 '예나 지금이나'일까요? 아마도 조선 시대의 붕당정치를 떠올리며 하는 말이겠지요. 그런데 일제시대 일본인들이 "조선인은 의타성, 파벌성이 생길 수밖에 없는 민족"이라고 한 말을 우리 스스로 여전히 되풀이하고 있는 건 아닐까요? 정말 우리 민족은 파벌을 지어 싸우기를 좋아하는 민족일까요? 파벌을 짓는 것은 꼭 나쁜 걸까요? 이어지는 대화를 읽으며 생각해 봅시다.

정치적 대립도 너무 심하면 문제가 있는 거 아니겠어? 임진왜란 전에 통신사를 다녀온 사람들이 전쟁 준비를 해야 되나 말아야 되나 나뉘어 싸울 때에도 "도요토미 히데요시는 눈이 쥐 같아서 겁낼 위인이 아니다."라고 하면서 파벌의 입장만 챙겼다더라. 그러니까 침략을 당한 거라고.

글쎄, 역사라는 걸 그렇게 단편적으로 이해하면 안 된다고 생각해. 너 그 당시에 실제로 어떤 일이 일어났는지 꼼꼼히 알아보고 그런 말을 하는 거야? 급박한 전쟁 준비는 사회적 혼란을 일으키니까 반대했다는 기록도 있어. 모든 걸 당파 싸움 때문이라고 하는 건 너의 선입견일 뿐이야.

어쨌든 사리사욕에 눈이 멀어서 허구한 날 피바람만 일으킨 건 사실 아니야? 실제로 조선이 망하게 된 것도 관료들이 나랏일과 민생은 뒷전에 밀어둔 채 자기 당파의 이익만을 위해 서로 경쟁했기 때문이잖아.

붕당 때문에 나라가 망했다는 거야말로 정말로 잘못된 생각이야. "나라를 잃은 것은 너희가 원래 못나서 그런 거다."라면서 붕당에서 파벌들 사이의 싸움만 강조해 주입시킨 일제의 논리를 그대로 따라가는 거라고. 붕당은 그냥 정치형태였을 뿐이야.

그래,
붕당은 권력을 놓고 벌인
당파 싸움이었어

붕당의 시작

한국인은 유대인 못지않게 우수한 민족이라고 합니다. 그런데 한편으론 서로 헐뜯으며 화합할 줄 모르는 민족이라는 말도 하지요. 그리고 그 근거로 흔히 조선 시대의 붕당을 예로 듭니다. 일제시대 일본의 역사학자들은 조선이 임진왜란에서 일본을 물리치고도 여러 면에서 뒤떨어져 있던 일본의 식민 지배를 받아야 했던 이유를 조선인 특유의 분열적인 민족성 때문이라고 말했습니다. 단결하지 못하고 그 때문에 스스로 국가를 운영할 능력도 없게 되었으며, 그 중요한 근원은 조선의 당쟁이라고 주장했지요. 호소이라는 일본 역사학자는 『붕당 사화의 검토』라는 책에서 이렇게 말했습니다.

　조선 사람의 피 속에는 특이한 검푸른 피가 섞여 있다. 그렇기 때문에 조선 사람들은 아무리 위대한 사람도 피부, 머리카락의 색 및 눈동자의 빛을 바꿀 수 없는 것이다. 그중에서 도저히 바꿀 수 없는 것은 만나면 파당을 이루고 싸우는 것이다.

관리의 호패

이는 당연히 일제의 식민 지배를 합리화하기 위한 망언입니다. 하지만 붕당의 폐해가 실제로 심각했기 때문에 이처럼 극단적인 망언이 나오게 되지 않았을까요? 일본 학자들의 말도 안 되는 주장처럼 붕당이 우리 겨레의 민족성에서 말미암은 것은 물론 아닙니다. 붕당은 본래 붕당지쟁朋黨之爭에서 나온 말입니다. 붕당지쟁의 '붕'은 한 스승 밑에서 함께 공부한 사람들을, '당'은 이해관계를 중심으로 모인 집단을 가리키는 말로 같은 생각을 지닌 사람들이 모여 옳고 그름을 따지는 일을 말하지요. 붕당이 중요해진 이유는 관직을 차지하기 위한 경쟁 때문입니다. 관직 수는 정해져 있는데 과거에 합격하는 사람은 점점 많아지니 관리가 되는 일이 힘들어졌습니다. 특히 선조 이후에는 관리 수가 급증하여 녹봉조차 제대로 받기 어려웠으므로 많은 양반들이 관직을 이용해 부정한 방법으로 수입을 늘리려 하였지요. 그러다 보니 힘 있는 사람의 도움으로 관리 임명을 받기 위해 그들의 혈연, 지연, 학연을 따라 사람들이 모이게 되었던 것입니다.

조선 후기 실학자였던 이익도 부족한 관직 때문에 당쟁이 일어났다고 보았습니다. 이익은 과거를 자주 실시하여 관리 후보자를 너무 많이 뽑았기 때문에 당파가 생겨났고 이들이 권력을 잡아 자기 당파의 사람들을 등용하려 했기 때문에 당쟁이 생긴 것이라고 했지요. 그리고 이를 해결하는 방법으로 과거를 줄이고 근

관복 허리에
두르던 각대

무 성적에 대한 평가를 엄정히 할 것과 좋은 관직을 아무에게나 주지 말 것을 제안했습니다. 또 이와 더불어 승진을 신중히 함과 동시에 인재를 적재적소에 쓰는 수밖에 없다고 했지요. 비슷한 시기의 또 다른 실학자 유수원도 당쟁의 원인에 대해서는 이익과 같은 생각이었지만 해결 방법에 대한 생각은 조금 달랐습니다. 그는 문벌의 폐해를 지적하며 신분제의 철폐를 주장해 이익보다 한 걸음 더 앞선 인식을 보여 주기도 했지요. 이처럼 당쟁의 폐해를 지적한 것은 일본 학자들만이 아니었습니다. 조선 사회 내부에서도 당쟁의 원인을 규명하고 그 폐해를 해결할 수 있는 방법을 고민했다는 것을 알 수 있습니다.

사리사욕을 위한 이전투구

붕당을 긍정적으로 해석하는 학자들은 붕당이 학문과 명분을 바탕으로 한 수준 높은 정치형태였다고 주장합니다. 그러나 명분은 명분일 뿐, 붕당은 실제로는 권력을 놓고 벌인 정치투쟁에 다름 아니었습니다. 붕당을 본격화시킨 예송 논쟁의 경우를 볼까요? 인조반정™으로 정권을 잡은 서인은 정권을 독점하지 않고 남인과 협력을 통해 운영하였습니다. 그런데 서로 협력하는 듯 보였던 서인과 남인의 관계는 예송 논쟁이 등장하면서 싸움으로 변하기 시작하였습니다. 효종과 효종비가 죽었을 때 상복을 몇 년 입어야 하는지가 논쟁의 핵심이었지요.

　당시에는 왕위를 이은 장남이 어머니보다 먼저 죽는 경우, 모자 관계보다 군신 관계를 우선해 왕의 어머니도 3년 동안 상복을 입어야 했습니다. 그런데 효종의 경우, 둘째 아들이었기 때문에 효종의

■ 인조반정
1623년 서인 일파가 광해군 및 대북파를 몰아내고 능양군 종(倧:인조)을 왕으로 옹립한 사건.

계모 자의대비가 상복을 얼마나 입어
야 하는지를 놓고 서인과 남인이 다투
게 된 것입니다. 예송 논쟁은 겉으로는
예법과 관련한 논쟁이었지만 그 논쟁의 배경
에는 효종의 왕위 계승이 올바른 것인가에 대한 문

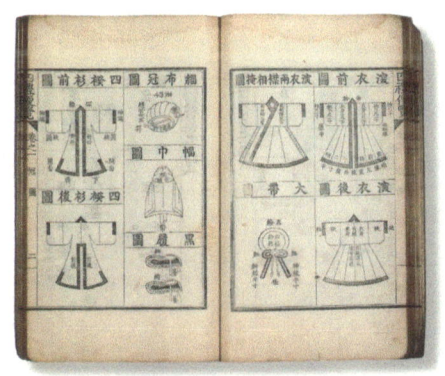

관복을 입을 때 쓰던 모자인 사모

제가 깔려 있었습니다. 인조의 첫째 아들이었던 소현
세자는 죽었지만 소현세자의 아들인 경안군이 살아 있었기에
적자가 왕을 잇는 전통에 따라 원래는 경안군이 왕이 되어야 했지
요. 그러나 인조는 경안군의 삼촌이자 북벌을 지지한 봉림대군(효
종)에게 왕위를 물려주었습니다. 이는 잘못된 것이라는 서인들의
비판이 예송 논쟁 속에 숨어 있었던 것입니다.

효종이 죽자 왕세자(현종)와 예조판서는 영의정과 서인의 우두머
리 격이었던 송시열 등에게 자문을 구하였습니다. 이들은 효종의
경우 적자가 왕위를 이은 것이 아니므로 자의대비가 3년 동안 상복
을 입을 필요가 없이 1년 동안 입는 것이 옳다고 주장하였고, 왕세
자도 허락하였지요. 그러나 남인이었던 윤휴는 3년
동안 상복을 입어야 한다고 주장하였습니다. 결
국 서인의 주장대로 자의대비는 1년 동안 상복
을 입었습니다. 그러나 그 이듬해에 남인이었던
허목이 이 문제를 다시 들고 나왔습니다. 효종
은 둘째 아들이었지만 큰아들이 죽어 왕이 된
것이므로 종통▪을 이은 것과 마찬가지이니 자의
대비가 3년 동안 상복을 입었어야 했다면서요.
현종의 입장에선 자신의 아버지를 적통이라 말
하는 남인의 주장에 귀를 기울이는 것은 당연하

■ **종통 宗統**
맏아들에서 맏아들로 이
어지는 혈통.

성인식, 혼인, 장례, 제사에서 지켜야 할 예법을 정
리한 책인 『사례편람』이다.

였습니다. 그러자 남인들은 이를 빌미로 정권을 차지하기 위해 지속적으로 상소를 올렸습니다. 서인들과 송시열은 이에 강하게 반발했고, 남인이었던 윤선도는 "송시열은 망령되거나 어리석은 자이다. 국가의 큰 예를 이런 사람에게 물어서 한단 말인가?"라며 비난했지요. 이처럼 상대를 충동하고 분란을 일으킨 것은 자신의 붕당이 정권을 장악하기 위해서였습니다. 국왕의 지지를 얻어 상대를 누르고자 한 것입니다. 서인들은 윤선도를 함경도로 귀양 보내고 정권을 잡은 듯했지만 남인은 보이지 않게 국왕의 환심을 샀고, 결국 1647년 효종비가 죽자 다시 예송 논쟁이 불붙어 이번에는 남인이 정권을 장악했지요. 예법과 명분은 자신의 당파가 권력투쟁에서 유리한 위치를 차지하기 위한 수단이었을 뿐입니다.

현실을 도외시한 명분과 의리

현종 4년인 1663년, 청나라에서 사신을 파견한 일이 있었습니다. 관례상 중국 사신이 오면, 조선 국왕은 모화관에 가서 이들을 맞이해야 했지요. 이때 현종의 행차를 모셔야 하는 관리 중에 수찬 김만균이라는 사람이 있었습니다. 그는 명문가 출신으로 기호학파*의 우두머리였던 김장생의 증손이었습니다. 그의 할머니는 병자호란 때 강화도에서 순절하였습니다. 김만균에게 있어 청나라는 집안의 원수였던 셈이지요. 그런 사정으로 인해 청나라 사신을 영접하기 싫었던 김만균은 이를 피하려고 사직상소를 올렸습니다. 그리고 이를 두고 서인과 남인 사이에 논쟁이 벌어졌지요. 서인의 우두머리 송시열은 "인심, 하늘의 도리(천리天理), 그리고 인륜의 보호를 위해서는 어떠한 경우라도 개인적인 사정이 존중되고 보호되어야 한다."라고 주

■ **기호학파**
조선 중기 기호지방을 근거지로 한 이이, 성혼 학파를 가리키는 말로 이황의 영남학파와 쌍벽을 이룸.

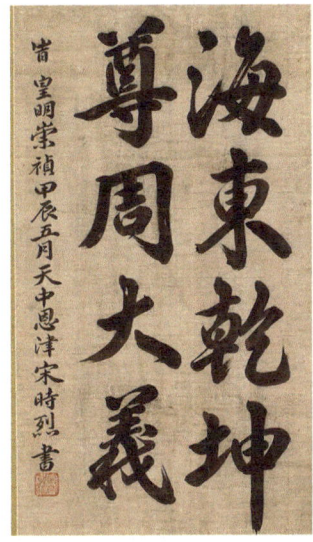

왼쪽은 송시열의 글씨. '해동건곤존주대의'는 조선의 하늘과 땅은 주나라의 정신을 존중하는 큰 뜻을 갖는다는 의미로 송시열의 조선 중화 주의가 잘 드러나 있다. 오른쪽은 송시열의 초상화.

장하며 김만균을 비판하는 남인 세력을 비판했습니다. 그러나 혈육에 대한 사적인 감정과 국가와 국왕을 위한 공적인 의무를 혼동하는 것은 공과 사를 제대로 구분하지 못하는 무책임한 태도가 아닐까요?

송시열은 서인의 우두머리로 남인 세력과 끊임없이 권력 다툼을 하다 숙종 때 남인이 재집권하면서 결국 사약을 받았습니다. 그러나 서인이 세력을 회복하자 곧 복권이 되었지요. 그 후 그의 이념을 계승한 제자들은 노론으로 다시 이름을 바꿔 조선 사회를 움직이는 실세로 자리 잡았습니다. 서원들은 앞다투어 송시열을 사원에 모셨고, 그가 모셔진 서원은 20곳이나 국왕의 사액을 받았습니다. 국왕이 서원의 간판을 내린 사액서원*은 지방 목민관의 명령도 우습게 알 정도로 영향력이 있었다니 당시 송시열의 위상을 알고도 남음이

■ 사액서원
임금이 이름을 지어서 새긴 편액을 내린 서원. 흔히 서적, 토지, 노비 등도 동시에 하사하였으며, 조선 명종 때 주세붕이 세운 백운동서원에 '소수서원'이라 사액한 것이 시초이다.

있습니다. 송시열을 따르는 제자들은 송시열이 후학을 양성하던 화양동에 서원을 지어 그곳을 구심점으로 노론 세력의 결집을 도모했습니다. 이는 송시열이 사약을 받기 직전, 제자들에게 화양동에 사당을 지어 명나라 임금이었던 신종과 의종에게 제사를 지내도록 유언을 했기 때문입니다. 신종은 임진왜란 때 군사를 파견하여 왜군을 물리치도록 해 준 황제였고, 의종은 명나라 마지막 황제였습니다. 송시열은 평소 임진왜란 당시 명나라의 조선 파병을 칭송하며 우리나라의 풀 한 포기, 나무 한 그루, 백성들의 머리털 하나도 명나라 황제의 은덕이 미치지 않은 것이 없다고 말했다고 합니다. 그런 그가 사당을 지어 명나라 황제를 모시고자 한 것은 어찌 보면 당연한 일이었겠지요. 송시열은 북벌론자로 잘 알려져 있습니다. 그러나 송시열의 북벌이 당시 효종이 추진하던 북벌과 과연 같은 의미였을까요? 송시열이 주장한 북벌은 평소 존명사대를 부르짖던 그의 언행을 통해 짐작해 볼 때, 오랑캐의 나라에게 망한 명나라의 치욕을 대신 씻는 것일 뿐 우리 민족의 자주성과는 아무런 상관도 없는 것이 아니었을까요? 주자학을 따르는 송시열과 붕당에게 명나라는 문명국이자 정통의 나라인 데 반해 청나라는 야만국이자 이단의 나라로 비춰졌을 수 있습니다. 그러나 한 나라를 이끌어 가는 위정자로서 국제 정세를 이처럼 비현실적으로 받아들이는 태도는 비판받아 마땅합니다. 더구나 이런 사당의 건립은 많은 논란거리를 제공합니다. 청나라가 알게 될 경우 공격을 받을 수도 있고, 중국도 아닌 조선에서 중국 황제의 제사를 지낸다는 것은 그들이 누누이 강조하는 대의명분에도 어긋나는 것이었지요. 하지만 만동묘라 이름 붙여진 이 사당과 화양동 서원은 조선 후기 막강한 권력을 휘두른 노론의 상징물이 되었습니다.

인조가 청나라에 굴욕적인 항복 의식을 치른 후 세워진 삼전도비이다.

힘 있는 세력의 보루

서인은 인조반정으로 정권을 장악한 후 조선이 멸망할 때까지 존속했다고 할 수 있습니다. 집권 초기 남인에게 약간의 권력을 내주기도 하였지만 그들이 성장하자 갑술환국*으로 완전히 숨통을 끊어 놓았지요. 그리고 서인 내부에서는 송시열을 지지하는 세력이 노론을 형성하고, 이에 반대하는 윤증 등은 소론으로 맞섰습니다. 하지만 소론 역시 영조의 즉위와 함께 힘을 잃었습니다. 가끔씩 일시적으로 세력이 약해지기는 하였으나 조선 후기에 노론에 가담한다는 것은 한마디로 영화를 끝까지 보장받을 수 있는 탄탄대로를 의미했지요. 노론의 힘은 실로 막강했습니다. 노론이 아니고서는 왕실과 결혼하기도 어려웠지요. 사도세자의 비 혜경궁홍씨도 노론 가문이었고, 영조의 계비로 정조의 강력한 정적이었던 정순왕후도 노론 출

■ 갑술환국
환국이란 정치적 국면이 바뀐다는 뜻으로 왕비 폐출이나 역모 등 특정한 사건을 계기로 권력층이 교체되는 일을 말한다. 갑술환국이란 1694년(숙종 20년)인 갑술년에 일어난 환국으로 인현왕후 민씨의 복위를 반대한 남인이 완전히 정권에서 밀려난 사건이다.

남한산성의 남문, 병자호란 당시 왕이 남한산성으로 피난하였다.

송시열을 제사 지냈던 화양서원. 제자들이 모여 학문을 연구했으나 붕당의 폐혜로 흥선대원군이 철폐하였고 이어 조선총독부가 강제로 철거한 것을 최근에 복원하였다.

신이었습니다. 심지어 노론을 상대로 힘겨운 싸움을 벌인 정조의 비 효의왕후도 노론 출신이었으니 더 말할 것도 없지요. 이는 궁녀와 내시를 뽑을 때도 마찬가지였으니 궁궐 전체가 노론의 수중에 있는 것이나 다름없었던 것입니다. 어차피 관직에 나가고 당파에 들어가야 한다면 힘없는 당파보다는 노론이 나았겠지요. 그러나 당파는 자신의 의지와 관계없이 집안에 따라 결정되는 것이었습니다. 권력의 중심에 있던 노론은 자신들에게 반대하는 세력을 가차 없이 공격하며 자신들의 기득권을 보호했습니다. 이런 상황에서 제대로 된 정치가 이루어질 수 있었을까요? 영조와 정조가 당색에 관계없이 고르게 인재를 뽑는 탕평책*을 그토록 강조했던 것은 붕당의 소용돌이가 얼마나 심했는지를 역설적으로 보여 주는 또 하나의 증거입니다. 붕당은 결국 권력을 놓고 벌어진 당파 싸움이었을 뿐입니다.

■ **탕평책**
조선 후기 당쟁을 해소하기 위해 당파 간의 정치 세력에 균형을 꾀한 정책. 영조는 당파를 초월하여 인재를 등용하고 일반 유생들의 당론에 관련된 상소를 금지시키고 성균관 입구에 '탕평비'를 세우는 등 당쟁의 해소에 심혈을 기울였다.

아니야,
붕당은 학문과 명분을
바탕으로 한 선진 정치였어

붕당의 토양

원나라의 간섭과 권문세족의 수탈에 몸살을 앓던 고려 말, 신진 사대부들 중 새로운 왕조를 꿈꾸었던 사람들이 새 나라 조선을 세웠습니다. 이들처럼 조선왕조 개국에 앞장섰던 세력을 훈구勳舊라고 부릅니다. 한편 고려왕조를 유지한 채 개혁할 것을 주장했던 온건파 신진 사대부들은 건국 과정에서 죽임을 당하거나 상당수가 관직을 버리고 지방에 내려가 학문에만 정진하게 되었는데, 이들의 제자들을 사림士林이라 부르지요. 훈구 세력은 중앙정부를 강화하고 새롭게 세운 조선의 발전을 위해 노력합니다. 한편 사림은 향촌에서 의리와 명분을 강조하며 학문에 힘썼습니다. 그런데 뒤에 세조가 되는 수양대군이 어린 조카 단종을 쫓아내고 왕위를 차지하면서 상황이 변하기 시작했습니다. 세조는 왕위에 오른 후 자신을 도와 공을 세운 이들을 우대했는데, 이들이 나랏일을 좌지우지하고 사림들의 경제적 기반인 토지까지 넘보며 세력을 확대해 나갔기 때문입니다. 성종은 왕권까지 위협하는 훈구 세력을 누르기 위해 사림이 필요했고, 사림들 역시 훈구파의 횡포를 막고 자신들의 생존권을 지키기 위해 중앙 정계로 진출하기 시작했습니다. 사림은 주로 왕에게 간언을 하거나 관리들을 감찰하는 사간원이나 사헌부에 등용되어 훈구 세력을 견제하고 비리를 따져 그들의 전횡을 막는 역할을 했습니다. 따라서 두 세력의 대립이 격화되는 것은 당연했습니다.

율곡 이이의 초상화

반격할 기회를 노리던 훈구 세력은 성종이 죽고 연산군이 즉위하면서 사림을 공격했습니다. 사화의 피바람이 불게 된 것이지요. 한때 중종이 조광조와 사림을 대거 등용해 개혁 정치를 실시하기도 했지만 네 차례에 걸친 사화는 사림에게 막대한 타격을 입혔습니다. 그러나 사림은 여러 차례 사화를 거치면서도 자신들의 기반인 향촌에서 향약을 통해 영향력을 유지하고 있었고, 서원을 세워 사림들을 결집하고 기반을 다졌습니다. 훈구는 특정한 사건의 공신들이 모여 이룬 세력이므로 그 맥을 이어가기 어려웠지만, 사림은 이처럼 지방에서 뛰어난 스승 아래 학문을 연마하여 자연스럽게 학파를 형성하게 되었고 정치 문제에 대한 의견을 제시하는 여론, 즉 공론을 형성함으로써 뒤에 붕당정치가 이루어질 수 있는 토양을 마련했습니다. 결국 훈구의 맥은 끊어지고 선조 때부터 사림이 정치의 중심이 되었지요. 이때 사

퇴계 이황의 초상화

림은 이황을 따르는 동인과 이이를 따르는 서인으로 크게 나뉘어 있었는데 그 후 동인은 다시 북인과 남인으로, 서인은 다시 노론과 소론으로 나뉘어 붕당을 형성하게 되었습니다. 이처럼 붕당을 중심으로 하는 정치는 19세기 초반 세도정치가 등장할 때까지 200여 년 이상 지속되며 조선 정치에 큰 영향을 미치게 되었습니다.

수준 높은 정치, 붕당정치

본래 유교 정치에서 붕당을 만드는 것은 금기 사항이었습니다. 중국의 경우 당나라 때까지 정치는 군주 한 사람의 것이라는 생각이 지

■ 세도정치
왕실의 근친이나 신하가 강력한 권세를 잡고 온갖 정사를 마음대로 하는 조선의 정치형태. 정조 때 홍국영에서 비롯하여 순조·헌종·철종의 3대 60여 년 동안 왕의 외척인 안동 김씨, 풍양 조씨 가문에 의하여 이루어졌다.

강세황, 〈도산서원도〉, 1751년. 이황의 학덕을 추모하기 위해 세운 도산서원의 실경을 그린 그림이다.

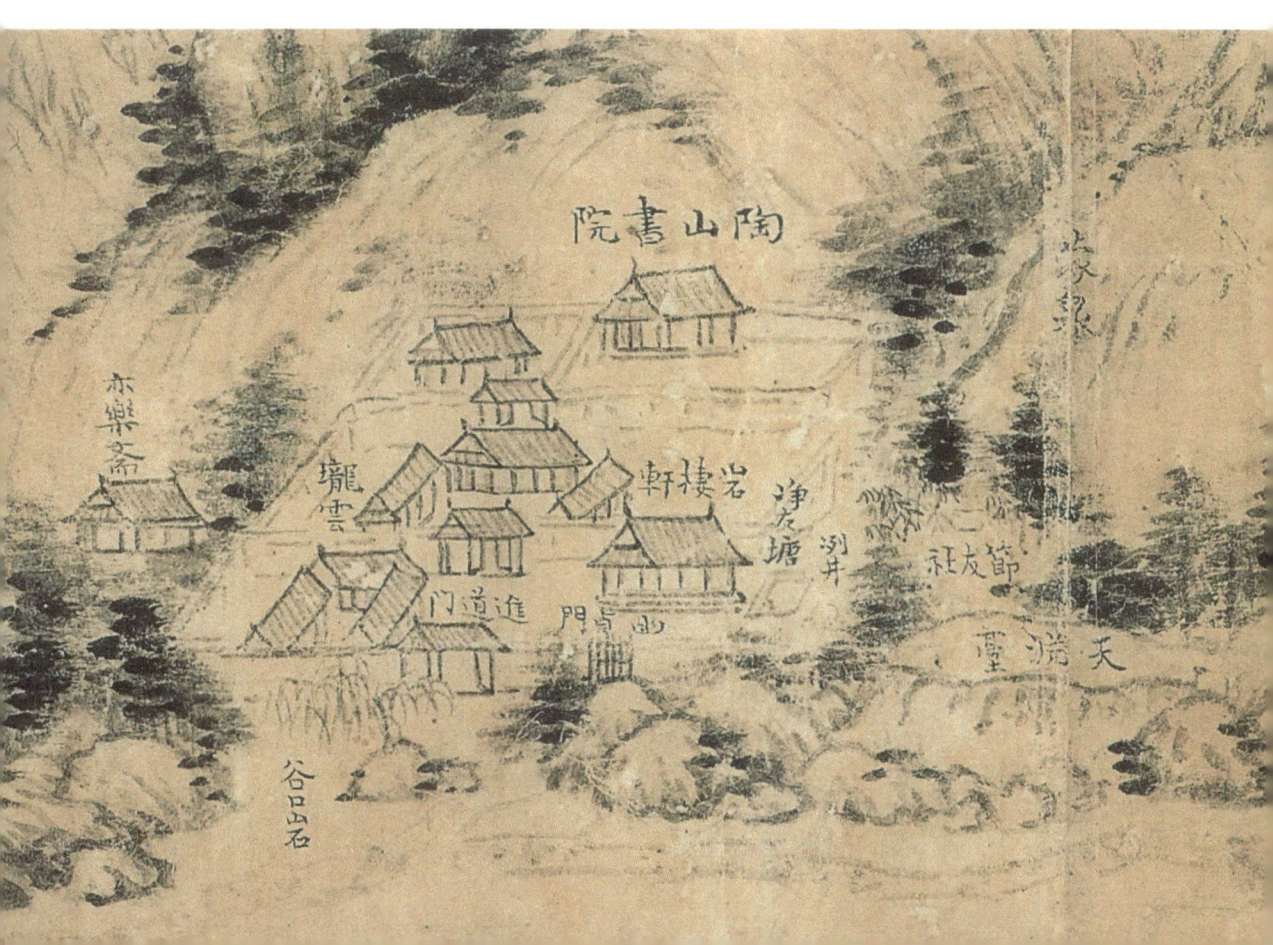

배적이었기 때문에 신하들이 붕당을 만드는 것은 죄악시되었지요. 무리를 지어 자신들의 주장을 말하는 것은 왕권에 도전하는 것이라고 생각했기 때문입니다. 그러나 송나라 때가 되면 이러한 의식은 변하게 됩니다. 각기 정치적 입장이 다른 집단인 붕당을 정치에서 배제할 수 없다는 생각이 나타난 것이지요.

구양수▪는 붕당을 공도公道를 실현하고자 하는 사람들의 모임인 '군자의 당'과 사리사욕을 도모하는 자들의 모임인 '소인의 당'으로 나누었습니다. 성리학을 집대성한 주자도 붕당을 염려하는 승상에게 "지금 승상이 붕당이 있는 것을 걱정해서는 안 됩니다. 그 붕당이 '군자의 당'이라면 승상도 그 당에 들어야 할 것입니다. 더 나아가 황제께서도 그 당이 되도록 승상이 이끌어야 합니다."라고 말했다고 합니다.

그런데 이와 비슷한 상황이 조선에서도 나타났습니다. 훈구와 사림의 대립 과정에서 훈구는 사림을 붕당으로 몰아 사화를 일으켰습니다. 반면 사림은 훈구를 구양수가 말했던 사리사욕을 채우려는 '소인의 당'이라 비판하였습니다. 그리고 그 사림들이 정권을 잡으면서 다시 붕당이 등장하였을 때, 스스로 자신들은 '군자의 당'이라 했습니다. 군자가 되려면 학문적으로나 자신을 수양하는 데에서나 게으름이 없어야 합니다. 조선 말기의 학자 이건창▪은 도학을 붕당의 가장 중요한 요소로 말하고 있습니다. 도학은 사림들이 갖추어야 할 가장 기본적인 덕목으로 도덕적 수양을 강조합니다. 학문을 통해 이치를 연구하고 마음과 행실을 바르게 하지 않으면 남을 다스릴 수 없다는 정치 철학이지요. 붕당은 이처럼 학문과 밀접한 관계를 지닌 것으로 이를 기초로 한 상호 비판의 원리를 기본 요소로 하고 있습니다.

조선왕조는 국왕이 중심이 되어 중앙집권 체제를 유지한 가운데

■ 구양수 歐陽脩
1007~1072, 중국 송나라의 정치가, 문인. 당나라 때의 화려한 시풍을 반대하여 새로운 시풍을 여는 등 송대 문학의 기초를 확립하였으며, 당송팔대가 가운데 한 사람으로 꼽히는 인물.

■ 이건창 李建昌
1852~1898, 조선 후기의 문신·양명학자이자 명문 장가로 이름을 떨친 인물. 서양과 일본의 침략을 철저히 배격한 척양 주의자로, 저서에 「당의통략」「명미당고」가 있다.

문신들이 정치를 주도한 사회였습니다. 문치주의 아래에서는 깊이 있고 다양한 의견들이 등장할 수 있습니다. 입장이 다를 경우 당연히 서로 대립했지요. 그러나 어느 시대 어느 사회에나 대립하는 정치 세력은 있기 마련입니다. 따라서 대립과 갈등 그 자체가 문제일 수는 없습니다. 사회는 대립과 갈등을 통해 더 성숙하고 발전하니까요. 문제는 이 대립과 갈등이 어떤 방식으로 이루어지느냐에 있습니다. 조선의 붕당 간 대립은 도덕적 수양을 통해 이상적인 사회를 만들고자 하는 학자들이 학문적 바탕 위에서 심도 있게 전개한 것이었습니다. 당시 세계 어느 지역에서도 이렇게 수준 높은 정치가 전개된 곳은 없었지요. 유럽의 경우, 중세까지만 해도 무사들의 시대였고, 그들 대부분은 글자조차 깨우치지 못한 문맹이었습니다. 17세기 이후에야 계몽사상 등의 영향으로 일반 민중의 권리에 대한 자각이 싹트기 시작했으며 근대적인 정치 이론들이 등장하게 되었지요. 중국에서는 만주족이 세운 청조가 들어선 이후 국가가 대규모 편찬사업을 지원하기도 했지만 정부를 비판하는 사상을 통제하여 도덕적 수양과 학문적 지식을 바탕으로 한 정치가 주류가 되지는 못했습니다. 일본 학자들은 조선이 당쟁 때문에 망했다고 주장했지만 조선이 붕당정치를 발전시킬 당시 일본은 에도막부가 지배하던 무사 정권이 정치를 장악하고 있었습니다. 그들에게는 도덕이나 학문이 아닌 군사력이 가장 중요한 정치적 수단이었지요. 무력으로 모든 것을 해결하던 일본 막부 체제▪는 19세기 중반까지 계속되었습니다. 이에 비해 조선의 붕당은 사대부 관료들이 학문적 차이에 근거해 갈등하고 대립한 수준 높은 토론 정치였습니다.

▪ **막부 체제**
12세기에서 19세기까지 쇼군을 중심으로 한 일본의 무사 정권을 지칭하는 말로, 메이지유신 직전까지 존속한 정치체제.

예와 올바름을 추구했던 대립

붕당정치가 실제로 어떻게 전개되었는지 살펴볼까요? 붕당의 폐해
를 보여 주는 대표적인 사례로 꼽히는 것이 바로 예송 논쟁입니다.
효종과 효종비가 죽었을 때 상복을 몇 년 입어야 하는 것을 둘러싸
고 두 번이나 벌어진 논쟁이지요. 효종이 죽자 효종의 계모인 자의
대비가 상복을 1년 입을 것인지, 3년 입을 것인지를 놓고 다투었고,
다시 효종비가 죽자 자의대비가 상복을 9개월 입을 것인지, 1년 입
을 것인지를 놓고 다툰 것입니다. 오늘날의 시각으로 보면 왜 그처
럼 사소한 일로 논쟁을 벌이고 대립했는지 공감하기가 어렵지요.
그러나 상복을 입는 예법은 조선을 지배했던 성리학 이념이 구체적
으로 표현된 법규였습니다. 사회의 질서를 유지하는 도덕규범과 마

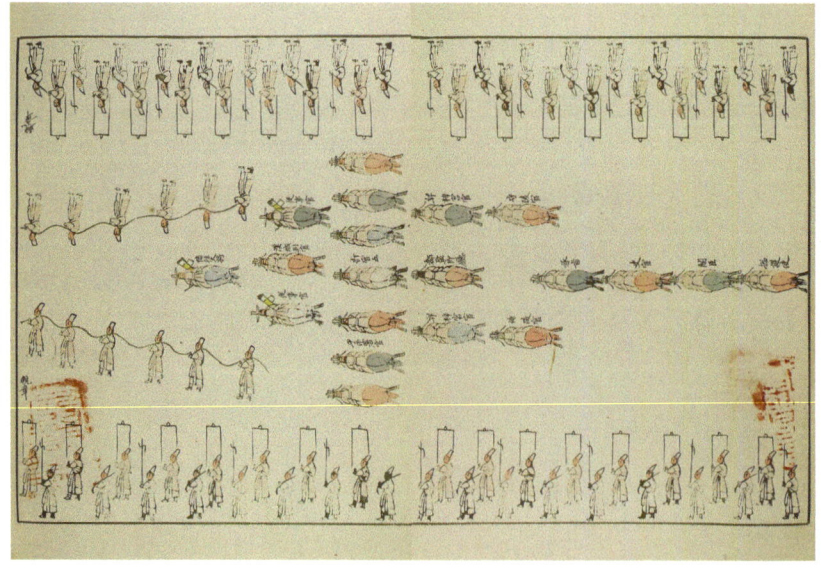
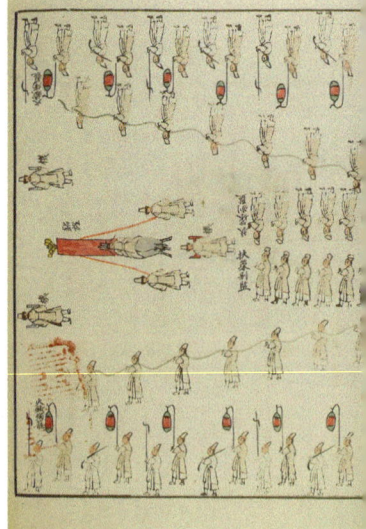

찬가지인 예법을 가장 철저히 지키고 강조해야 할 사람들이 왕실의 의례를 소홀히 한다면 다른 것들도 다 의미가 없어지는 것이기 때문에 이들은 어떤 입장이 올바른 것인지를 두고 치열하게 싸웠던 것입니다.

그런데 이들은 왜 이렇게 서로 다른 입장을 갖게 된 것일까요? 조선에서는 자신의 학문적 성격에 따라 당파가 결정되었기 때문입니다. 예를 들어 예송 논쟁을 벌인 남인과 서인 중 남인은 이황의 학파를 계승했는데, 이황의 가르침에 맞지 않는 예법을 묵과할 수 없다는 생각으로 논쟁을 벌인 것이지요. 조선의 붕당은 이처럼 학문적 이념을 현실 정치에 도입해 상대편과 대립하는 정치체제였습니다. 따라서 관직에 연연하지 않고 자신과 학문적 입장을 같이 하는 무리인 사림의 의견을 중시한다는 명분론을 가지고 있었습니다. 특

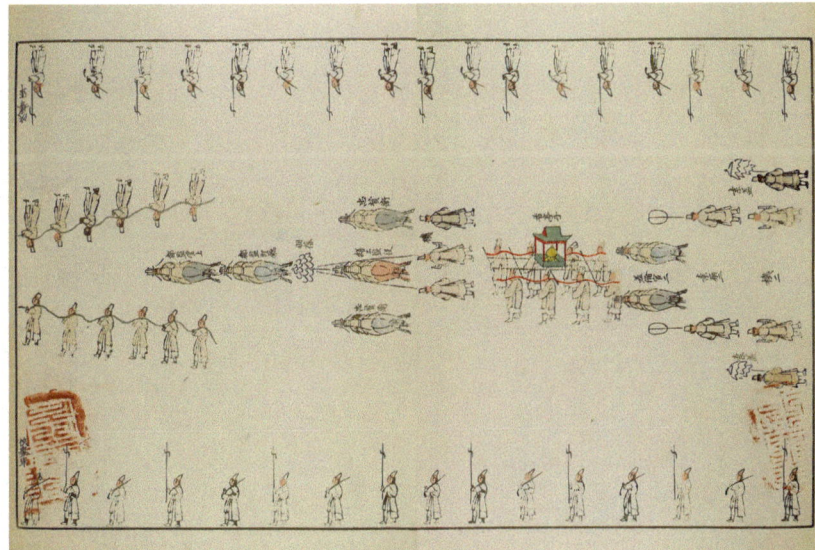

정조의 장례 과정을 기록하고 정리한 책인 『정조 국장 도감 의궤』 반차도이다

히 산림山林의 의견을 중요시했지요. 여기서 산림이란 '숲과 나무'를 말하는 것이 아닙니다. 조선 시대의 산림이란, 과거를 보지 않고 향촌에 살며 조용히 학문적 수양을 하던 유학자들을 말합니다. 조선 시대 정치에서 산림의 역할이 강조되는 것은 이들이 향촌에 거주하면서 학문에 정진하는 동시에 여론을 이끄는 중심인물이었기 때문입니다. 오늘날로 치면 고인이 된 김수환 추기경이나 법정 스님 같은 분이라고 할 수 있지요. 그분들은 아무런 관직도 권력도 없었습니다. 그러나 중요한 고비에서 그들의 말 한마디는 일반 사람들이나 현실 사회에 큰 영향을 미치곤 했지요. 산림 중 학문과 덕망이 뛰어난 이들은 국가의 부름을 받고 특별한 대우를 받기도 했습니다. 이들은 원래 학문에 정진하는 것을 삶의 목표로 삼았으나 선조 때부터 중앙 정계에 진출하기 시작했고, 정권을 잡게 되면 역시 자신들의 정치적 정당성을 산림에게서 찾았습니다. 따라서 붕당은 서로

조선의 사대부들이 즐겨 사용하던 백자. 왼쪽부터 백자 끈 무늬 병, 백자 소상팔경 무늬 연적, 백자 매화 대나무 새 무늬 항아리, 청화 백자 송죽 무늬 '홍치이년' 새김 항아리, 백자 병이다.

대립하는 상황에서도 학문적 정당성과 명분론에 입각하여 자신들의 주장을 관철시키고자 하였습니다. 물론 논쟁에서 패한 쪽은 유배를 가거나 관직을 사임해야 했지요. 그러나 상대편을 완전히 무시하는 것이 아니라 그들을 논쟁의 상대로 인정하고 전개된 대립이었던 것입니다.

견제와 균형의 정치

조선은 왕조 국가였지만 왕이 마음대로 전권을 휘둘러 정치를 하도록 하지는 않았습니다. 우선은 사간원과 사헌부라는 두 관청을 두었지요. 사간원의 주된 임무는 간언, 즉 임금의 잘못을 지적하는 것이었습니다. 사헌부는 관리들의 비리를 감찰하는 기관이었으나 실제로는 임금의 잘못을 감찰하기도 했습니다. 인사권에 영향을 미치는 제도인 '서경'이라는 제도 역시 마찬가지였습니다. 국왕이 어떤 관리를 임명하고자 할 때 이를 사헌부에 보내어 문제가 없는지 먼저 확인을 요청하는 것이 서경 제도입니다. 국왕이 특정 관리를 임명하고 싶어도 사헌부의 동의가 없으면 임명할 수 없게 한 것으로, 왕도 공의를 따라야 한다는 원칙에 충실한 제도였지요.

현종 때 일이었습니다. 왕이 자신의 어머니인 인선왕후의 오라버니, 즉 왕의 외삼촌에게 절차에 맞지 않게 높은 관직을 임명하고자 하였습니다. 그러자 사헌부 관리였던 심유가 이것에 반대하는 상소를 올렸습니다. 현종이 "신하가 임금이 무슨 일만 하면 의심을 하니, 이것은 임금을 섬기는 태도가 아니다."라고 하자, 심유는 "벼슬과 상은 국가의 공적인 것인데, 그것은 임금께서 마음대로 하는 것이 아니옵니다."라고 대답한 뒤, "제가 그것을 비판한 것은 공의公議에 따른 것입니다."라고 했지요. 그 후 심유는 관직을 내놓았으나 동료들로부터 다시 직책을 수행하라는 지지를 받고 업무에 복귀하였습니다. 이때 안숙이라는 사람이 임금 앞에서 심유를 두둔하면서 "임금께서는 신하를 상대로 이기기를 좋아해서는 안 됩니다."라고 하였습니다. 현종은 "안숙은 자신이 이기기를 좋아하면서 도리어 내가 이기기를 좋아한다고 한다."라고 질책하였지만 자신의 외숙을 마음대로 높은 자리에 올리지는 못했지요. 이처럼 공의라는 것은 관리, 특히 삼사에 있는 관리들의 의견으로, 다른 관료들은 물론 임금에게서도 상당한 독자성을 유지하여 임금조차도 마음대로 할 수 없는 것이었습니다. 그런 장치가 있었기에 왕의 잘못을 간언하였다가 파직을 당하거나 유배를 가는 일은 오히려 명예로운 일로 여겨지기도 했습니다.

붕당은 서로 다른 정치 세력으로 나뉘어 있었지만 국왕에 대하여는 같은 입장에 섰습니다. 왕의 독단적인 정책에 대해서는 한 목소리로 비판하였고 산림의 어진 인재를 등용하자는 상소를 남인과 서인이 같이 올리기도 했지요. 붕당이 생긴 이래 조선왕조의 국정은 이처럼 왕권의 독단적 집행을 막으며 공의에 의해 이루어져 왔습니다. 붕당이야말로 학문적 깊이를 바탕으로 견제와 균형의 원리 위에서 전개된 수준 높은 정치였던 것입니다.

입장 정하기

● 두 글에서 주장의 근거로 제시한 내용을 각각 요약해 봅시다.

● 다음 쟁점에 대하여 자신의 입장을 정하고 근거를 제시해 봅시다.

쟁점1 조선 시대 붕당은 수준 높은 정치 형태였다.

	그렇다	아니다
근거		

쟁점2 예송 논쟁은 결국 권력 다툼이었다.

	그렇다	아니다
근거		

쟁점3 붕당이 없었다면 조선 시대는 더 발전했을 것이다.

	그렇다	아니다
근거		

● 조선은 원래 국왕 중심의 중앙집권 체제 왕조였습니다. 그러나 조선 중기 이후 붕당이 국가 운영에 큰 영향을 끼쳤지요. 붕당 출현 이전과 이후, 조선의 정치 운영이 어떻게 달라졌고 어떤 변화가 있었는지 비교해 봅시다.

독이 든 약 한 첩, 화살 꽂힌 인형

붕당정치의 빛과 그늘

춘원 이광수가 일제에 타협하기 시작할 무렵, 그는 『민족개조론』에서 조선 민족이 당파 싸움 때문에 쇠퇴하였다고 자조하였습니다. 이처럼 침략자들이 만든 논리에 갇혀 스스로 열등감에 사로잡히는 것도 문제지만, 이를 극복하려고 붕당을 지나치게 미화할 필요도 없습니다. 붕당이 좋은가 나쁜가라는 선악의 관점을 떠나 실제 역사의 현장 속에서 붕당의 진면목을 살펴볼까요?

정적이 적어 준 처방전

붕당은 우리가 흔히 생각하듯 비열한 권모술수와 보복으로만 얼룩져 있었을까? 미수 허목과 우암 송시열은 각각 남인과 서인의 양대 우두머리로, 정치적으로 적대적인 관계에 있던 사이였다. 이들에 관한 다음과 같은 일화가 있다. 어느 날 송시열의 아랫배가 부어 오르면서 열기가 온몸으로 퍼졌다. 증세는 위독한데 용하다는 의원도 처방을 제대로 하지 못하였다. 그러자 송시열은 당시 약에 관해 일가견이 있는 것으로 알려져 있던 허목에게 자신의 증세를 말하고 약을 처방하여 줄 것을 정중히 부탁하였다. 얼마 후 송시열은 허목이 신중히 적어 내린 처방전을 받아 보았다.

그런데 그 처방전에 비상이 들어 있었다. 비상이라니 극약이 아닌가? 그러나 송시열은 그 처방전을 보고 담담하게 그대로 약을 만들라 일렀다. 그의 가족이나 제자들은 극구 만류하였다. 정적이 만들어 준 처방전이니 무슨 음모가 있을지도 모를 일이었다. 게다가 쇠약해진 송시열의 몸에 비상이 치명적일 수 있다고 생각했기 때문이다. 그럼에도 송시열은 아랑곳하지 않고 빨리 약을 지어 올리라고 하였다. 도리 없이 가족은 처방전대로 약을 지어 올렸다. 송시열은 그 약을 먹자마자 바로 혼수상태로 빠져들었다. 주변 사람들의 속이 바짝바짝 타들어 가는 가운데 송시열은 이틀이 지나도록 깨어나지 못했다. 가족들과 제자들은 장례를 준비하면서 허목에게 복수할 것을 다짐하였다.

그런데 이게 웬일인가? 이틀이 지나자 송시열은 의식을 회복하더니 얼마 지나지 않아 자리를 털고 일어났다. 송시열은 허목에게 정중히 감사의 인사를 올렸다.

악인의 누명을 쓴 사람들

"사려 깊고 이해심 많고 모든 것을 용서하는 선녀 같은 왕후. 질투심에 가득 차 왕후를 시기하는 후궁. 독기에 찬 눈을 하고 온갖 거짓말과 음모로 왕후를 곤란에 빠뜨린다. 왕후를 상징하는 인형을 만들어 그 인형에 바늘을 꽂고 화살을 쏜다. 대궐 안에 신당을 차려 놓고 귀신에게 새 옷을 바치며 왕후가 죽기를 빈다."

누구일까? 바로 인현왕후와 장희빈이다. 섬뜩하면서도 흥미진진한 이야기라 소설과 영화, TV 드라마로 만들어진 횟수를 헤아릴 수 없을 정도이다. 그런데 오늘날 남아 있는 인현왕후와 장희빈에 대한 기록은 전부 인현왕후를 지지했던 서인들이 쓴 것이라는 사실을 알고 있는가? 장희빈을 지지했던 남인이 쓴 기록은 아무것도 남아 있지 않다. 그렇다면 서인들이 인현왕후를 어질고 착한 왕비로, 장희빈을 마음씨 나쁜 후궁으로 묘사한 것은 어쩌면 당연한 일이 아니었을까? 장희빈과 인현왕후가 살았던 시대는 붕당의 대립이 가장 심했던 시대로, 화해가 불가능할 정도였다.

숙종은 붕당들 사이의 대립을 이용해 정국의 변화를 꾀했고, 상대방 붕당이 권력을 잡게 되면 이전의 권력자들은 하루아침에 쫓겨나거나 사약을 받기도 했다. 이를 환국이라 하는데 숙종 대에는 이런 환국이 무려 세 번이나 일어났다. 서인이 권력을 잡느냐 남인이 권력을 잡느냐에 따라 인현왕후와 장희빈은 궁궐에서 쫓겨나기도 하고 돌아오기도 했다. 결국 장희빈이 사약을 받았지만 붕당의 대립과 이를 이용해 왕권을 세우려는 숙종 때문에 두 여인 모두 파란만장한 삶을 살아야 했다. 어질고 착한 왕비와 요사스러운 후궁은 이렇게 만들어진 이미지였다.

8 개화와 척사

그래,

개화로 나라를

부강하게 만들어야 했어

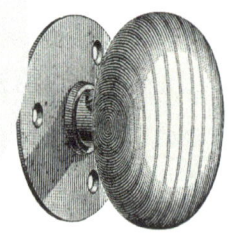

아니야,

섣부른 개화는

혼란만 가져왔을 뿐이야

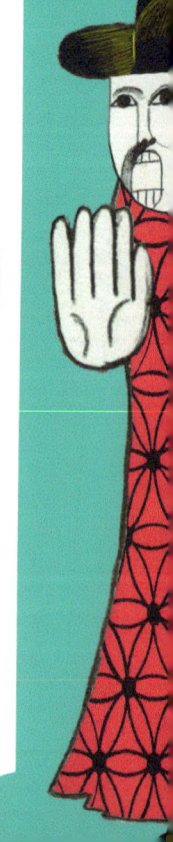

● 19세기 조선은 안팎으로 위기에 처해 있었습니다. 안으로는 부패한 정치권력으로 백성들의 고통이 하늘을 찔렀고, 견디다 못한 백성들이 1862년 진주 농민 봉기를 시작으로 70여 개 군현에서 농민 봉기를 일으키는 등 거세게 저항했습니다. 밖으로는 세계사의 질서가 급변함에 따라 개항을 하라는 요구가 몰아닥쳤지요. 서양 세력의 접근으로 조선의 인접국들은 각기 새로운 변화에 맞닥뜨렸습니다. 청나라와 일본은 서양 세력과 접한 이후 각각 양무운동과 메이지유신을 통한 근대화를 추진했습니다. 조선의 입장에서 최선의 선택은 무엇이었을까요? 전통을 고수하고 국권을 굳게 지켜 서양 세력과의 만남을 끝까지 거부했어야 한다는 입장과 좀 더 일찍 문호를 개방하지 못한 것을 후회하며 적극적인 개화 정책을 추진했어야 한다는 입장이 있을 수 있겠지요. 실제로 그 당시에도 서양 오랑캐의 힘과 논리에 굴복하지 말고 국권을 지키자는 이들과 개화를 통해 부국강병한 나라를 만들자는 이들이 팽팽하게 대립했습니다. 그런데 개화 정책을 추진하였음에도 불구하고 만족스런 결과를 가져오지 못하게 된 원인은 어디에 있을까요? 밖으로부터의 외압이 거셌기 때문일까요, 안에서 좀 더 단합된 모습을 보이지 못했기 때문일까요? 분명한 점은 역사의 소용돌이 속에서 이 두 세력 모두가 새로운 나라를 꿈꾸었다는 사실이겠지요.

● 개화가 싹트는 사랑방을 상상하다

수백 년 묵은 소나무가 우람하게 뜰 앞에 자리 잡은 서울 재동의 한 사랑방. 저녁이 되면 서울 양반촌에 사는 유명한 집안의 젊은이들이 하나둘씩 모여들어 중국이나 일본을 다녀온 사람들에게 얻어들은 새로운 소식을 나누고 어렵사리 구한 책을 돌려 읽었다. 방 한쪽에는 지구본이 있었다.

"하늘에서 보면 모두가 똑같은 나라이네. 이리 돌리면 이 나라가 중심이 되고 저리 돌리면 저 나라가 중심이 되니 어떤 나라도 가운데로 오면 세계의 중심이 되는 것 아닌가?"

"동방예의지국이라는 것은 옛날 중국 사람들이 거만한 태도로 우리나라를 귀엽게 보아 다른 오랑캐보다 조금 낫게 여긴 말이지, 결코 자랑스러운 말이 아니야."

"오랑캐니 중화니 하는 것을 따질 것이 아니라 새로운 기술을 익혀 나라를 일으켜야 해."

"우선 사람들의 생활에서 미신부터 몰아내야 하네. 전염병은 귀신의 장난이 아니라 병균이 옮기는 거라는 걸 알리는 것처럼 말이야."

"하지만 예부터 내려온 우리의 전통과 도덕까지 내쳐서는 안 된다네."

● 처음 듣는 서양의 소리에 놀라면 야만인인가?

1847년 프랑스 군함 두 척이 전라도 앞바다에서 암초에 걸렸다. 마을 사람들과 관리들은 배에서 대포와 총을 건져 이를 창고로 옮겼다. 그런데 창고 안에서 똑딱똑딱 하는 이상한 소리가 들렸다. 이미 1631년 인조 9년, 명나라에 사신으로 갔던 정두원이 자명종을 갖고 들어왔지만 섬마을 사람들이 그걸 알 리 없으니 괴이할 따름이었다. 소리가 일주일간이나 멈추지 않자 마을 사람들은 회의를 열

서세동점西勢東漸, 바로 서양 열강들이 아시아를 점령해 나가던 19세기의 세계를 가리키는 말입니다. 이 무렵의 우리 역사라고 하면 지배층의 부패와 무능에 민란이 끊이질 않고 밀려들어 오는 외세에 우왕좌왕하던 조선이 떠오르나요? 하지만 이런 풍경은 일제 식민 사관이 우리에게 남긴 낡은 선입견에 불과합니다. 비록 좌절을 겪기는 했지만 당시 조선인들은 자주적 근대화의 길을 찾고자 최선을 다했습니다. 그 흔적이 남아 있는 19세기 풍경 속으로 들어가 볼까요?

었고 무당을 불러 굿을 했다. 굿이 끝나자 우연의 일치로 시계가 멈추었다. 1854년 러시아 군함 팔라다 호가 조선 탐사에 나섰다. 안개가 짙은 어느 날 조선인들이 배에 올랐다. 마침 선실에서 피아노 연주가 시작되었고, 조선인들은 처음 듣는 소리에 깜짝 놀랐다. 러시아 군인 곤잘로프는 "조선인이 피아노 소리에 놀라 객실 마룻바닥에 나자빠졌다."라는 기록을 항해기에 남겼다.

● 영국의 뒷골목을 보니 정녕 너희가 서양 오랑캐구나

19세기 산업혁명으로 눈부시게 성장한 영국 번화가를 조금만 지나면 작고 더러운 집이 다닥다닥 붙은 빈민가가 나타났다. 공장에서 피어오른 매연, 템스 강을 가득 메운 쓰레기, 악취가 코를 찔러 숨쉬기도 어려웠다. 공장과 탄광은 여자와 아이들을 아주 좋아했다. 임금도 싸고 부려 먹기도 편했으니까. 다섯 살이 되면 대부분 공장에 다녔다. 심지어 세 살짜리도 있었다. 이들은 먼지와 유독가스가 가득 찬 공장에 새벽 3시에 나가 밤 10시까지 일했다. 아침 식사 15분, 점심 식사 30분, 차 마시는 15분 이렇게 1시간이 쉬는 시간의 전부였고, 5분 지각하면 임금의 4분의 1을 깎았다. 몸집이 작은 아이들은 굴뚝을 드나들기 편하다는 이유로 굴뚝 청소부로 일했다. 피곤에 지쳐 굴뚝 안에서 깜박 잠든 아이들이 연기에 질식하거나 불에 타 죽는 일이 셀 수 없을 정도였다. 서양 열강은 조선을 문명화되지 못한 나라라고 무시했지만, 이들의 모습이 조선보다 더 야만스러웠다. 이들이야말로 예와 도덕을 모르는 오랑캐가 아닌가?

그래,
개화로 나라를
부강하게 만들어야 했어

개화사상이 싹트다

17세기 후반 조선 사회에서는 개혁적인 사상가들이 나타났습니다. 이들은 두 차례의 전쟁을 겪은 뒤 민생과 사회문제를 실질적으로 해결하기 위한 방책을 연구했지요. 자영농을 토대로 제도를 정비하려 한 중농파 실학자에 이어 18세기 중반 무렵에는 북학파 실학자들이 나타났습니다. 이들은 청과 적극적으로 교류하고 상공업을 발전시켜야 한다고 주장하였지요. 청나라를 정벌해야 할 대상이 아니라 배워야 할 대상으로 보았던 태도나 근검절약만이 미덕이 아니라 기술 발전을 위해서 소비도 어느 정도는 해야 한다는 주장은 당시로는 획기적인 것이었지요. 이들의 주장은 조선의 현실 정치에서 받아들여지진 않았지만 사라진 것은 아니었습니다. 19세기에 개화를 주장한 사람들은 바로 이들을 계승했기 때문입니다. 그 중심인물이 바로 오경석*, 유흥기*, 박규수*입니다.

개화란 문호를 개방하여 새로운 사상, 문물, 제도를 받아들이는 것을 말합니다. 오경석은 역관으로 여러 차례 북경을 오가면서 세계정세의 변화를 새롭게 인식하고 있었습니다. 그는 세계의 지리 및 다양한 정보가 담긴 『해국도지』, 『영환지략』과 같은 책을 여러 권 구입하여 공부함으로써 서양 세력 및 세계정세에 대해 알아 갔습니다. 유흥기는 본래 역관의 집에서 태어났으나 한의사 생활을 한 중인이었지요. 그는 오경석을 통해 세계정세가 담긴 서적을 전해 받았고 박규수와 더불어 개화사상을 공부하고 전파하는 데 힘을 모았습니다. 유흥기는 김옥균*을 만났을 때 단박에 그가 비범한 청년임을 깨닫고 오경석에게 얻은 여러 서적들을 김옥균에게 주어 읽게 하고 천하의 대세를 열심히 설명하였다고 합니다.

오경석과 유흥기가 중인 신분이었다면 박규수는 북학파의 거두 연암 박지원의 손자로, 개화사상의 전파에 아주 열심이었습니다. 그렇게 된 데에는 1860년대에서 1870년대에 이르기까지 박규수의 활동과 깊은 연관이 있지요. 당시 영국과 프랑스는 중국을 여러 차례 침략하였고 우리나라 해안에도 자주 출몰하고 있었기에, 우리나라 조정도 이를 걱정해 중국에 사람을 보내 실상을 알아보기로 했습니다. 박규수는 1861년 열하 부사로 청나라를 방문하여 영국과 프랑스 연합군에 의해 북경이 점령당하고 국제 정세가 바뀌는 과정을 눈앞에서 지켜볼 수 있었습니다. 게다가 1862년에는 진주 농민 봉기를 수습하는 책임을 맡은 안핵사로 파견되어 백성들의 삶이 어

1669년 송이영이 전통 시계에 서양식 시계의 원리를 도입해 만든 혼천 시계이다.

■ 오경석 吳慶錫
1831~1879, 조선 후기의 역관, 서화가. 청나라에 왕래하며 신학문에 눈을 뜬 개화파.

■ 유흥기 劉鴻基
1831~?, 조선 후기의 개화 사상가, 호는 대치. 오경석과 함께 개화파를 양성함.

■ 박규수 朴珪壽
1807~1876, 조선 후기의 문신, 개화사상가, 호는 환재. 개화파의 핵심 인물로 개항을 주장하였다.

■ 김옥균 金玉均
1851~1894, 조선 후기의 정치가. 급진적인 개화를 주장하며 갑신정변을 주도하다 실패함.

■ 양무운동
19세기 후반에 중국 청나
라에서 일어난 근대화 운
동으로 서양의 문물을 수
용해 부국강병을 이루려
했던 사회운동.

■ 김홍집 金弘集
1842~1896, 조선 말기의
문신, 정치가. 청일전쟁 후
갑오개혁을 단행함.

■ 홍영식 洪英植
1855~1884, 조선 말기의
문신. 개화당의 중심인물
로 갑신정변을 주도함.

■ 박영효 朴泳孝
1861~1939, 조선 말기 정치
가. 개화파 인물들과 교류
하며 갑신정변을 주도함.

떠한지를 확인할 수 있었지요. 평안 감사로 있는 동안에는 1866년 제너럴셔먼호 사건을 겪었습니다. 1872년 다시 중국을 방문하면서 양무운동▪의 진행 상황을 살펴보고 온 후로는 더욱 강하게 개화를 주장하게 되었습니다.

뒷날 개화 정책을 추진한 주역들이었던 김홍집▪, 김옥균, 홍영식▪, 박영효▪ 등은 박규수의 사랑방에 자주 모여서 새로운 사상을 공부하며 개화사상을 다듬어 나갔습니다. 그의 사랑방에서 있었던 유명한 일화입니다. 박규수는 지구의를 돌리면서 이렇게 말했습니다. "오늘날 중국이 어디 있는가? 저쪽으로 돌리면 아메리카가 중국이 되고 이쪽으로 돌리면 조선이 중국이 된다. 오늘날 어디에 정해진 중국이 있단 말인가?" 이 한마디가 중국이 세계의 중심이라고 믿었던 젊은 양반층 자제들의 생각을 단번에 깨뜨려 버렸습니다.

피할 수 없는 세계사의 물결

조선 말기 실학자인 최한기가
만들었다고 전해지는 천구의이다.

박규수가 넓은 세상에 눈을 돌린 후 개화를 확신하였듯이 개화는 피할 수 없는 세계사의 물결이었으며 조선의 미래를 위해 꼭 필요한 것이었습니다. 그러나 조선에서는 흥선대원군▪이 나라의 문을 꼭 닫아걸고 개항을 거부하고 있었습니다. 1873년 최익현은 고종에게 대원군의 정책을 정면으로 비판하는 상소를 올렸습니다. 최익현은 서원 철폐나 경복궁 중건 문제, 당백전 문제 등 대원군의 정책에 반발한 것이지요. 대원군의 국정 운영에 대한 반발은 최익현 같은 선비뿐만 아니라 박규수 등 중앙의 고위 관료들 사이에서도 나타났습니다. 이를 계기로 고종은 흥선대원군의 입궐을 허락하지 않고 친히 정사를 맡아보기 시작했습니다.

조선에서 대원군이 물러났다는 소식은 곧 일본에도 전해졌습니다. 일본은 이미 대원군이 통치하던 시절인 1868년 메이지유신▪을 단행하여 도쿠가와막부 체제를 무너뜨리고 천황 중심의 정치체제를 세웠습니다. 일본의 막부 체제하에서 정치권력을 쥐고 있던 최고 지배자는 쇼군으로, 조선의 국왕과 쇼군은 대등한 지위에서 외교교섭을 진행해 왔습니다. 그런데 메이지유신 이후 일본의 새 정부가 외교문서를 보내왔고 조선에서는 이 문서가 전통적 외교 형식에 어긋나기에 받아들일 수 없다는 입장을 고수하고 있었습니다. 이 문제로 두 나라는 심각한 외교적 갈등을 빚게 되었고 일본은 무력을 동원하여 강제로 조선의 문호를 열기로 결심합니다.

1875년 일본 군함 운요호는 강화도로 접근하여 무력시위를 감행하였습니다. 정체불명의 이양선異樣船인 운요호가 접근하여 허락도 없이 상륙을 시도하자 초지진 포대에서는 대포를 쏘았습니다. 그러자 운요호는 초지진을 공격하고 상륙하여 관아와 민가에 불을 지르고 사람을 죽이고 포대에 있는 대포와 총포까지 약탈하여 갔습니다. 사건이 터지자 일본은 식수를 얻으려 했을 뿐인데 조선이 먼저 공격을 했다고 생떼를 썼습니다. 하지만 분쟁의 불씨를 만들기 위한 의도적 접근이었음은 누가 보아도 분명했습니다. 사건을 논의하기 위해 강화도에 온 육군 중장 구로다가 군함 여러 척과 군사 4백 명을 이끌고 온 것이 이를 잘 말해 줍니다. 무력시위를 벌여 위협을 하고 회담이 잘 안되면 전쟁을 해서라도 개항을 시키겠다는 의도를 드러내 놓고 보인 것이지요.

▪ **메이지유신 明治維新**
1853~1877년 사이 벌어진 일본의 정치 변혁. 일본이 정치적, 경제적 근대화를 추진할 수 있는 계기가 되었다.

강화도조약이 체결될 당시 강화도 지방관청인 강화부의 정문이다.

　침략 의도가 분명한 일본 측의 무례한 요구에도 불구하고 박규수 등 개화론자들은 개항을 주장했습니다. 저들의 의도야 분명했지만 겉으로는 통상 수호를 주장하고 있으니 무조건 거부하기도 어려웠습니다. 거부를 하면 전쟁을 각오해야 했으니까요. 전쟁을 한다면 일본의 침략을 막을 수 있었을지는 몰라도 똑같은 상황이 계속해서 재연되었을 것입니다.

　만약 우리가 모든 방법을 동원해 부국강병을 이루었다면 일본이 조선을 군사적으로 위협하는 상황이 전개되었을까요? 안타깝게도 그럴 수 없는 상황이었기에 굴욕적이기는 하지만 문호를 개방하고 신문물을 받아들여 국력을 기를 절호의 기회로 삼으려 했던 것입니다. 지금 개항을 하지 않으면 나중에 더 큰 화를 당할 수도 있으니까요. 이미 서양에 문호를 개방한 청나라나 일본의 경우에도 강제로 문호를 개방했지만, 그 뒤 개화 정책을 추진하여 부국강병한 나라를 향한 발걸음을 시작하고 있었습니다. 이런 모습을 볼 때 조선도 서둘러 개화를 추진해야 했지요.

고종은 개화론자들의 편을 들어주었습니다. 우리나라와 일본이 300년 동안 통신사를 교환하고 왜관을 설치하며 무역을 하여왔는데, 갈등이 있더라도 우호 관계를 존속하려 한다면 통상을 굳이 거절할 필요가 없다는 것이었습니다. 결국 조선 측 대표 신헌과 일본 측 대표 구로다는 1876년 조일수호조규, 즉 강화도조약을 체결하였습니다.

강화도조약은 조선이 최초로 외국과 맺은 근대적 성격의 조약이었습니다. 이 조약을 신호탄으로 조선은 외국에 항구를 개항하고 통상을 시작했습니다. 비록 치밀한 준비 없이 맺은 조약이긴 했지만 더 이상 개항을 피할 수만은 없었습니다. 외국과의 통상을 주장한 이들의 노력이 없었다면 조선의 개항은 더 늦춰졌을 것이고 선진 문물을 받아들이는 시기도 더 늦춰졌을 것입니다. 개항 후 청나라와 일본의 변화된 모습이 점점 더 많이 알려지면서 개화와 통상을 주장하는 사람들의 목소리도 점점 더 힘을 얻어 갔습니다.

부국강병의 꿈을 이루어 줄 개화

강화도조약을 체결한 후 조선 정부는 개화에 반대하는 여론에도 불구하고 개화 정책을 실시할 것을 표방하였습니다. 개화 정책의 모델이 된 두 나라는 청나라와 일본이었지요. 개화론자들은 청나라와 일본의 근대화 과정을 거울삼아 나라가 부강해져야만 자주독립을 유지할 수 있다는 사실을 잘 알고 있었습니다. 고종은 1880년에는 통

조미수호통상조약 체결 이듬해인 1883년 미국에 파견된 최초의 해외 사절단.
앞줄 왼쪽부터 통역관 로우엘, 홍영식, 민영익, 서광범.

리기무아문을 설치하여 부국강병을 위한 기구로 삼았습니다. 청나라의 제도를 모델로 한 통리기무아문은 의정부와 6조 중심의 기존 정부 기구와는 별도로 설치되었고, 그 밑에 12개의 부서를 두어 각종 대외 업무 및 군사, 경제 업무 등을 맡아보도록 하였습니다. 또한 조선 정부는 각국의 근대화 정책을 시찰하기 위해 1881년 일본에 조사시찰단을, 청나라에는 영선사를 파견하였지요. 조사시찰단과 영선사에는 유능한 관료들이 참여하였습니다. 이들은 업무를 분담하여 자신이 맡은 분야에 대해 정밀하게 시찰한 뒤 각각 보고서를 작성하여 제출하였고, 이들의 보고서를 참고로 개화 정책을 수립했습니다.

그해 5월, 정부는 일본 군대를 모델로 별기군을 창설하였습니다. 별기군은 신체가 강건한 무관 80명을 선발하여 구성했고 일본에서 들여온 최신식 소총으로 무장했는데, 이들의 지휘는 일본 공사관 소속 공병 소위 호리모토 레이조가 맡았습니다. 별기군은 조선 최초의 신식 군대였던 것이지요. 조선 정부는 별기군을 시작으로 새로운 군사 제도를 보급, 발전시키고자 한 것입니다.

개화를 향한 노력을 계속하면서 조선 정부는 전통 질서를 지키면서 서구의 과학기술을 받아들이고자 하였습니다. 이러한 입장을 동도서기론이라고 하는데, 1881년 곽기락[■]의 상소로 공식화되었습니다. 그는 우리에게 이익이 된다면 기계의 사용법이나 농업, 임업에 관한 책을 받아들이고 서양 사람이 싫다고 하여 서양의 좋은 법제까지도 배척할 필요는 없다고 주장하였습니다. 부국강병을 위하여 무조건 서양의 문화와 도덕까지 도입하자는 것이 아니라 이는 배제하되 기술은 적극적으로 받아들이자는 주장이지요. 이처럼 조선은 지킬 것은 지키면서 개화를 하려고 했던 것입니다.

그사이 조선은 다른 외국에도 문호를 개방했습니다. 미국의 요청을 받은 청나라 정부는 조선에 미국과 수교할 것을 권유하였고 조선은 이 요구를 받아들여 1882년 미국과 조미수호통상조약을 체결합니다. 미국과의 조약은 치외법권[■] 설정, 최혜국대우[■] 등 불평등한 요소가 포함되었지만 조선에 유리한 부분도 있었습니다. 식량난이 발생할 경우 쌀 수출을 금지할 수 있도록 하였고, 강화도조약을 맺을 때엔 없었던 관세 조항도 포함시켰습니다. 전근대적 관계에서는 통상조약 체결 시 굳이 관세 조항을 넣지 않아도 관습적으로 관세를 걷을 수 있었습니다. 강화도조약 후에도 관세를 걷으려 하였으나 조약에 없다는 이유로 이를 거부하는 일본과 무력 충돌까지 벌어지고

■ **곽기락郭基洛**
1825~?, 조선 말기의 문신. 『조선책략』과 관련해 고종에게 상소를 올려 위정척사는 당연하지만 국익을 위해 서양의 기술과 법도 도입하자는 동도서기 사상을 주장했다.

■ **치외법권治外法權**
외국인이 자신이 거주하고 있는 국가의 법을 면제받는 권리. 특히 재판권에 복종하지 않아도 될 권리.

■ **최혜국대우**
통상·항해 조약 등에서 한 나라가 어떤 외국에 부여하고 있는 가장 유리한 대우를 상대국에도 부여하는 일.

신식 군대인 별기군 군인의 모습이다.

말았습니다. 관세 조항의 중요성을 깨달은 조선 정부는 이후 미국과 조약을 체결할 때 관세 조항을 포함시켰고 이를 근거로 일본과 다시 교섭하여 관세 조항을 포함시킨 통상장정을 체결할 수 있었습니다. 이처럼 조선은 한걸음 한걸음 개화를 향해 나아갔습니다.

그러나 1882년 6월, 새 정책을 추진하느라 대우가 소홀했던 구식 군인들과 개화 정책으로 피해를 본 도시 하층민이 궁궐과 일본 공사관을 점령하는 임오군란이 일어나자 조선의 개화 정책은 잠시 중단되었습니다. 이를 계기로 다시 조정으로 돌아온 흥선대원군이 고종이 추진하던 신문물의 도입을 막았기 때문입니다. 이때 고종은 청나라 정부에 도움을 요청해 임오군란을 진압했고, 그 결과 조선은 청나라의 내정간섭 아래 놓이게 되었습니다. 그후 격렬한 개화 정책 반대 운동이 일어났지만 조선은 개화 정책을 계속 추진했습니다. 고종은 그해 7월 교서를 통해 서양의 종교는 배척하지만 그들의 농상, 의약, 병기, 배와 수레 등의 제조 기술을 배워 부국강병을 이루겠다고 발표합니다. 또한 척화비를 제거하여 개화 정책 추진 의지를 강력히 나타냈지요. 고종은 개화파 세력을 비롯 청나라에 우호적인 세력과 명성황후 민씨 일가와 함께 개화 정책을 추진했습니다. 임오군란으로 폐지된 통리기무아문을 개선하여 자원을 채굴하는 광산에 관한 사무를 관장하는 광무국, 누에고치를 생산하고 상품을 개발해 농업기술을 진흥시킬 잠상공사, 농업과 임업, 목축업을 관장할 농상국을 설치하는 등 경제개발을 목표로 제도를 정비하였습니다. 다른 나라와의 외교교섭 문제를 다루는 기구도 따로 설치하였고요. 조

우정국에서 발행된 개화기 우표들이다.

선 정부는 군제의 정비도 서둘렀습니다. 청
나라의 군사 제도를 모방한 신건친군을 창설
하였고, 박영효와 윤웅렬에게 일본식 신식
군대를 양성하도록 하였습니다. 일본 사관학
교에서 공부한 유학생들도 이 훈련에 참여
하였지요. 1883년에는 김윤식의 건의로 최
초의 서양식 병기 공장인 기기창을 설립하
여 신식 무기를 만들어 내기 시작하였습니
다. 또 같은 해에 박문국을 설치하고 우리나
라 최초의 신문인 〈한성순보〉를 발간하였을
뿐만 아니라 의복제도도 개편하였습니다. 아
울러 유럽 각국과 조약을 체결하여 1883년
엔 영국과 독일, 1884년에는 러시아 및 이탈

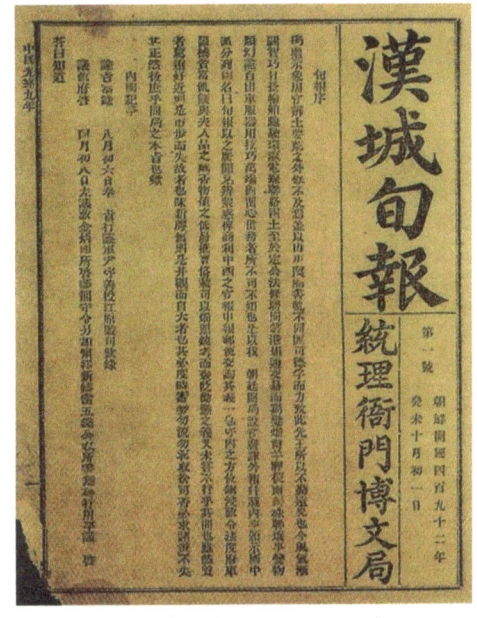

조선 최초의 근대적 신문인 〈한성순보〉이다.

리아와도 수호조약을 체결하였습니다. 이와 함께 여러 사신들을 일
본과 미국에 파견하여 정보를 모으고 개혁 정책을 구상하였지요. 조
선은 더 이상 우물 안의 개구리가 아니었습니다. 개화 정책의 중단
은 이 모든 것을 포기하는 것을 의미했습니다. 개화란 다름 아닌 우
리보다 더 발달된 문물을 받아들여 부강한 나라를 만들려는 움직임
이었습니다. 만약 조선이 조금 더 일찍 새로운 문물을 받아들였다
면 우리 스스로의 힘으로 근대화를 이루고 부국강병의 꿈을 이룰 수
있지 않았을까요? 척사파의 반대로 어쩌면 근대화의 기회를 놓쳤던
것은 아닐까요? 조금 늦었더라도 개화운동이 활발히 추진되던 이
시기에 무작정 개화에 반대하지 않고 다 같이 힘을 모아 적극적으로
개화를 추진했더라면 조선의 운명은 달라졌을 것입니다.

아니야,
섣부른 개화는
혼란만 가져왔을 뿐이야

갈림길에서 서양에 맞서다

1860년 청나라에서 돌아온 사신은 영국과 프랑스 연합군에 의해 청나라 수도인 베이징이 함락되었다는 엄청난 소식을 전해 왔습니다. 청나라 황제의 별장인 원명원이 불타고 황제는 북쪽의 열하로 피신했다는 소식을요. 이 소식은 사람들의 입을 통해서 금방 온 도성 안으로 퍼져 나갔습니다. 앞으로 큰 난리가 날 거라는 소문이 떠돌았고, 성 밖으로 피신하려는 사람들도 적지 않았습니다. 당시 조선의 해안에는 서양 선박들이 자주 출몰하고 있었습니다. 조선 사람들은 이 배의 모양이 낯설고 이상하다고 하여 이양선이라 불렀지요. 이들은 식량과 물이 떨어져서 가끔 상륙하기도 하였지만, 주로 조선 주변의 수로를 측량하고 해안선을 탐사했습니다. 이미 18세기 후반 영국에서 시작된 산업혁명이 유럽과 미국으로 확산되어 먼저 산업화를 시작한 나라들은 원료를 공급해 주고 상품을 팔 수 있는 시장, 즉 식민지를 찾아 나서기 시작했습니다. 제국주의 시대가 시작된 것이지요. 청나라는 이미 1842년 아편전쟁에 패해 난징조약으로 영국에 문호를 개방했고, 앞서 말한 영국과 프랑스 연합군의 공격으로 톈진조약과 베이징조약을 맺으며 강대국들의 손에 휘둘리고 있었습니다. 이들 제국주의 열강이 중국을 중심으로 균형을 이루고 있던 동아시아의 질서를 깨뜨리기 시작한 것입니다. 이들은 조선에도 통상 요구를 했지만 조선 정부는 이를 단호히 거부했습니다. 그러자 이들은 무력을 사용하기 시작했습니다.

1866년 프랑스 군대가 강화도를 공격했습니다. 당시 천주교를 금지하고 있던 조선이 자국의 선교사를 처형한 사건에 항의한다는 이유였지만 이는 개항을 강요하기 위한 구실에 불과했습니다. 먼저 들어가 있던 선교사들이 원주민과 마찰을 빚으면 이를 빌미로 군함을 끌고 와 통상을 요구하는 함포 외교는 당시 열강들이 흔히 쓰던 수법이었지요. 조선은 순순히 당하고만 있지 않았습니다. 강화도는 한성으로 통하는 중요한 요충지였지요. 서구 열강의 침입에 대비해 대원군은 강화도 일대 진지를 보강하고 군대를 정비하고 있었습니다. 처음 월등한 무기로 프랑스군이 강화 읍성을 함락시켰지만 조선 정부는 군대를 보내 이들과 맞섰습니다. 양헌수 부대는 치열한

1853년 1월 부산을 항해한, 조선해협에 들어온 최초의 미국 포경선이다.

전투 끝에 프랑스군을 정족산성에서 물리쳤습니다. 놀란 프랑스군은 황급히 강화도에서 철수하였습니다.

이 무렵 미국 상선 제너럴셔먼호가 통상을 요구하면서 대동강을 거슬러 올라왔습니다. 계속된 거부에도 불구하고 제너럴셔먼호는 물러가지 않았고 행패까지 부렸습니다. 평안 군민들은 이에 분노하였고, 당시 평안 감사로 있던 박규수는 배를 불태울 것을 명령했지요. 미국은 조선이 통상에 응하지 않자 1868년 독일 상인 오페르트를 내세워 다시 한 번 통상을 요구하였습니다. 그 과정에서 오페르트는 대원군의 아버지인 남연군의 무덤을 도굴할 계획을 세웠습니다. 남연군의 유해를 미끼로 하면 대원군이 통상 요구를 들어줄 것이라 생각한 거죠. 하지만 도굴은 실패로 끝났고 서양 열강에 대한 조선인들의 여론은 더욱 나빠졌습니다. 그 후 3년 뒤인 1871년, 결국 로저스 제독이 이끄는 미국 함대가 강화도에 쳐들어와 제너럴셔먼호의 일을 핑계로 개항을 요구했습니다. 조선은 병인양요 때와 마찬가지로 이들에 맞서 결사 항전을 했습니다. 어재연을 비롯한 300여 명은 마지막 한 사람까지 싸우다 죽음을 맞이했습니다. 결국 미국 함대는 조선 정부의 통상 거부 의지가 확고함을 알고 물러갔습니다. 희생은 컸지만 청나라를 무릎 꿇게 한 서양 세력들을 스스로 몰아낸 경험은 조선에 큰 자신감을 가져다 주었지요.

문을 열자고? 아직 일러!

당시 조선의 실질적인 지배자였던 흥선대원군은 서양 오랑캐와의 통상 수교를 거부한다는 원칙을 강력하게 지켰습니다. 프랑스와 미국의 침략을 막아 낸 뒤 대원군은 전국 곳곳에 척화비를 세워 통상

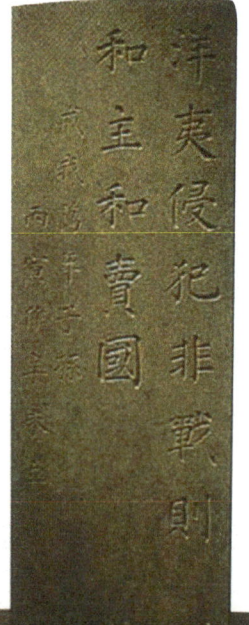

흥선대원군이 서양 열강과 통상수교를 절대로 하지 않겠다는 뜻을 밝히기 위해 세운 척화비이다.

수교 거부 의지를 강력하게 나타냈지요. 척화비의 비문에는 서양 오랑캐가 쳐들어오는데 싸우지 않는 것은 화친을 주장하는 것이고, 화친을 주장하는 것은 곧 나라를 팔아먹는 것이라 새겼습니다. 당시 이름 높은 유학자였던 이항로 역시 서양 오랑캐는 화친하지 말고 싸워서 물리쳐야 한다고 강력히 주장했고요.

　그런데 왜 대원군은 그토록 강력하게 개항을 반대했을까요? 사람들은 흔히 대원군이 변화하는 세계 질서를 냉정하게 인식하지 못한 채 낡은 제도를 고수하려다 발전만 가로막았다고 비난합니다. 그러나 당시 대원군이 무조건 서양 문물에 반대했던 것은 결코 아닙니다. 부강한 나라를 만드는 데 도움이 된다면 이를 받아들이는 것도 필요하다고 생각하고 있었지요. 그렇기 때문에 박규수에게 높은 관직을 주어 새로운 문물을 경험하게 하였던 것입니다.

흥선대원군 초상화

　당시 조선은 오랜 세도정치로 나라 안의 위기가 극에 달했던 상황이었습니다. 대원군은 어린 고종이 즉위하여 정권을 잡자 세도 정권을 무너뜨리고 백성들에게 큰 고통을 주었던 조세제도를 뜯어고쳤습니다. 당시 조선 사회의 큰 문제 중 하나는 부패한 관리들이었습니다. 박은식은 『한국통사』에서 "지방 관리들이 구리(돈) 냄새로 관리 노릇을 하지 않는 자가 없었으니 그런 까닭에 그물로 이득을 다 차지하는 것을 직업으로 삼고, 게다가 연못까지 말려 고기를 잡아가듯이 남김없이 빼앗아 갔다."라고 말한 일이 있습니다. 이처럼 부정부패가 전국에 만연했고, 특히 백성을 직접 수탈하는 지방 관료들의 부패는 극에 달해 1810년부터 1890년대까지 『조선왕조실록』의 기사에는 거의 해마다 이와 관련된 내용이 기록될 정도였지요.

　대원군은 고리대로 변해 버린 환곡을 대신하여 사창제▪를 실시하

■ 환곡과 사창제
나라에서 백성들에게 봄에 곡식을 꾸어 주고 가을에 이자를 붙여 거두던 환곡이 관리들의 부패로 많은 폐단이 생기자 이를 민간에서 자치적으로 운영하게 한 것이 사창제이다.

흥선대원군이 개혁 사업을 추진했던 자신의 저택 운현궁. 서울 종로구 운니동에 있다.

고, 경복궁을 중건하여 왕실의 권위를 세우려 하였습니다. 또 서원을 철폐하고 호포제▪를 실시하여 국가재정을 확충하고 백성들의 부담을 덜어 주려 하였지요. 대원군과 유학자들은 청나라와 일본이 서양 열강들의 힘에 밀려 어떻게 변하고 있는지 잘 알고 있었습니다. 서양의 손에 휘둘리면 지금 한창 추진하고 있는 조선의 개혁이 실패할지도 모른다는 생각이 컸지요. 때문에 서양 사상과 문물의 확산을 막고 전통 질서를 강조하며 서양 세력의 침입에 단호히 맞섰던 것입니다. 하지만 독단적인 태도와 무리한 토목공사로 대원군은 정치에서 물러나게 되었습니다.

나라를 바로 세우는 게 우선이다

대원군이 정치에서 물러난 이후 개화파의 주도로 일본과 처음 맺은

▪ 호포제
집집마다 봄, 가을에 무명이나 모시 등으로 내던 세금. 상민만 내던 군포를 양반도 내게 하여 상민의 부담을 줄여주었다.

강화도조약은 "조선국은 자주국이며 일본국과 평등한 권리를 보유한다."라는 말로 시작합니다. 얼핏 들으면 우리나라에 동등한 권리를 인정해 주는 것처럼 들리지만 속셈은 정반대였습니다. 형식적으로 청나라의 속국이었던 조선은 이를 핑계 삼아 문호 개방 요구를 거절하곤 했는데, 일본은 조선이 더 이상 청나라를 핑계 삼지 못하도록 이 내용을 조약의 맨 처음에 넣을 것을 강력히 주장한 것이지요. 강화도조약은 최초의 근대적 조약이었지만 불평등조약의 시작이었습니다. 전문 12개조로 이루어진 강화도조약의 내용은 조선에 매우 불리하였습니다. 조약 체결 후 조선은 부산·원산·인천의 3개 항구를 개항하였고 일본은 조선의 연해를 자유롭게 측량할 수 있게 되었습니다. 더구나 조선의 쌀을 일본으로 무제한 수출하는 것을 허락하고, 일본 상품에 대한 무관세 무역과 일본인에 대한 치외법권, 조선 내에서 일본 화폐의 사용권까지도 보장해 주었지요. 이러한 불평등조약의 체결로 국내 농촌과 수공업자들 및 일반 백성들이 입은 피해는 이루 말할 수가 없었습니다. 쌀 수출이 이어지면서 쌀값이 올라가자 가난한 농민들과 도시 하층민들의 삶은 더욱 궁핍해져 갔습니다.

유학자이자 관료로서 조선의 개혁에 앞장섰던 최익현▪은 이러한 개항에 반대하였습니다. 그는 개항을 해서는 안 되는 이유를 아래와 같이 다섯 가지로 들어 조목조목 반박하였지요.

첫째, 우리가 약해서 억지로 개항을 하면 저들의 어떤 요구도 다 들어줘야 한다.
둘째, 우리의 물화는 생명이 달린 것이고 유한한 것인데, 저들의 물화는 공장에서 생산되어 무한하며 사치품이다. 이를 서로 교환하면 나라가 망

▪ **최익현**崔益鉉
1833~1906. 조선 후기 지사. 호는 면암. 대원군의 잘못된 정치를 비판하다 관직을 삭탈당하고, 단발령에 반대했으며, 을사조약이 체결되자 태인에서 의병을 일으켰다. 쓰시마 섬에 유배된 후 적이 주는 음식이라 거절하며 단식하다 병을 얻어 사망함.

신미양요 때 포로로 끌려간 조선인의 모습이다.

할 것이다.

셋째, 일본은 서양과 똑같은 오랑캐로 저들을 용납하면 천주교가 확산되어 전통 윤리가 무너질 것이다.

넷째, 일본인들이 재산과 부녀자를 약탈할 것이다.

다섯째, 일본인은 탐욕스럽고 도리를 모르는 짐승과 같다. 그러므로 그들과 교류해서는 안 된다.

■ 이항로 李恒老
1792~1868, 조선 말기의 성리학자. 위정척사론자로 외세와 맞서 싸울 것을 주장함. 대원군의 실정을 비판해 배척을 받았다.

■ 기정진 奇正鎭
1798~1879, 조선 말기의 성리학자. 뛰어난 학자로 많은 문인과 제자들이 가르침을 전수받았다.

최익현을 비롯한 이항로, 기정진 등 조선의 유학자들은 위정척사를 주장하였습니다. 이들은 성리학을 중심으로 한 조선의 오랜 전통과 문화에 자부심이 있었고, 서양 세력은 예와 도덕을 모르고 힘만 앞세울 뿐인 오랑캐와 마찬가지라고 생각했습니다. 서양의 사상과 문물은 백성들의 마음을 흔들어 놓는 허황된 것이라는 주장은 시대착오적인 낡은 생각이었습니다. 하지만 서양 오랑캐를 견제해야 한다는 주장은 귀담아 들었어야 합니다. 강화도조약 체결 후의 역사를 살펴볼 때 최익현의 주장이 틀렸다고 말할 수는 없습니다. 저들의 간교한 속셈을 미리 알아차리지 못한 것은 개항을 서두른 이들의 책임이 큽니다.

서두른 개화가 가져온 결과

개화파들은 동도서기론을 주장하며 지킬 것은 지키고 서양의 기술만 받아들여 부국강병을 이루자고 말했지만 실상은 달랐습니다. 개항 후 2차 수신사로 일본에 다녀온 김홍집은 조선에 입국할 때 당시 일본에서 유행하던 『조선책략』이라는 책을 가지고 와서 고종에게 소개하였습니다. 『조선책략』은 청나라 사람 황준헌이 쓴 것으로, 러시아를 조선의 잠재적인 위협국으로 상정하고 이를 막기 위해서는 미국과 연대해야 한다는 내용을 담고 있었습니다. 조선이 미국과 수교해야 한다는 소식을 들은 유생들은 개화 정책과 수교에 반대하는 상소를 잇따라 올렸습니다. 특히 영남 지방의 유생들은 수천여 명이 함께 대대적인 상소 운동을 벌였습니다. 영남 만인소라 불리는 이 상소에서 이들은 "지금 교역을 한다는 핑계로 나라를 열면 서양 오랑캐는 반드시 조선의 틈을 보아 침략할 것이고, 결국에 조선 땅을 모두 그들에게 빼앗기게 될 것입니다."라고 말했습니다. 또 우리와 아무 문제가 없는 러시아를 적국으로 삼으면 러시아와 틈이 생길 수 있고 특히 이를 구실로 러시아가 조선으로 쳐들어올 수도 있다고 염려한 동시에 우리가 잘 알지 못하는 미국과 타인

유생 수천 명의 이름이 적힌 영남 만인소.

의 권유로 수교를 맺을 경우 저들이 공공연하게 재물을 요구할 수도 있고 어려운 부탁을 할 수도 있으므로 수교에 응하면 안 된다고 주장했지요. 이후에 결국 나라를 빼앗겼던 역사를 살펴볼 때 이들의 우려와 권고가 옳았다는 사실을 알 수 있습니다.

이런 우려와 반대에도 불구하고 조선 정부는 상소 운동을 주도한 이만손을 귀양 보내고 개화 정책에 반발했던 홍재학▪을 처형한 뒤 미국과 수교를 체결하였습니다. 조미수호통상조약의 내용은 강화도조약에 비하여 조금 나아졌다고는 하나 기본적으로 조선에 불리한 불평등조약임에는 변함이 없었습니다. 특히 미국을 다른 나라에 우선하여 최혜국으로 대우해 달라는 조약은 이후 다른 나라와 협상할 때 항상 조선에 불리하게 작용하는 요소가 되고 말았습니다. 만약 조선이 프랑스나 영국에 어떤 특권을 허용할 경우 미국은 자동적으

▪ 홍재학 洪在鶴
1848~1881, 조선 말기 유학자. 위정척사론자로 왕까지 공격하며 개혁 정책을 반대하다 능지처참을 당했다.

〈르 몽드 일뤼스트레〉에 실린 제물포(인천)의 외국인 거주지 풍경, 그림 위쪽이 이들의 거주지였던 지계로 조선인들의 거주지인 그림 아래쪽 초가집과 대조를 이루고 있다.

로 그 특권을 갖게 된다는 조항이었기 때문입니다. 서로 상호 우방이 되어 주자는 거중조정▪의 내용은 아무 쓸모없는 문장의 삽입, 그이상도 이하도 아니었지요.

정부의 개화 정책은 이를 어쩔 수 없이 지켜보아야만 했던 척사세력뿐 아니라 조선의 백성들에게도 견디기 힘든 것이었습니다. 이들의 불만은 1882년 임오군란으로 터져 나왔습니다. 임오군란은 군제 개편에서 배제된 구식 군인들이 주도한 것이지만 여기에는 도시의 수많은 하층민들도 포함되어 있었습니다. 이들은 일용직 노동자들이 대부분이었는데 도시의 쌀값이 개항 이후 매일같이 상승하자불만 세력이 된 것입니다. 구식 군인들 또한 일 년 넘게 밀린 임금을받지도 못하다가 겨우 받게 된 쌀에 모래와 겨가 뒤섞여 있는 것을보자 참고 참았던 불만이 터지게 되었던 것입니다. 개화 정책은 나라를 부강하게 한다는 명목으로 추진되었지만, 오히려 개화 정책으로 백성들의 삶이 어려워졌다면, 그것을 진정한 개화라고 말할 수있을까요? 성난 군중의 칼끝은 개화 정책을 주도한 민씨 일족과 일본 세력에게로 향했습니다. 고종은 이들의 불만을 잠재우기 위해 흥선대원군을 불러들였고 대원군은 왕비가 사망했다고 발표하는 한편통리기무아문을 없애고 5군영 체제를 부활시켜 군란 세력의 불만을잠재웠습니다. 하지만 이것도 잠시, 청나라 군대가 군란을 진압하고대원군을 청으로 압송해 버리고 말았습니다. 그 후 개화 정책이 계속 추진되었지만 이들은 자주적으로 이를 전개해 나가지 못하고 항상 외세가 개입할 수 있는 여지를 남겨 주거나 외세의 힘에 끌려다니게 되었지요.

외세를 끌어들이면서까지 꼭 개화 정책을 서둘러야 했을까요? 조선이 문을 꼭 걸어 닫고 개항을 하지 말았어야 한다는 이야기가 아

▪ 거중조정 居中調整
국제기구, 국가, 개인 따위의 제삼자가 국제분쟁을 일으킨 당사국 사이에 끼어 분쟁을 평화적으로 해결하는 일.

닙니다. 외국과 국교를 맺고 선진 문물을 수용해 부국강병을 이루자는 개화파의 주장은 맞지만, 그 방식이 옳지 않았다는 것입니다. 개화에 반대한 위정척사파들은 낡은 생각에서 벗어나지도 못했고 세계사의 흐름도 제대로 읽지 못했지만 역사와 전통을 지키려는 마음만은 굳건했습니다. 시간이 걸리더라도 차근차근 나라 안의 개혁을 진행해 이들과 백성들의 마음을 얻고, 힘을 모으는 것이 우선 아니었을까요? 외세의 압력이 심하면 심할수록 외세가 아니라 자신의 동포들에게 먼저 손을 내밀었어야 하지 않을까요? 변화의 속도가 빠를수록 중심을 잡는 것이 필요합니다. 마음만 앞선 섣부른 개화는 결국 조선을 더 큰 혼란과 고통 속으로 밀어 넣고 말았으니까요.

입장 정하기

● 두 글에서 주장의 근거로 제시한 내용을 각각 요약해 봅시다.

● 다음 쟁점에 대하여 자신의 입장을 정하고 근거를 제시해 봅시다.

쟁점1 외국의 통상 개화 요구에 맞서 싸우는 대신 개항을 좀 더 일찍 했어야 한다.

	그렇다	아니다
근거		

쟁점2 위정척사파들의 개화 반대는 나라의 발전을 후퇴시켰다.

	그렇다	아니다
근거		

쟁점3 조선 정부는 동도서기론에 입각해 개화를 추진하지 말고 입헌군주제나 공화정으로 나가는 방식으로 개화를 추진했어야 한다.

	그렇다	아니다
근거		

● 조선의 개화 정책은 임오군란으로 잠시 중단됩니다. 임오군란이 터지게 된 이유는 무엇일까요? 사람들이 개화 정책 자체를 반대했기 때문일까요, 아니면 개화 정책을 추진하는 방식에 불만이 있기 때문일까요? 두 입장의 차이는 무엇인지, 그 차이가 어떤 결과를 낳게 되었는지 조사해 봅시다.

동아시아 3국, 갈림길에 서다

조선, 중국, 일본의 개항

로마 사신이 중국 한나라 황제를 만나러 온 일을 알고 있나요? 인류의 기나긴 역사 동안 서로 다른 세계인 동양과 서양은 육로와 바닷길을 통해 서로 교류해 왔지요. 그러나 19세기, 유럽에서 시작된 새로운 자본주의 질서는 세계를 이전과는 다르게 만들기 시작했습니다. 세계는 어떻게 움직였는지, 동아시아 3국이 이러한 변화에 각각 어떻게 대응했는지 살펴볼까요?

전환기를 맞은 동아시아

17세기와 18세기, 동아시아 3국의 국력은 꾸준히 발달하여 수공업과 상업이 활기를 띠었고, 다양한 문화가 꽃을 피웠다. 당시만 해도 동아시아의 문명과 기술이 유럽보다 앞서 있었기 때문에 18세기 중반 유럽 사람들은 비단과 차, 도자기를 사느라 자신들이 신대륙에서 약탈해 온 은을 중국에 쏟아부었다. 영국에서 "중국은 은의 무덤"이라는 속담까지 생겨날 정도였다. 무역 적자를 메꾸기 위해 영국은 중국에 마약의 일종인 아편을 팔기 시작했다. 당연히 아편은 사회문제를 일으켰고 중국 정부는 아편 무역을 금지했다. 이를 이유로 영국이 벌인 아편전쟁은 세계 역사상 가장 부도덕한 전쟁 중 하나일 것이다. 더구나 영국과 서유럽 국가들은 이미 그사이 산업혁명을 거쳐 힘을 키운 뒤였다. 전쟁은 영국의 승리로 끝났고, 중국은 1842년 항구를 개방해야 했다. 미국은 1854년 일본을 개항시켰고, 일본은 그들에게 배운 대로 1876년 조선의 문호를 열었다.

흔들리는 세계

나름대로 번영을 누렸던 동아시아가 19세기 들어 이렇게까지 흔들리게 된 이유는 무엇일까? 우선 청나라와 조선, 일본 모두 안으로 어려움을 겪기 시작했기 때문이다. 상품경제가 발달하면서 빈부 격차가 심해지고, 토지 독점이 늘어 농민들의 생활이 극도로 어려워진 데다 사대부와 무사의 권위가 떨어지면서 신분 질서가 흔들렸다. 지배층의 부패도 공통점이었다. 세 나라 모두 변화를 요구하는 목소리가 커져, 청나라에서는 백련교도의 난이, 조선에서는 홍경래의 난이, 일본에서는 오시오의 난이 일어났다. 밖으로는 18세기 후반 영국에서 시작된 산업혁명으로 서양에서 자본주의가 급속히 발달했기 때문이다. 이들은 원료 공급지와 상품 판매 시장을 찾기 위해 식민지 획득에 나서기 시작했다. 제국주의 시대가 개막된 것이다. 이런 가운데 동아시아의 지식인들 중 현실을 개혁하고 서양의 변화에 관심을 갖는 사람들이 생겨났다. 바로 개화파 지식인들이다.

서로 다른 운명, 갈라진 미래

세 나라 모두 불평등조약을 맺고 나라의 문을 열었으나 얼마 후 이들의 운명은 엄청나게 달라졌다. 자본주의 국가가 아닌 나라가 자본주의로 갈 수 있는 방법은 무엇일까? 나라 안의 상품경제가 발달하다가 자본주의 세계와 접촉하며 서서히 자본주의 국가로 성장하면 더할 나위 없이 좋겠지만, 제국주의 열강들이 그냥 놓아두질 않았다. 나라 안의 생산력이 발전하고 있지만 외부의 압력이 너무 크다면, 정치적 개혁을 통해 이에 대응하며 자본주의 국가로 성장해 가야 한다. 이때 결정적인 열쇠는 정치 변혁기에 가해지는 외압의 강도이다. 중국은 일본보다 개항이 빨랐으나 열강의 광대한 시장이었기 때문에 일본보다 외압이 컸다. 또 일본이 개항할 때 중국의 태평천국운동, 인도의 세포이 항쟁, 유럽의 크림전쟁과 미국의 남북전쟁 등이 한꺼번에 일어나 서구 열강이 일본에 눈을 돌릴 여력이 없었다. 따라서 일본은 독립을 지키면서 메이지유신을 성공시켜 자본주의를 발전시킬 수 있었다. 그러나 중국은 청일전쟁에 패해 일본을 비롯한 제국주의 열강에게 영토를 절반 가까이 빼앗기고 반식민지 상태에 빠졌다. 서구 열강이 중국과 일본의 개혁 주체를 모두 파괴하지 않았던 반면, 조선은 중국과 일본 두 나라에서 정치적, 군사적으로 심한 압박을 받았고 특히 일본은 조선의 개혁 세력과 지배층 내부로 파고 들어가 이들을 철저하게 뒤흔들었다. 조선은 그 결과 일본의 식민지가 되었던 것이다.

9 애국 계몽 운동

그래,

실력을 길러 국권을 찾으려

했던 항일운동이었어

아니야,

일본에 타협한 소극적

문화 운동이었을 뿐이야

● 애국 계몽 운동은 을사조약을 전후하여 일어난 대중 계몽 운동입니다. 나라를 빼앗길지도 모른다는 위기감에 재산을 털어 학교를 세우고 지식인들이 나서서 사람들의 의식을 깨우기 위해 노력한 주권 회복 운동이지요. 그런데 이 운동의 성격을 놓고 상반된 두 가지 견해가 있습니다. 하나는 우리가 잘 아는 것처럼 교육과 산업을 일으켜 실력 양성을 함으로써 국권을 회복시키려 한 운동이라는 견해입니다. 다른 하나의 견해는 이 운동의 이념적인 기반에 의문을 표시합니다. 애국 계몽 운동 속에는 강자의 약자에 대한 지배와 착취, 다시 말해 제국주의 침략을 긍정하는 논리가 숨어 있다는 것이지요. 전자를 주장하는 사람들은 애국 계몽 운동이 실력 양성 운동이었을 뿐만 아니라 신민회가 독립군 기지 창설 운동을 벌인 것에서 볼 수 있듯 치열한 민족운동이자 독립운동이었다고 평가합니다. 반면에 후자를 주장하는 사람들은 애국 계몽 운동가들이 일본의 도움으로 조선이 문명화할 수 있다고 일제에 타협적인 측면을 보이기도 했으며 의병 전쟁에 적대적인 태도를 드러냈다는 점을 지적합니다. 물론 일본에 맞서 총칼을 들었던 사람들도 애국 계몽 운동을 이끌었던 사람들도 나라와 민족의 미래를 생각하는 마음은 모두 똑같았지요.

생각 열기

1887년 3월 20일

6일에 경복궁에서 전깃불을 켰다. 이제 얼마 안 있어 조선의 밤거리가 환해질 터이다. 작년에 문을 연 여학교에 나라가 '이화학당'이라는 이름을 내렸다 한다. 이제 배꽃 같은 규수들조차 신문물을 공부하게 되었다. 어찌 가슴 뛰는 일이 아닌가.

1894년 5월 30일

새해 벽두에 봉기를 일으킨 동학당들이 정부가 보낸 관군을 단숨에 쓰러뜨렸다 하니 기세가 대단하다. 그러나 이들이 부르짖는 새 세상이 오려면 봉기만으로는 모자란다.

1894 6월 25일

임금이 200여 개나 되는 갑오개혁안을 발표했다. 비록 일본이 총을 쏘아 대며 조선을 멋대로 주무르고 밀어붙인 개혁이나 노비 제도도 없어지고 과부도 재혼할 수 있게 되었으니 반가운 일이다. 양반 사대부와 유생들이 반대한다는데 갈등이 없을 수는 없겠지.

1894년 9월 16일

일본군이 평양성 전투에서 청나라 군대를 크게 물리쳤다 한다. 조선 땅에서 청일전쟁이라니 이 무슨 말도 안 되는 일이란 말인가? 한시라도 빨리 나라의 힘을 키워야 한다.

1895년 11월 17일

엊그제 단발령이 내렸다. 역법도 음력에서 양력으로 바뀌어 오늘이 1896년 1월 1일이 되었다. 지난 달에 왕비가 시해당한 데다 상투를 자르라 하니 유생과 백성들이 의병을 일으킨다고 술렁이고 있다. 개혁이 아무리 중요해도 일거에 전통을 내치는 것은 문제다. 백성을 깨우치는 게 먼저다.

1905년 을사조약을 거쳐 1910년 한일병합조약으로 한반도가 일본 제국주의자들의 손에 떨어지기 전까지, 역사의 전환기를 맞은 조선의 백성들은 숨 가쁜 나날을 보냈습니다. 새것과 오래된 것이 교차하고 침략하려는 세력과 이를 막으려는 세력이 대립하던 격동의 시기였지요. 그러나 조선인 어느 한 사람도 역사의 흐름에 그냥 끌려가지만은 않았답니다. 한 애국 계몽 운동가의 가상 일기를 통해 새로운 시대를 헤쳐 나가고자 치열하게 고민했던 그 시절로 돌아가 볼까요?

1896년 7월 2일
4월에 독립신문이 창간되더니 드디어 독립협회가 만들어졌다. 이 아니 기쁠쏘냐. 이제 백성들을 일깨워 나라의 권리를 지키고, 부강한 나라를 만들 일만 남았다.

1897년 10월 11일
임금이 러시아 공사관에서 나와 8월에 황제의 자리에 오르고 연호를 광무로 정하더니 오늘 나라 이름을 대한제국으로 선포했다. 뜻한 대로 더 이상 외세에 휘둘려서는 안 될 것이다.

1898년 3월 10일
종로 만민공동회에 만 명이 넘는 사람이 모였다. 나라가 잘되는 길을 놓고 누구나 소리를 내어 뜻을 펼치니 러시아도 우리 눈치를 보고 프랑스도 독일도 광산 채굴권 요구를 거두었다. 나날이 깨어나는 백성들이 보배와 같이 소중하다.

1899년 12월 29일
5월에 전차가 다니기 시작하더니 9월에 철도가 운행되었다. 정부가 독립협회를 해산하더니 기어이 독립신문이 폐간되었다. 수천 명이 몰려가 항의해 회원들이 풀려났다. 머리를 맞대고 앞날을 논의했다.

1904년 2월 23일
러일전쟁으로 이 땅이 또 남의 나라 전쟁에 끌려 들어가게 되었다. 이미 한일의정서로 군사권이 일본의 손에 있다. 나라의 운명이 풍전등화와 같다. 국권을 잃을지도 모르는 지금, 우리가 믿을 것은 우리 자신 밖에 없다. 교육이 일어나지 않으면 안 된다. 실력 양성과 자강自强만이 살 길이다.

그래,
실력을 길러 국권을 찾으려
했던 항일운동이었어

의병, 신식 학교를 습격하다

이 얼마나 좋지 않은 소식인가. 보성중학교 졸업생 안상덕, 보성전문학교 졸업생 김기수 씨는 안동군 임동면 천전 사립 협동학교 교사로 초빙되었는데 지난 18일에 폭도가 난입하여 두 사람을 총으로 쏴 죽였다. 임원, 학생들도 많이 있었는데 이 두 사람이 홀로 피해를 당한 것은 그 지역의 완고파 가운데 학교 반대자가 몰래 사주함이 혹 있는 것인지 알지 못하겠다는 설이 있다더라.

대한제국이 멸망하기 직전인 1910년 7월 22일 〈황성신문〉 잡보란에 실린 기사입니다. 이 기사는 1910년 7월 18일 경상북도 안동에서 일어난 신식 학교 피습 사건을 보도한 것입니다. 신식 학교란 애국적 지식인들이 교육을 통해 나라의 힘을 기르기 위해 세운 학교로,

226

신식 학교인 숭실학교에서 학생들이 천문학 실습을 하고 있다.

습격당한 협동학교는 전통적으로 보수 유림들의 세력이 강한 안동 지역에서 근대 문물을 교육하기 위해 설립된 학교였지요. 이 학교를 습격한 사람들은 당시 경상북도 예천과 봉화 등지에서 최성천▪의병 장을 중심으로 활동하던 의병 조직이었습니다. 학교를 세우고 운영 하던 사람들이나 의병들이나 일본에 반대하고 민족의 자주독립을 바라는 마음은 같았을 텐데 왜 의병들이 신식 학교를 습격했던 것일 까요? 이 사건을 이해하기 위해서는 당시 활발했던 의병 운동과 애 국 계몽 운동을 찬찬히 들여다볼 필요가 있습니다. 구한말 의병 운 동과 애국 계몽 운동은 어떤 상황에서 일어났으며, 둘 사이에는 어 떤 차이가 있었을까요?

■ **최성천 崔聖天**
?~1910. 한말의 의병장. 소백산맥 일대에서 싸우 던 중 일본 경찰에 체포되 어 교수형을 선고받고 순 국함.

애국 계몽 운동 vs 의병 운동

먼저 당시 한반도를 둘러싼 국제적 상황부터 살펴볼까요? 1904년에

■ 포츠머스조약
미국의 중재로 러일전쟁
후 러시아가 일본이 조선
을 지배하는 것을 승인한
조약. 일본은 이미 가쓰
라-태프트 밀약과 영일동
맹으로 미국과 영국에게
조선에 대한 지배권을 인
정받았음.

일어난 러일전쟁이 일본에게 유리하게 돌아가자 영국과 미국은 극동의 평화를 유지하려면 "일본이 조선에서 탁월한 세력을 유지할 권리를 보장받아야 한다."라고 하며 일본의 한반도 독점 지배권을 인정하였습니다. 이후 러일전쟁의 결과로 맺은 조약*에서 일본은 러시아로부터도 한반도 독점 지배권을 인정받았죠. 이제 거칠 것이 없어진 일제는 고종 황제와 정부 대신을 위협하여 을사조약을 체결하게 됩니다. 을사조약의 내용은 대한제국의 외교권을 일본 정부가 수행하며, 이를 위해 대한제국에 일본인 통감을 둔다는 것이었지요. 그러나 초대 통감으로 부임한 이토 히로부미는 외교에 한정하지 않고 모든 내정을 관장했습니다. 사실상 식민 통치가 시작된 것이나 다름이 없었지요.

이러한 상황에서 기울어 가는 나라를 구하기 위한 움직임으로 애국 계몽 운동과 의병 운동이 일어났습니다. 그중 일본 세력을 몰아내기 위해서는 먼저 실력을 키워야 한다는 것이 애국 계몽 운동의 주장이었습니다. 애국 계몽 운동가들은 서우학회·기호흥학회 등의 학회나 사립학교를 세워 대중을 계몽하는 활동을 벌였으며, 〈황성신문〉, 〈대한매일신보〉 등의 신문과 〈소년〉을 비롯한 여러 잡지를 발행하여 일제의 침략상을 폭로하면서 민중을 계몽하는 데 앞장섰습니다. 또한 『을지문덕전』, 『이순신전』 같은 위인전과 조선의 역사, 지리, 국어에 관한 책 등을 간행하여 민중의 애국심을 높이려 노력했지요. 이외에도 산업을 발달시키려는 실업 운동을 벌였는데, 1907년 2월 대구에서 나라의 빚을 국민의 힘으로 갚자는 국채보상 운동이 일어나면서 애국 계몽 운동은 절정에 이르렀습니다.

한편 일제가 러일전쟁을 일으키고 한반도를 무력으로 점령하자, 여러 계층의 민중은 일제 타도를 외치며 각지에서 의병을 일으켰습

국채 1천 3백만 원은 우리 대한제국의 존망에 직결된 것입니다. 이것을 갚으면 나라가 보존되고 이것을 갚지 못하면 나라가 망할 것은 필연적인 사실이니……. 2천만 인민들이 3개월 동안 흡연을 금지하고 그 대금으로 한 사람에게 매달 20전씩 거둔다면 1천 3백만 원을 모을 수 있습니다. - 〈대한매일신보〉의 「국채 보상 운동 취지서」에서

니다. 이러한 움직임은 1905년 을사조약 체결 소식과 함께 더욱 거세어져 갔습니다. 민종식[■]과 최익현 등 양반 유생들이 충청도와 전라도 등지에서 궐기하여 의병 운동에 불을 댕겼으며 평민 출신의 의병장도 등장했지요. 산발적으로 일어나던 의병 운동은 1907년 군대 해산을 계기로 새로운 전기를 맞았습니다. 헤이그특사사건[■]을 구실로 일제가 고종을 강제로 퇴위시키고 대한제국 군대마저 해산시키자 수많은 군인들이 해산 조치에 반대하여 의병 대열에 참여했지요. 이제 의병 운동은 전쟁의 양상을 띠면서 전국적으로 확산되었습니다. 의병 부대에는 유생과 농민, 해산 군인뿐 아니라 노동자, 소상인, 지식인, 승려 등 다양한 구성원이 존재하였고, 의병장도 양반이나 유생 대신에 홍범도[■] 같은 평민이 많았습니다.

이처럼 애국 계몽 운동과 의병 운동은 모두 위기에 빠진 나라를 구하기 위해 자발적으로 만들어졌습니다. 그러나 두 운동의 성격 차이로 인해 둘 사이에 크고 작은 갈등이 나타나기 시작하였습니다.

초기 의병들의 모습이다.

■ **민종식 閔宗植**
1861~1917, 한말의 의병장. 홍주에서 의병을 일으켰다 일본군에게 체포되어 진도에서 귀양살이를 함.

■ **헤이그특사사건**
고종이 네덜란드 헤이그에서 열린 만국평화회의에 이준 등 특사를 파견해 을사조약이 무효임을 주장하려 했으나 실패한 사건.

■ **홍범도 洪範圖**
1868~1943, 독립운동가. 어려서 부모를 여의고 수렵과 광산 노동을 하다 의병을 일으킴. 국권피탈 후 만주로 건너가 대한독립군의 총사령관이 되어 봉오동전투에서 승리함. 러시아로 이동해 독립군의 실력 양성에 힘쓰다 스탈린에 의해 카자흐스탄으로 강제 이주되어 극장 야간 수위, 정미소 노동자로 일하다 사망함.

의병들의 신식 학교 습격 사건 역시 그런 갈등에서 비롯된 것이었지요. 최성천 의병장을 비롯한 의병들이 협동학교를 습격한 이유는 학생들의 단발 때문이었습니다. 애국 계몽 운동 단체인 신민회[■]의 추천으로 협동학교 선생이 된 안상덕, 김기수는 학교의 분위기를 혁신적으로 바꾸기 위해 전체 학생들의 단발을 시행하였습니다. 단발은 근대화의 상징이었습니다. 단발을 하면 갓이 필요 없게 되고, 의복에서도 변화가 일어납니다. 관리들이 입는 옷도 서양식으로 바뀌었지요. 이전까지는 갓이나 옷으로 신분을 구별하였는데 그것이 사라지게 되면서 사람들은 신분제가 폐지되었음을 몸으로 느낄 수 있었습니다. 신분제의 폐지는 평등한 사회를 만들어 가는 시작이었고 단발은 그런 사회적 변화를 보여 주는 상징이었던 셈입니다. 한말의 역사가이며 언론인인 신채호 또한 봉건적 인습을 청산하고 자기 혁신을 꾀한다는 뜻에서 단발을 결행하였습니다. 이처럼 상투를 자르는 행위는 평등한 사회를 추구하는 새로운 세상을 위한 결단으로 여겨졌기 때문에 지식인들 사이에 단발이 퍼져 나갔던 것입니다.

그러나 애국 계몽 운동가들에게는 적극적으로 근대화를 추진하려는 의지의 표현이었던 단발이 보수적인 유림과 의병들에게는 전통을 짓밟는 행위로 비쳤습니다. 이미 15년 전인 1895년 마른 하늘에 날벼락처럼 갑자기 단발령이 시행되었을 때 이에 반대해 들고 일어났던 의병들은 신식 학교에서 학생들의 머리를 자르자 참을 수가 없었던 것이지요.

총칼보다 때와 힘을 헤아려야

아무리 그렇다 해도 학교를 습격하면서까지 자신들의 주장을 내세

■ 신민회
일제의 탄압을 피해 1907년 비밀리에 조직된 애국 계몽 운동 단체. 실력을 길러 국권을 회복하고 공화제의 근대 국민국가를 건설하려고 하였다. 국외에 독립운동 기지를 건설하여 독립 전쟁을 준비하였으나 일제가 조작한 105인 사건으로 조직이 드러나 해체되었다.

의병의 신식학교 습격 사건 기사가 실린 〈황성신문〉

위야 했을까요? 의병들이 애국 계몽 운동의 발목을 잡은 것은 비단 이 사건뿐만이 아닙니다. 당장 독립을 외치며 여러 곳에서 일본 군 대를 공격한 의병 활동은 여러 가지 부작용을 불러왔습니다. 사실 훈련도 제대로 받지 못한 의병들이 강력한 일본군에 맞선다는 것은 계란으로 바위 치기 격이었지요. 의병들이 지니고 있던 화승총▪은 일본군의 자동소총을 비롯한 각종 신무기를 당해 낼 재간이 없었습 니다. 더구나 이러한 의병들의 저항은 일본군의 잔인한 보복을 초래 하였습니다. 일본군은 폭동이 발생한 마을 전체에 집단 책임을 물어 가혹하게 처벌하겠다는 방침을 정해, 지방에 정예 일본군을 계속 파 견하고 있었습니다.

▪ **화승총**
탄약을 장전한 다음 불이 붙어 있는 화승을 총의 점 화구에 가져다 대면 탄환 이 발사되는 구형 총기. 비 가 오면 사용할 수 없다.

"의병들은 저쪽에 있었지요. 그들은 거기서 전신주를 뽑아 버렸습니다. 그들은 우리 마을 사람도 아니고 우리와는 아무런 관련도 없었지요. 그 뒤를 따라 일본군이 들어왔어요. 저쪽을 보십시오. 모두 폐허가 되었습니 다. 이 집 저 집을 돌아다니며 욕심나는 것은 모두 빼앗은 다음 불을 질 러 버렸지요. 한 노인은 일본군이 자기 집에 불을 지르는 것을 보자 무릎 을 꿇고 그 일본군의 팔에 매달렸습니다. '잘못했습니다. 용서해 주십시 오. 제 집을 태우지 마십시오. 그곳에서 제가 죽는 날까지 살도록 해 주십 시오. 저는 이제 늙어 죽을 날도 얼마 남지 않았습니다.' 그가 울면서 계 속 애원하자 일본군은 총을 뽑아 노인을 쏘아 죽였습니다."

맥켄지라는 외국인 기자가 일본군의 토벌로 폐허가 된 충청북도 제천을 방문해 인터뷰한 기록입니다. 이 얼마나 처참하고 끔찍한 장 면인가요? 일본군은 의병을 진압하기 위해 폭동이 일어난 마을에 집단 책임을 지우고 주민들을 가혹하게 유린했습니다. 물론 ㄴ 나라의

의병 학살 현장에 있던 프랑스 신문기자와 선교사의 증언을 토대로 그린 판화. 1905년 프랑스의 〈라 크로와 일뤼스트레〉에 실렸다.

치욕과 원수를 갚자고 의병을 일으킨 것은 훌륭한 일이지만 앉을 자리를 보고 누우랬다고 이 와중에 죽어 나가는 것은 아무 죄도 없는 백성들이었습니다. 그리고 이런 상황이 애국 계몽 운동가들의 눈에는 철없는 행동으로 비쳤습니다. 국가와 국가 사이의 관계라는 것은 개인의 일과는 다릅니다. 예를 들어 지금 개인이 자기 부모의 원수나 치욕을 갚으려고 한다면, 다만 칼 한 자루를 준비해 들고 하루 아침에 해치워도 되겠지요. 그러나 국가의 크나큰 원수에 있어서는 때와 힘을 헤아리고 상대방을 파악해서 해낼 만한 승산을 잡은 뒤에 도모하지 않으면 안 되는 것입니다. 제대로 준비도 되지 않은 상태에서 저지르는 섣부른 의병 활동은 동포를 해칠 뿐만 아니라 실효도 없는 무모한 일이기 때문입니다. 결국 문제는 '힘'입니다. 그 힘을 기르려면 사회가 안정되어 교육과 산업을 발달시켜야 하는데 전국 곳곳에서 의병이 일본군과 충돌을 일으키니 오히려 의병들이 애국 계몽 운동을 방해하고 있는 셈이 되었던 것입니다.

더구나 의병 운동을 이끌던 유생과 양반들은 많은 한계를 지니고 있었습니다. 물론 평민 출신 의병장인 신돌석이나 홍범도 같은 인물들도 등장하긴 했지만 의병을 이끈 사람들은 대부분 양반 유생이었습니다. 때문에 여전히 성리학적 가치를 중요시했고 양반과 평민을 차별하는 태도도 여전했습니다. 평민 의병장 김백선이 양반에게 대들었다고 처형당한 사건과 13도 연합 의병의 서울 진공 작전 때 총대장 이인영이 부친의 사망 소식을 듣고 고향으로 돌아간 사건 등은 이들이 유교적 봉건 질서 속에 머물러 있었음을 여실히 보여 주고 있지요. 이처럼 여전히 봉건적 사상에 매인 전근대적인 태도로 언제 힘을 길러 일본을 몰아내고 국권을 찾을 수 있었겠습니까?

실력 양성이 곧 주권 회복

애국 계몽 운동가들이 가장 많이 외쳤던 구호는 "아는 것이 힘이다."였습니다. 이들은 약해진 국권을 회복하기 위해서는 국민을 계몽하고 산업을 일으켜야 한다고 생각했습니다. 특히 교육이 무엇보다 중요하다고 생각했지요. 이에 따라 1905년 이후 사립학교들이 집중적으로 설립되었는데, 1910년 5월 말 공식적으로 인가된 학교만 2천여 개로, 인가되지 않은 학교까지 포함하면 그 수가 무려 5천

■ 신돌석 申乭石
1878~1908, 평민 출신 항일 의병장. 리더십이 뛰어나고 농민들과 대화가 잘 되었으며 민폐를 끼치지 않아 호응하는 사람이 많았고 전술이 뛰어나 많은 일본군에게 큰 타격을 주었다.

■ 김백선 金百先
?~1896, 한말의 의병장. 많은 활약을 했으나 지원군을 보내 주지 않은 의병 대장에게 항의하다가 군기 문란을 이유로 처형되었다.

■ 이인영 李麟榮
1867~1909, 한말의 의병장. 뛰어난 활약으로 13도 창의군 총대장이 되었으나 부친의 별세로 다시 돌아올 것을 약속한 뒤 지휘권을 넘기고 낙향, 3년상을 치르다 일본 헌병에게 잡혀 경성 감옥에서 사형당함.

■ 안창호 安昌浩
1878~1938, 독립운동가,
호는 도산. 독립협회, 신
민회, 흥사단 등에서 활발
한 활동을 벌였고 상하이
로 건너가 임시정부에 참
여함. 윤봉길 의거로 일본
경찰에 체포되어 옥고를
치른 뒤 병으로 사망함.

■ 이승훈 李昇薰
1864~1930, 독립운동가,
3·1 운동 민족 대표 중
한 사람. 오산학교를 설립
하고 민족 대학 설립을 추
진하는 등 교육 운동에 힘
씀. 105인 사건으로 옥고
를 치름.

■ 양기탁 梁起鐸
1871~1938, 독립운동가,
언론인. 영자 신문 〈코리
아 타임즈〉 발간, 〈대한매
일신보〉 창간. 미국 의회
의원단이 내한했을 때 독
립진정서를 제출해 옥고
를 치름. 신민회를 조직하
고 임시정부에 참여함. 만
주에서 독립운동 단체의
통합과 무장 항일 투쟁 지
원에 힘썼다.

여 개에 이르렀습니다. 도산 안창호가 독립운동을 이끌 간부와 교육을 담당할 교사를 키우겠다는 생각으로 재력 있는 사람들에게 1만 원이란 거금을 기부받아 1907년 평양에 세운 대성학교, 여기에 영향을 받은 이승훈이 같은 해에 자기 재산을 털어 평안북도 정주에 세운 오산학교 등 그 사례는 일일이 열거할 수 없을 정도입니다. 실력 양성을 통해 국권을 회복하자며 학교 설립이나 신교육 운동에 관한 기사를 적극적으로 보도한 언론 활동 역시 애국 계몽 운동의 한 축이었습니다. 차별 받던 '신민臣民'을 평등한 '인민人民'으로 인정하고, 이를 바탕으로 근대국가를 건설하려고 하였던 것입니다. 한문이 아닌 순 한글로 발간된 당시 신문들은 그런 의식의 한 표현이었습니다. 〈대한매일신보〉의 을사조약 이후 논설을 보면 "국권 회복의 열쇠는 스스로의 힘을 닦아 강해지는 자수自修 자강自强, 곧 실력 양성에 있으며 그 실력 양성은 정계의 개편, 단체의 결성, 신교육의 실시, 신지식의 보급, 실업의 진흥에 있음."을 주장하고 있지요.

이들의 궁극적인 목표는 근대 국민국가의 건립에 있었습니다. 군주가 중심이 되는 전통적인 국가관으로는 약육강식의 세계에서 살아남을 수 없다는 것이지요. 대한제국의 주권이 황제에게 있었기 때문에 국민의 반대에도 불구하고 황제의 굴복만으로 일본의 보호국으로 떨어지게 되었다는 깨달음도 크게 작용하였습니다. 결국 국민 개개인이 나라의 주인이라는 생각을 갖고 뭉쳐야만 자강을 이룰 수 있고, 외세의 침략 또한 막아 낼 수 있다고 생각하였던 것입니다. 이렇게 해서 등장한 것이 국민 중심의 근대 국민국가관입니다. 1907년 안창호와 양기탁 등이 조직한 신민회는 "나라는 임금과 귀족의 나라가 아니라 백성의 나라"라고 말하며 자강 운동을 이끌어 나갔지요. 이렇게 시작된 애국 계몽 운동은 단지 지식인들의 테두리를 벗어나 일반 민중에게도 큰 반향을 불러일으켰습니다. 그렇게 된 데에는 국채보상운동의 영향이 컸지요. 국민들 스스로 힘을 합하여 국가의 위기를 극복하자는 대대적인 운동이었기 때문입니다. 이는 〈황성신문〉과 〈대한매일신보〉 등 언론의 적극적인 호응 아래, 평양에서는 기생들까지 적극적으로 참여하는 거국적 운동이 되었습니다. 거세어진 애국 계몽 운동의 물결은 당연히 일본의 탄압을 불러왔습니다. 일본은 국채보상운동에 앞장섰던 사람들을 공금횡령 누명을 씌워 구속하는가 하면 애국 계몽 운동 단체를 강제로 해산시키고 온갖 터무니없는 법률을 만들어 학교 문을 닫게 하고 신문 발행을 중단시켰습니다.

이처럼 애국 계몽 운동은 교육과 언론을 통해 사람들을 단합시키고 민족의식을 고취시킨 국권 회복 운동이었습니다. 물론 이들이 의병 운동을 무턱대고 반대한 것은 아니었습니다. 다만 시기가 아니었다는 것뿐이었지요. 이는 대표적인 애국 계몽 단체였던 신민회가 무장 독립 투쟁을 위한 준비를 했다는 사실을 통해 알 수 있습니다.

애국 계몽 운동으로 국권 강탈을 막을 수 없게 되자 신민회는 무장투쟁을 하기로 결정하였습니다. 이들은 만주에 독립군 기지를 만들기로 하고 만주로 갈 사람들과 자금을 모집하였습니다. 1911년 일제가 105인 사건을 조작하면서 비록 신민회는 해체되지만 신민회 회원들은 이때 결정한 결의를 실천에 옮겨 독립군 기지를 만들었고, 1920년대 만주에서 일어난 독립군 활동의 밑거름이 되었습니다. 애국 계몽 운동 세력의 일부가 일제에 타협한 사실만 갖고 애국 계몽 운동 전체를 폄하하는 것은 나라의 힘을 기르려 했던 이들의 뜨거운 의지와 열망을 짓밟는 일이나 다름없는 일입니다.

이 아름다운 강산, 선인들이 지켜온 강토를 원수인 일인들에게 내어 맡길 수 없다. 총을 드는 사람, 칼을 드는 사람도 있어야 할 것이다. 그러나 그보다도 더 중요한 일은 백성들이 깨어나는 것이다. 세상이 어떻게 돌아가는 것인지를 모르고 있으니 그들을 깨우치는 것이 제일 급한 일이다. ─이승훈, 오산학교 개교식 식사에서

아니야,
일본에 타협한
소극적 문화 운동이었을 뿐이야

의병은 왜 신식 학교를 습격했는가?

"평양에 도착하니 관찰사 이하 전부가 단발을 하고, 길목을 막고 서서 지나가는 행인들을 붙들고 머리를 깎고 있었다. 단발령을 피하려고 시골이나 산골로 숨어 들어가는 백성들의 원성이 길을 가득 메운 것을 목격하고, 나는 머리끝까지 분기가 가득하였다."

■ **일진회**
송병준, 윤시병, 유학주.
이용구 등이 주축이 되어 1904년 발족한 친일 단체. 국채보상운동과 안중근 의사의 의거를 비판하는 등 일본의 앞잡이 노릇을 했다.

김구의 『백범일지』 속 한 대목입니다. 경찰들이 가위를 들고 오가는 사람이 많은 곳에 서서 지나가는 사람들의 상투에 무조건 가위를 들이대었으니 사람들이 받은 충격은 상상을 초월했을 것입니다. 그런데다 단발령은 민비시해사건이 일어난 지 석 달이 채 안 된 시점에서 아무런 예고도 없이 전국적으로 내려졌기에 사람들의 거센 저항을 낳았습니다. 더구나 단발을 주장하는 사람들 가운데는 일진회▪와 같은

친일 단체도 있었습니다. 그들은 근대화를 위해
서는 단발부터 해야 한다며 회원들에게 단발용
가위를 휴대시켜 지방에 보낼 정도로 단발에 적
극적이었습니다. 이 때문에 일진회가 '삭발회'라
고 불리기도 했지요. 일진회는 1905년 을사조약
체결에 앞서 대한제국의 외교권을 일본에 넘겨주
어야 한다는 '일진회 선언서'를 발표하였습니다.
1909년에는 "한민족의 행복과 복지를 위하여 한
일 양국은 합방되어야 한다."는 '일진회 합방 성
명'을 발표하기도 하였습니다.

단발한 대한제국의 고종황제

"힘 있는 자가 힘없는 자를 잡아먹는 것은 세상
의 이치이다. 온 국민이 단결하여 실력 양성에 나
서자. 학교를 짓고 공장을 세우고 새로운 문물을
받아들이자." 이것이 개화를 주장하는 애국 계몽
운동 세력의 구호였습니다. 하지만 의병들은 이
들이 개화를 하자고 하더니 일본 문물이나 받아들이고 결국에는 나
라까지 갖다 바친다고 생각하였고, 그런 개화를 상징하는 단발이 신
식 학교에서 이루어지자 학교를 습격했던 것입니다.

내 탓이오, 내 탓이라니?

애국 계몽 운동의 바탕에는 이처럼 "힘 있는 자가 힘없는 자를 잡아
먹는 것이 세상의 이치"라는 논리가 깔려 있었습니다. 이 논리는 다
름 아닌 당시에 세계를 풍미하던 사회진화론입니다. 진화론이란 다
윈이 주장한 것으로 자연환경에 적응하는 생물은 살아남고 그렇지

■ 허버트 스펜서
Herbert Spencer
1820~1903. 영국의 철학
자. 우주의 원리와 인간
사회의 도덕법칙에 이르
기까지 모든 것을 진화론
으로 설명함.

못한 것은 도태되고 만다는 자연법칙에 관한 이론입니다. 이것을 19세기 말 허버트 스펜서▪가 사회에 적용시킨 것이 사회진화론이지요. 변화무쌍한 국제 정세에 제대로 적응하지 못하는 나라는 결국 망할 수밖에 없다는 주장인데, 이 이론은 당시 침략 전쟁을 일으켰던 제국주의 열강들의 식민지 지배를 합리화하는 근거로 사용되었습니다. 물론 애국 계몽 운동가들이 일본의 침략을 전혀 비판하지 않았던 것은 아니었지만, 일본의 침략보다 더 근본적인 문제는 침략을 당한 우리의 약함에 있다고 여겼습니다. 1905년 을사조약이 강제로 맺어지자 〈황성신문〉은 「오늘을 목 놓아 통곡한다!」라는 사설을 실어 저항했습니다. 그러나 같은 날짜의 〈제국신문〉은 「한때의 분함을 참으면 백년 화근을 면한다」라는 사설을 실어, 사회진화론적인 입장을 드러내었습니다. 이 사설은 일본의 침략에 초점을 맞추지 않고 오히려 힘이 없는 조선은 강대국인 일본에게 침략을 당하는 것이 당연하다고 쓰고 있습니다. 〈신흥학우보〉에 실려 있는 다음의 글도 젊은이들이 분발하자는 취지에서 쓴 것이지만, 같은 바탕 위에서 논리를 전개하고 있습니다.

■ 정미조약
1907년 헤이그밀사사건을
계기로 고종을 강제 퇴위
시키고 강행된 한일신협
약. 7개의 조항으로 법령
제정권, 관리 임명권, 행정
권을 일본이 갖고 한국인
대신 밑에 일본인 차관을
임명했으며 군대를 해산
시키고 각종 악법을 공포
했다.

"우리들 청년은 역사의 주인이오, 대동의 원동력이라. 폴란드의 멸망함과 월남의 노예됨도 폴란드와 월남 청년이 스스로 얻은 것이오, 미국의 독립과 이태리의 건국도 미국과 이태리의 청년이 스스로 이룩한 것이라."

애국 계몽 운동에서 스스로의 실력 양성을 강조한 까닭은 을사조약이나 정미조약▪ 체결이 조선의 책임이라고 생각했기 때문입니다. 대한자강회 회장이었던 윤치호▪가 그의 일기에서 "일본의 괴로운 노예제에서 조선인들은 동족 지배자에 의한 폭정이 이민족 지배자

■ 윤치호 尹致昊
1865~1945. 정치가. 개화
파로 조선의 근대화를 위
해 힘썼고 일제의 침략이
본격화되자 독립협회와
대한자강회를 조직, 주권
을 지키기 위해 노력했으
나 105인 사건으로 옥고를
치른 뒤 친일파로 변절하
였다.

에 의한 폭정의 디딤돌이 되었음을 알게 될 것이다."라고 한 것도
마찬가지입니다. 윤치호는 조선이 일본에게 동등한 대우를 받으려
면 스스로 문명 단계에 진입해야만 한다고 생각했습니다. 문명의 요
건은 조선인이 기강, 극기, 협력, 멸사봉공 등 사회 여러 사람들을
위해 도덕과 의리를 소중히 여기고 지키는 마음을 기르고 '지성'과
'부'를 쌓아야 하는 것이라 하였습니다. 따라서 애국 계몽 운동가들
은 적극적으로 힘을 길러서 강한 나라가 된 뒤에야 일본에게 독립을
요구할 수 있다고 믿었습니다.

　강자가 약자를 잡아먹는 것은 당연한 일이라고 생각하는 이들에
게 약자가 강자에게 총칼을 들고 저항하는
것은 무모한 일로 비춰질 수 밖에 없을 것
입니다. 애국 계몽 운동에 앞장선 단체나
신문 대부분이 의병 운동을 부정적으로 인
식했다는 사실에서도 이를 알 수 있지요.
이들은 의병 운동이 오히려 일본의 국권 침
탈에 빌미를 주는 일이라고 비판하였습니
다. 보잘것없는 무기와 인원으로 일본군에
저항하는 의병들은 당시 계몽 운동가들에
게는 무지한 폭도들로 비춰졌으며 비난의
대상이었습니다. 그들은 실제로 의병을 폭
도라 부르며 의병 활동에 따른 재정과 군수
품을 조달하는 방법 역시 일반 도적들과 다
르지 않다고 비난하기까지 하였던 것입니
다. 국권 회복 운동이 애국 계몽 운동과 의
병 운동으로 크게 나뉜다고 보았을 때, 이

의병 투쟁 무명 용사와 의병들이 사용한 무기들.

1911년 신민회를 해체하기 위해 일제가 조작한 105인 사건으로 피의자들이 공판장으로 끌려가는 모습. 일제는 애국 계몽 운동을 철저히 탄압했다.

두 움직임은 서로 제휴가 이루어지기 보다는 이처럼 대립하는 경향이 두드러졌습니다. 그 사이에서 터져 나온 사건이 바로 의병의 신식 학교 습격이었지요.

애국 계몽 운동의 길 vs 의병의 길

설사 애국 계몽 운동 세력의 주장을 받아들인다 하더라도 1905년 을사조약 이후의 상황을 보면 조선인이 실제로 실력을 기를 수 있었을지 의문이 듭니다. 통감부는 조선 강점을 앞두고 조선인의 저항을 원천적으로 막기 위해 신문지법, 보안법, 학회령과 출판법 등 4대 악법을 만들었습니다. 신문지법을 통해 일제는 신문 발행을 허가제로 바꾸었고, 사전 검열을 완전히 제도화하여 발매·반포 금지, 발행정지, 발행금지 등을 시행하였습니다. 발행인이 베델이라는 영국인이었던 〈대한매일신보〉만 예외였지, 그 외 〈황성신문〉, 〈제국신문〉 등은 이른바 '벽돌 신문'이라는 말이 나올 만큼 사전 검열을 당해야 했습니다. 검열에 걸린 기사는 활자를 거꾸로 넣어서 인쇄를 했기 때문에 그 부분이 마치 벽돌을 쌓은 것처럼 보여 벽돌 신문이라 했지요. 보안법으로 집회와 결사의 자유를 박탈했고 일체의 정치적 언행을 금지해 위반자에게 가혹한 태형을 가했으며, 학회령을 선포하여 학회의 설립을 허가제로 바꿔 학회의 정치적 활동을 일체 금지했습니다. 또한 출판법을 통해 사전 검열 제도를 도입하여 일제의 식민 통치에 방해가 될 만한 문서와 도서의 출판이나 배포를 금지했고, 이를 위반할 경우 역시 가혹한 처벌을 했지요. 이에 따라 조선인의 기본적 권리는 박탈되었고 많은 언론기관과 학회가 해산되었으며 『월남망국사』나 『금수회의록』처럼 국권 회복 의식을 고취시켰던 수많은 서적이 압수되었습니다.

더불어 교육에 대한 통제도 강화되었습니다. 일제는 을사조약 이후 소학교를 보통학교로 개칭하고 수업연한도 6년에서 4년으로 줄였습니다. 한국인에게는 고등교육이 필요 없다는 것이었지요. 각 학교에는 일본인 교감을 파견하여 학교교육을 통제하고 매주 6시간씩 일본어를 의무적으로 가르쳤으며 교과서 내용도 식민지 지배를 정당화하고 친일 의식을 주입하는 내용으로 바꾸어 나갔습니다. 사립학교에서 민족 교육을 강조하자 일제는 사립학교령을 만들어 1910년 5월까지 약 400개의 사립학교가 폐교될 정도로 혹독하게 탄압했습니다. 계몽 운동가들은 실력을 양성하겠다고 하였지만 일제의 탄압으로 인해 실은 아무것도 할 수 없는 지경에 이르렀던 것입니다.

■ **월남망국사**
청나라 계몽사상가 양계초와 베트남 독립운동가 판보이차우가 프랑스의 베트남 침략에 관하여 나눈 대화를 기록한 책, 현채 등이 번역, 일본의 조선 침략을 비판하며 민족적 자각을 꾀했으나 1909년 일제가 금서로 지정함.

■ **금수회의록**
안국선이 1908년 펴낸 개화기 소설. 동물들을 등장시켜 일제의 정책과 친일 대신들을 비판함. 1909년 일제에 의해 판매 금지되어 있다.

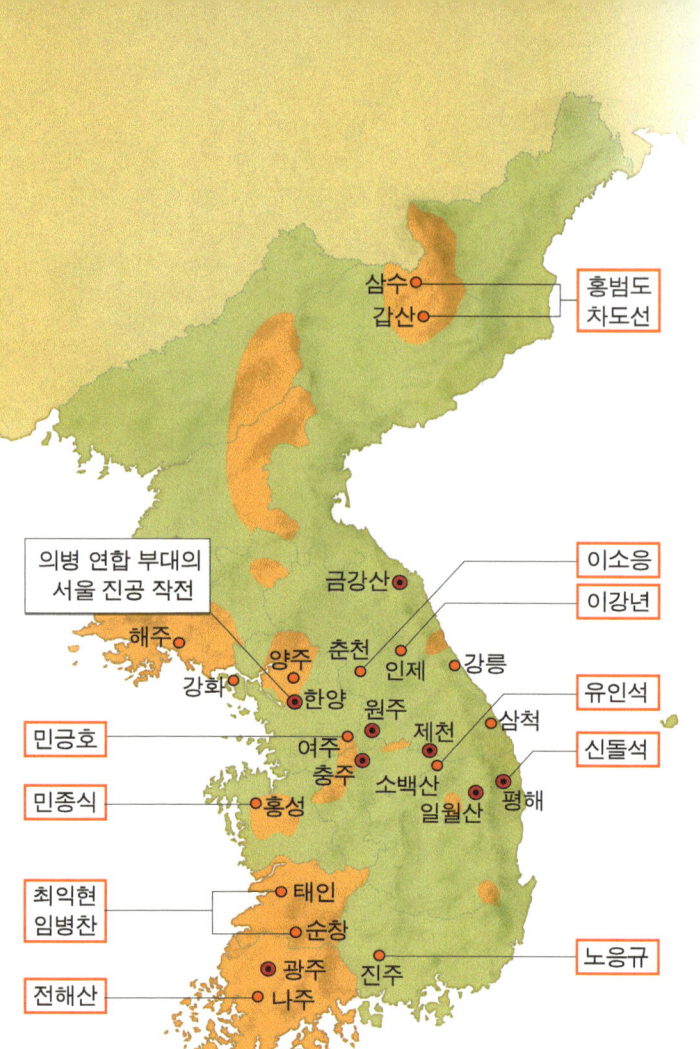

500명 이상 봉기 중심지
1000명 이상 봉기 중심지
의병 부대 주 활동 지역
의병장

삼수
갑산
홍범도
차도선

의병 연합 부대의
서울 진공 작전

금강산
이소응
이강년

해주
양주 춘천
인제 강릉
강화
한양 원주
유인석
민긍호
여주 제천 삼척
충주 소백산 신돌석
민종식
홍성 일월산 평해

최익현
임병찬
태인
순창
전해산
광주 진주
나주
노응규

전국의 의병 봉기 지역

반면 농민이나 노동자, 빈민, 군인들은 손에 죽창이나 화승총을 들고 의병으로 나섰습니다. 이들에게 무장투쟁은 사실 생존 차원의 최후 방어 수단이었습니다. 그들이 토지를 비롯한 자신들의 삶의 터전을 빼앗기고 의병에 가담한 것은 일제의 폭력적인 경제 침탈 때문이었지요. 의병들은 또한 철도나 광산에 대한 이권 침탈이나 재정 수탈에 대해서도 저항했습니다. 철도나 통신과 같은 근대 시설은 한때 조선 사람들에게 경탄을 불러일으키기도 했지만, 이것이 식민지 침략을 위한 기간산업이었음을 알고 크게 분노하였기 때문입니다. 의병들이 통신선을 자르거나 철도를 파괴하였던 이유는 거기에 있었지요.

또 의병들은 세금 납부를 거부할 뿐만 아니라 세금 징수원을 공격해 세금을 탈취하고 차단했습니다. 1907년 7월부터 1908년 12월까지 의병이 징세 기관을 습격해 탈취한 세금 총액은 무려 34,572원이나 되었지요. 이 때문에 일제가 "의병 세력이 13도에 창궐하여

1907년 세금은 예산의 절반도 거두기 어렵다"라고 할 정도였습니다. 결국 일본은 1909년 9월, '남한 대토벌'이란 이름으로 의병에 대해 대대적인 진압 작전을 전개하였습니다. 이들은 의병은 물론 일반 청년들과 부녀자들까지 무자비하게 죽였습니다. 1907년 8월부터 1914년 말까지 일본군이 학살한 의병 수는 1만 6,700여 명, 부상자는 3만 6,770여 명이었는데, 이 중 두 달간의 남한 대토벌 기간에 체포, 학살된 의병 수가 의병장 103명, 의병 4,138명이었던 것을 보면 남한대토벌이 얼마나 잔혹했는지 짐작할 수 있습니다. 결국 조선은 1910년 일본의 식민지로 떨어지고 맙니다. 을사조약 체결 이후 조선이 완전히 일본의 식민지로 떨어지기까지 이만큼이라도 시간을 늦출 수 있었던 것은 치열하게 저항했던 의병들의 활약 때문은 아니었을까요?

소극적 문화 운동에 머물다

애국 계몽 운동가들이 언론 · 교육 · 출판 등을 통한 국민 계몽에 많은 힘을 쏟은 것은, 대중의 우매함이 국권 상실의 원인이라고 생각했기 때문입니다. 따라서 그들은 대중 계몽을 통한 실력 양성이 국권 회복의 길이라고 보았습니다. 그들에게 대중은 계몽의 대상일 뿐 운동의 동반자는 되지 못했지요. 애국 계몽 운동은 이런 인식을 바탕으로 합법적인 틀 안에서만 전개되었기 때문에 모든 국민의 역량을 하나로 모아 항일 투쟁을 주도해 나가기는 어려웠습니다.

더구나 애국 계몽 운동가들 중 상당수는 실제로 제국주의 열강의 침략을 서구의 근대 문물을 받아들여 부국강병을 할 수 있는 기회로 여겼습니다. 윤치호 같은 애국 계몽 운동가는 보호정치 기간을 일제가 대한제국에 선진 문명을 지도해 주는 기간으로 인식하기까지 했지요. 이들은 통감 정치조차도 우리나라가 문명국으로 발전할 수 있는 하나의 기회로 여겼던 것입니다. 이들에게 일본의 근대 문물은 대단히 웅장하고 찬란한 것이었습니다. 일본의 웅장한 문물에 비해 조선의 그것은 너무 왜소하고 초라하게 느껴졌기에, 조선은 당연히 일본의 보호를 받아 문명의 길로 나아가야 한다고 생각했던 것입니다. 심지어 우리나라가 스스로 독립을 유지할 수 없는 단계라면, 일본의 지배하에 있는 것이 더 나을 수도 있다는 주장마저 있었지요. 대한협회나 서북학회의 경우, 1909년에 이르면 친일 단체인 일진회와 연합을 추진하는 경우마저 있었습니다. 이들은 조선이 일본처럼 근대 국민국가를 수립할 수 있을 정도의 실력을 쌓아 강자가 된 뒤에야 독립을 요구할 수 있다고 생각했던 것입니다.

이러한 인식은 현실을 정확히 직시하도록 사람들을 계몽하기는커녕 일본의 침략 의도를 제대로 보지 못하게 하는 혼돈스러운 결과만 가져왔습니다. 애국 계몽 운동은 제국주의적 침략을 철저하게 비판하지 못했고, 잘못된 근대화 논리에 빠져 의병 운동과 민중들의 저항에 부정적인 태도마저 보였던 것입니다. 애국 계몽 운동이 일제의 탄압으로 벽에 부딪히기 시작하면서, 일제에 굴하지 않고 항쟁하는 의병 전쟁에 고무된 일부 애국 계몽 운동가들 사이에 실력 양성론을 비판하고 독립 전쟁론을 주장하는 세력이 나타났습니다. 이러한 사실은 애국 계몽 운동 내부에서도 자신들의 한계를 인정했음을 보여 주는 것이지요. 실력 양성을 외쳤던 애국 계몽 운동은 결국 일제가 가둔 틀을 벗어나지 못했을 뿐 아니라 일제에 타협까지 하고 말았던 소극적인 문화운동에 불과했던 것입니다.

입장 정하기

● 두 글에서 주장의 근거로 제시한 내용을 각각 요약해 봅시다.

● 다음 쟁점에 대하여 자신의 입장을 정하고 근거를 제시해 봅시다.

쟁점1 실력 양성 운동으로 독립을 얻어 낼 수 있었다.

	그렇다	아니다
근거		

쟁점2 의병 운동만이 진정한 독립운동이었다.

	그렇다	아니다
근거		

쟁점3 애국 계몽 운동과 의병 운동은 힘을 합칠 수 없었다.

	그렇다	아니다
근거		

● "국모를 시해하고 군부를 폐위하며 나라를 팔고 망친 것은 모두 개화인의 소행이었고, 망국을 통분하여 순절하고 의병을 일으킨 것은 수구인이었다. 모두가 수구인의 마음과 같이 하였더라면 나라는 혹시 망하지 않았을지 모르고 또 망했다 하더라도 그렇게 빨리 망하지 않았을 것이다. 무릇 남의 나라를 빼앗는 데에는 먼저 그 나라 사람들의 마음을 빼앗고 마음만 빼앗으면 땅을 빼앗는 것은 어렵지 않다." 의병장 유인석의 말입니다. 유인석의 입장이 되어 애국 계몽 운동가들을 설득해 봅시다.

만주로 간 소년 의병

무장 항일 투쟁

"나는 대한국 의병 중장의 자격으로 그를 제거한 것이다." 우리는 안중근 열사가 이토 히로부미를 저격한 사실은 잘 알지만 그가 의병이었다는 사실은 잘 모르지요. "풍찬 노숙하다 이곳에서 죽노니 우리들 이천만 형제자매가 나의 끼친 뜻을 이어 자유 독립을 회복하면 죽는 자 유한이 없겠노라." 눈시울이 뜨거워지는 열사의 유언을 따라 항일 무장 독립 투쟁의 현장으로 들어가 봅시다.

우리 동포를 건질 이 나와 너로다

일본이 조선을 집어삼키려는 시커먼 속내를 드러내자 전국적으로 일
어난 의병 운동은 점차 항일 전쟁으로 발전했다. 그러나 일본의 대대적인 탄압으로 국내 활동이 어려워지면서 이들은 새로운 활동 무대를 찾아 국경을 넘었고, 만주나 연해주로 자리를 옮겨 의병 투쟁을 이어 나갔다. 김약연, 이회영 등이 만주 곳곳에 독립운동 기지를 만들었고, 안중근 역시 러시아 블라디보스토크에서 의병을 모았던 의병 부대의 참모 중장이었다. 일본의 폭력적인 무단통치 아래에서도 조선인의 대한 독립 만세 소리는 천지를 뒤흔들었고, 3·1 운동 이후 나라 밖의 독립운동이 더욱 크게 불붙었다. 그동안 흩어져 있던 무장 항일 세력들은 점차 힘을 합치거나 통합해 압록강과 두만강을 넘어 일본군의 군사시설이나 파출소를 습격하기도 했다. 홍범도가 이끄는 대한 독립군과 김좌진이 이끄는 북로군정서군이 청산리에서 일본을 크게 물리쳐 사람들의 마음에 희망을 불어넣었다.

나라 밖에서 울려 퍼진 노래

"신 대한 독립군 백만 용사야 조국의 부르심을 네가 아느냐
삼천리 삼천만의 우리 동포를 건질 이 나와 너로다
나가 나가 싸우러 나가 독립문의 자유종이 울릴 때까지 싸우러 나가세"　　　- 독립군가

그러나 엄혹한 세월, 충분한 준비를 갖추고 전쟁에 참여한 이가 몇이나 될까? 늘 추위와 굶
주림에 시달렸고 전투에서 항상 승리하는 것도 아니었다. 조여드는 일제의 감시에 잠시도
마음을 놓을 수 없는 건 물론이었다.

"철모르고 연약한 어린 이 몸이 / 정 깊은 고향을 등져 버리고
급행열차 한구석에 몸을 실은지 / 어언간 십여 년이 지나갔구나
정거장에 기차는 떠나려할 제 / 사랑하신 어머님은 눈물 흘리며
네가 이제 떠나가면 언제 오려나 / 눈물 섞인 그 말씀을 못 잊겠구나
쓸쓸한 이국땅에 홀로 세우며 / 어머님을 그려본지 몇 번이더냐
이내몸이 돌아갈 날 언제이런가 / 이천만 우리 동포 손목을 잡고
무궁화 삼천리 넓은 강토에 / 태극기 휘날릴 날 그때이로다   - 이향가

누군들 죽음이 두렵지 않겠습니까?

해질 무렵 저녁을 짓던 심부름하는 아이가 그릇을 떨어뜨리며 달려와서 소리쳤다. "선생님,
의병이 나타났습니다. 여기 군인들이 왔어요." 순간 5, 6명의 의병들이 뜰로 들어섰다. 나이
는 18세에서 26세 사이였고 그중 얼굴이 준수하고 훤칠한 한 청년은 구식 군대의 제복을 입
고 있었다. 나머지는 낡은 한복 차림이었다. 그들은 각기 다른 종류의 총을 들고 있었는데
하나도 성한 것이 없어 보였다. 그중 인솔자인 듯한 사람에게 말을 걸었다. "당신들은 언제
전투를 했습니까?" "오늘 아침에 저 아랫마을에서 전투가 있었습니다. 일본군 4명을 사살
했고, 우리 측은 2명이 전사했고 3명이 부상을 입었습니다." "일본을 이길 수 있다고 생각
합니까?" "이기기 힘들다는 것을 알고 있습니다. 우리는 어차피 싸우다 죽게 되겠지요. 그
러나 좋습니다. 일본의 노예가 되어 사느니 자유민으로 죽는 것이 훨씬 낫습니다."
영국인으로 런던 〈데일리 메일〉의 러일전쟁 종군기자로 한국을 찾았던 맥켄지가 1907년 양
평에서 의병을 인터뷰한 내용이다. 누군들 죽음이 두렵지 않겠는가? 사진 속 어린 의병의
앳된 얼굴과 이런 말을 하던 독립군들의 마음을 잊어서는 안 될 것이다.

10 식민지 근대화

그래,

식민지 시대에 경제가

발전한 것은 사실이야

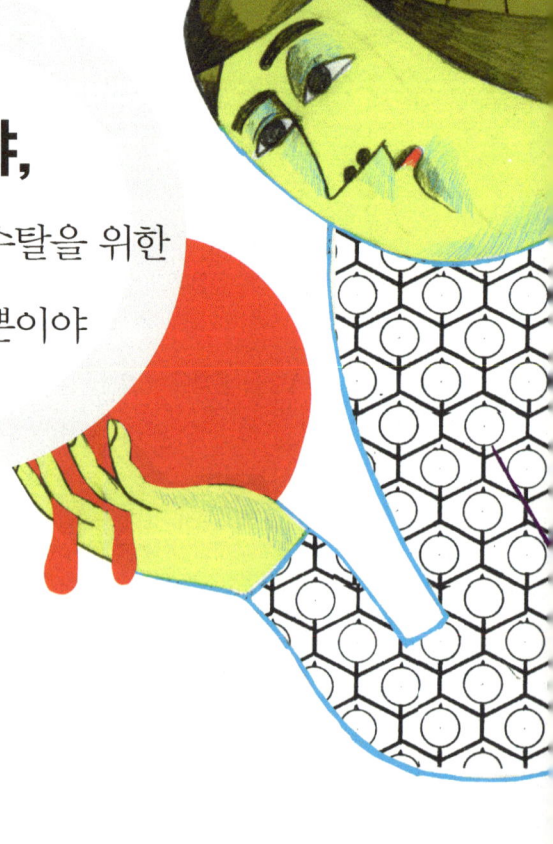

아니야,

식민지 근대화는 수탈을 위한

개발이었을 뿐이야

● 몇 년 전, 정치학자 한승조 교수는 "일본의 식민 지배는 한국에 축복이었다."라는 글을 일본의 한 우익 잡지에 실었습니다. 그리고 그 이유를 다음과 같이 밝혔지요. 첫째, 당시 한국은 일본이 아니면 러시아에 합병될 처지에 있었는데 만약 러시아에 합병당했다면 스탈린 치하에서 강제 이주를 당했거나 학살당했을지 모르므로 일본에 합병된 것은 다행이다. 둘째, 한 · 일 양국의 인종적 · 문화적 뿌리가 같기 때문에 한국의 민족문화가 일제 통치 기간에 더욱 성장하고 발전하였으며 일제가 한글 교육을 폐지하였다고는 하지만 1937년부터 45년까지 짧은 기간 동안만 금지해 한국 문화에 큰 손실을 입히지는 않았다. 셋째, 일본의 식민 지배를 받는 과정에서 일본에게 지지 않겠다는 경쟁의식이 생겨 해방 이후, 한국의 빠른 성장과 발전을 자극하는 촉진제가 되었다. 이렇게 일제의 식민 지배를 대놓고 미화하자 사람들은 거센 비난을 퍼부었습니다. 그런데 이처럼 노골적이지는 않지만 일제의 식민 지배 아래에서 경제 발전이 이루어졌고, 이것이 한국 경제성장의 바탕이 되었다는 주장이 일부 학자들을 중심으로 꾸준히 제기되어 왔습니다. 바로 식민지 근대화론이지요. 식민지 근대화론이 등장한 시기는 구소련과 동유럽의 사회주의 국가들이 몰락하고 북한의 경제가 쇠퇴하는 한편 대한민국 남한은 OECD에 가입할 정도로 경제가 성장하던 때였습니다. 그때 한국의 경제성장의 뿌리를 묻는 식민지 근대화론이 등장했던 것이지요.

생각열기

일본이 우리나라를 잘살게 만들어 주었다니, 말도 안 돼. 지금 교과서 왜곡이랑 독도 문제만 갖고도 머리가 아플 지경인데 식민 통치를 미화하는 이야기를 하는 이유가 뭐야? 그건 적군과 아군도 구별하지 못하는 태도라고.

글쎄, 나도 처음엔 그게 무슨 망언이냐고 생각했어. 하지만 조금만 생각해 봐. 일본의 통치를 받기 전에 조선은 봉건시대였어. 양반 상놈이 구분되는 신분제도가 엄연히 존재했고 농업이 중심인 사회였잖아. 그런데 식민지 시절에 일본에서 자본이 들어와 공업 발전이 시작되었잖아.

일본이 우리나라가 좋아서 도와주려고 자본을 들여와 공장을 지었을까? 설마 일본이 호의를 베풀어 우리나라를 근대화시켜 줬다고 말하려는 건 아니겠지? 일본이 왜 조선에 공장을 지었겠니? 조선의 노동력과 자원을 빼앗기 위한 거라고. 그건 초등학생들도 다 아는 사실이야.

흥분하지 말고 내 말을 들어 봐. 우선 철도만 생각해 봐. 철도는 처음에 산업을 일으키는 데 꼭 필요한 거잖아. 근데 지금 있는 철도 대부분이 일제시대에 놓인 거라는 걸 너도 알지? 철도를 놓으려면 많은 돈이 필요한데 그 당시에 조선은 그럴 능력이 전혀 없었어.

36년이라는 세월은 짧지 않습니다. TV에 종종 등장하는 1970년의 서울과 그 36년 후인 2006년의 서울 풍경을 비교해 보세요. 엄청난 변화가 있지요? 일제 강점기 36년 동안 나라를 빼앗긴 우리 민족은 주권을 강탈당해 온갖 서러움과 고통을 당했지요. 그러나 1910년과 1945년의 삶의 모습은 분명히 다릅니다. 철도가 놓였고 공장이 세워졌으며 사람들은 조선 시대의 봉건적인 삶에서 벗어나 근대화된 삶을 살기 시작했으니까요. 다음에 이어지는 대화를 읽고 이 변화의 의미를 어떻게 받아들여야 할지 생각해 봅시다.

일본이 아니라도 만들 수 있었을 거야. 우리가 나라를 빼앗기지 않았다면 우리 스스로 만들어 나갈 수 있었을 거라고. 그때 조선에 돈이 없었던 건 사실이지만 그럼 일본이 아니라 다른 나라에서 얼마든지 빌려서 만들 수 있지 않았을까?

만약에 그랬다면 어떻게 됐을까를 지금 얘기해 봐야 뭐하니? 러시아나 미국에서 돈을 빌렸다면 러시아나 미국에 나라를 빼앗겼을 수도 있어. 그건 모르는 일이야. 나도 일본이 조선을 수탈하려고 철도와 공장을 건설했다고 생각해. 그런데 의도야 어쨌든 간에 조선이 일제시대에 근대화되었다는 결과가 중요한 게 아닐까?

의도보다 결과가 중요하다고? 발전이라는 건 그 발전을 이루어 가는 사람들이 그 과정에 어떻게 참여하느냐가 제일 중요한 문제 아닐까? 오랜 역사 속에서 서서히 싹트던 근대화의 싹을 단칼에 잘라버린 게 바로 일제야. 식민지 조선인들이 경험한 건 억압과 차별뿐이었어. 철도도 공장도 전부 수탈과 전쟁을 위한 거였어. 우리는 남의 전쟁에 말려들어 피눈물을 흘렸다고.

식민지 시대에 일본은 가해자이고 우리는 피해자라는 건 분명해. 또 그래서 사람들이 감정적으로 나오는 것도 이해되고. 하지만 역사라는 게 마음만 갖고 하는 건 아니잖아. 일제시대의 통계와 자료만 놓고 보면 조선은 분명히 발전했거든. 이걸 부정할 수는 없다고 생각해.

그래,
식민지 시대에
경제가 발전한 것은 사실이야

객관적인 경제지표가 성장했다

일본이 우리나라를 강제로 점령하여 우리 민족을 억압했다는 사실을 부정하는 사람은 없습니다. 그런데 일본의 억압 체제는 의도하지 않았던 결과를 낳았습니다. 일제는 우리나라를 지배하기 위해 자본과 기술을 도입했지만 그 결과로 자본주의적 경제성장이 일어난 거죠. 따라서 일제가 우리나라를 식민지로 지배하는 동안 근대적인 경제 발전의 토대가 마련되었다고 볼 수 있습니다. 우리나라는 일본과 맺은 강화도조약을 계기로 세계 자본주의의 체제▪안에 놓이게 되었습니다. 사람들은 흔히 강화도조약이 조선에 매우 불평등한 조약이었으며 그 후에 이어진 일본의 침략 때문에 한국이 스스로의 힘으로, 즉 내재적으로 자본주의화 할 수 있는 싹이 죽어 버렸다고 생각합니다. 다시 말해 일본인 자본의 진출로 조선인 자본이 정체하거나

1920년대 일본인 상점들이 즐비한 남대문통의 모습이다.

몰락했다는 주장이지요. 그런데 꼭 그렇기만 할까요? 일단 세계 자본주의 체제 안에 들어가면 불평등조약 체제건 식민지 체제건 상관없이 한국 사회 내부에서 자본주의로 발전할 수 있는 요소가 싹트게 됩니다. 아니, 시장 제도를 형성하는 데 있어서는 비식민 체제보다 오히려 식민 체제가 훨씬 앞서 간다고까지 말할 수 있습니다. 왜냐하면 제국주의 체제▪에서 식민지는 결국 자기 나라의 일부나 마찬가지로 여겨져 식민지의 발전을 고려하지 않을 수 없기 때문입니다. 예를 들어 중국의 강남 지방과 대만은 경제 발전 수준이 동일했지만 청일전쟁의 결과 대만이 일본의 식민지가 되어 자본주의 경제권 안에 들어가면서 대만의 중소기업들이 중국의 기업들보다 훨씬 활발하게 성장했습니다. 중국은 주권을 갖고 있어 일본의 자본주의 세력이 마음대로 중국 경제를 개혁할 수가 없었지만 대만은 일본의 식민지 권력층이 토지제도, 화폐제도, 금융 제도, 조세제도 등 시장경제

▪ 세계 자본주의 체제
교통과 통신의 발달로 상품, 서비스, 자본, 노동이 국경을 넘어 이동, 교환되는 체제. 국제경제와 같은 의미.

▪ 제국주의 체제
경제적으로 뒤떨어져 있는 국가를 침략해 정치적·경제적으로 지배하여 자신의 세력을 확장하려는 체제. 19세기 말에 등장해 20세기 초에 절정을 이루었다.

체제를 정비하여 발전할 수 있었기 때문입니다.

한국의 경우도 마찬가지입니다. 일제시대 조선인 공장 수의 급격한 증가를 보여 주는 자료처럼 객관적인 경제지표를 보면 이를 분명히 알 수 있습니다. 공장 수의 변화를 민족별로 보면, 일본인 공장수보다 조선인 공장 수의 증가 속도가 더 빨라 1910년대 말에는 그 숫자가 거의 비슷하게 되고, 1927년부터는 조선인 공장 수가 일본인 공장 수를 넘어서게 됩니다. 1930년대에는 둘 사이의 격차가 한층 더 벌어집니다. 물론 일본인 공장 중에는 종업원이 100명 이상인 큰 공장이 많았던 반면, 조선인 공장 중에는 종업원 49명 이하의 작은 공장이 압도적인 비중을 차지하고 있습니다. 조선인 자본은 일반

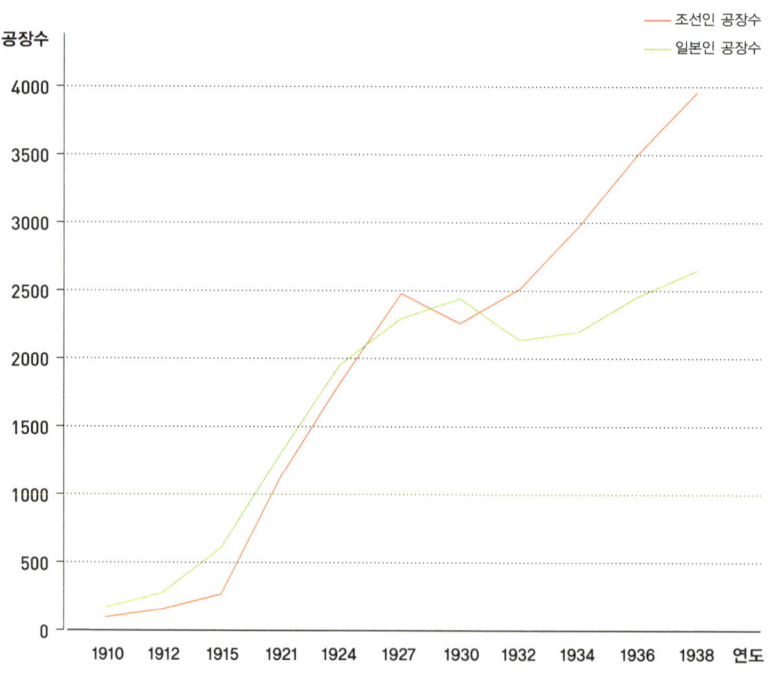

|일제시대 민족별 공장 수 추이 |

출처 : 이헌창, 「한국경제통사」

적으로 영세했고 식료품업의 비중이 높았으며 근대적 대공업으로
거의 진출하지 못하는 등 매우 취약했지요. 하지만 취약했다고 해
서 후퇴하거나 발전하지 못한 것은 아닙니다. 조선인 자본이 자금의
압박에 시달리며 미국이나 일본에서 들어온 상품과 경쟁하면서도
1930년대까지 꾸준히 성장했다는 점을 무시해서는 안 됩니다. 조선
인 공장의 자본금은 1911년에 64만 원, 1917년에 188만 원, 1919년
에 759만 원, 1925년에 1,730만 원, 1928년에 2,532만 원, 1941년에
10,185만 원으로 꾸준히 늘어났습니다. 조선인 공업은 1910년대 후
반부터 빠르게 성장하였고, 1930년대에 들어서 그 성장이 가속화되
었던 것입니다.

　공장 수의 증가와 함께 공장의 규모도 커져 갔습니다. 공장공업
발달의 초기 단계였던 1910년대에는 종업원 수가 5~49명 사이인
영세한 공장의 수가 차지하는 비율이 69.5퍼센트였다가 1915년에는
79.2퍼센트로 오히려 늘어납니다. 그러나 공업이 본격적으로 발전
하게 되는 1930년대에 들어서면 공장 규모의 영세화 경향은 반전됩
니다. 종업원 수가 50명이 넘는 큰 공장이 늘어 규모가 큰 공장이 전
체 공장에서 차지하는 비율이 증가하게 된 것이지요.

　공업화에 따라 산업구조*도 점차 고도화되었습니다. 1910년
~1940년 사이의 변화를 살펴보면 조선의 총생산에서 1차 산업인
농·임·어업의 비중이 71퍼센트에서 43퍼센트로 감소한 대신, 2차
산업인 광공업의 비중이 8퍼센트에서 29퍼센트로, 3차 산업인 서비
스업의 비중이 21퍼센트에서 28퍼센트로 증가하였습니다.

　또한 1930년대 공업화의 과정을 보면 중화학공업 부문이 더욱 빨
리 성장하여 1939년 쯤에는 중화학공업의 생산액이 경공업 생산액
을 넘어서게 됩니다. 1940년에 조선이 도달한 중화학공업의 비중은

■ 산업구조
한 나라의 경제에서 농업,
공업, 서비스업 등 각종
산업이 차지하는 비중과
이들 사이의 상호 관계를
산업구조라 한다. 처음에
농·임·수산업이 중심이
었다가 섬유·잡화·식품
등의 경공업이 발전하고
이어 방직·철강·기계·
전기·화학 등 중화학공
업의 비중이 늘고 다시 자
동차·반도체·서비스업
등의 비중이 늘어나는 현
상을 가리켜 산업구조가
고도화된다고 말한다.

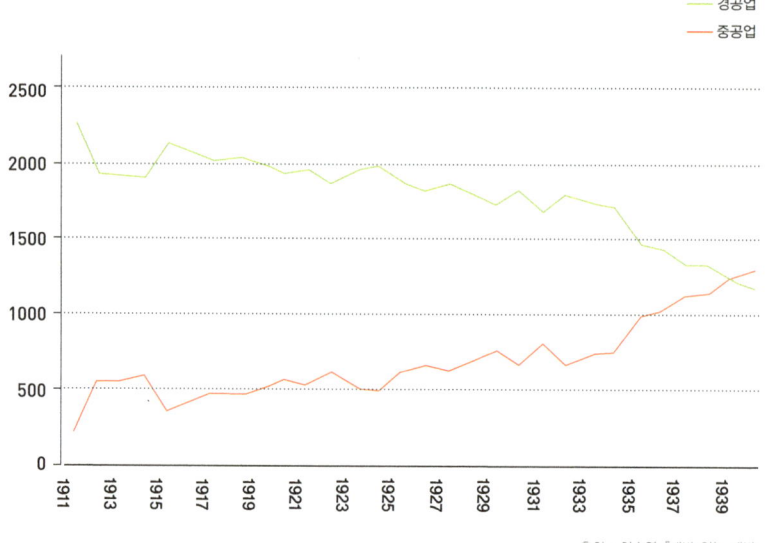

| 일제시대 경공업과 중화학공업의 구성비 |

출처 : 허수열, 「개발 없는 개발」

51.6퍼센트로 선진국을 능가하는 높은 수준이었습니다. 1929년 세계 주요국의 중화학공업 비중이 일본 39.1퍼센트, 미국 51.3퍼센트, 독일 50.4퍼센트, 영국 33.4퍼센트였는데 이와 비교해 보면 실로 놀라운 수치가 아닐 수 없습니다. 이렇게 성장할 수 있었던 것은 조선에 시장경제 체제가 도입되었기 때문입니다. 시장경제가 도입된 것은 조선이 식민지였기 때문이므로 결국 경제성장은 조선이 식민지 체제 아래에 있었기에 가능했다고밖에 볼 수 없습니다.

우리나라 경제성장의 뿌리는 식민지 시대

식민지의 억압과 착취 아래에서 어떻게 이런 일들이 일어날 수 있었을까요? 식민지 지배가 조선의 경제 발전과 근대화에 긍정적인 영향을 미쳤다고 주장하는 식민지 근대화론자들의 말을 들어 볼까요?

"식민지 체제는 억압과 착취를 하는 동시에 식민지 개발을 위한 근대적 개혁도 단행합니다. 착취와 개발은 동전의 앞뒷면 같은 거죠. 개발 없는 착취는 고대적, 중세적 약탈일 뿐입니다. 식민지 시스템은 이와는 다르죠. 식민지 시기 한국인은 개발 사업에 말려들어 갑니다. 식민지 권력이나 일본인 자본에 봉사하기 위해서가 아니라 그저 자신들의 생활을 유지하기 위해서였죠. 그러나 그 과정에서 조선인들은 자신도 모르게 농민, 자본가, 노동자 등 자본주의 경제 발전을 담당하는 주체로 활발히 성장해 나갔던 겁니다."

이들은 더 나아가 이런 활동 양상이 해방 후 더욱 활발히 전개되어 그것이 1960년대 한국 경제 발전의 원동력이 되었다고 주장하지요. 이를 뒷받침하기 위해 식민지 근대화론자들은 지난 100년간 우리나라 경제성장에 큰 영향을 끼친 정책으로 다음 세 가지를 꼽습니다.

첫째는 1920년대에 시행된 산미 증식 계획█입니다. 이 계획은 농사 개량 사업과 토지개량사업으로 구성되어 있습니다. 토지개량사업은 수리 시설의 확보가 중심이었으므로 농업 기반을 마련하는 사업이었습니다. 농사 개량 사업은 품종개량과 거름 및 비료를 주는 방법의 개선 및 농사 기술의 개량 등이 그 내용이었습니다. 결국 산미 증식 계획 자체는 쌀을 일본으로 가져가기 위한 것이었음에도 불구하고, 농업의 기반을 마련하고 농사 방법을 크게 개선함으로써 조선 농업을 한 단계 발전시킨 셈입니다.

둘째, 1940~1945년에 걸쳐 시행된 식민지 공업화 정책입니다. 이는 1937년 중일전쟁이 일어난 이후 일본의 대륙 침략 정책의 일

■ **산미 증식 계획**
일제가 1920~1925년과 1926~1934년 두 차례에 걸쳐 조선의 쌀 생산을 늘리기 위해 시행한 식민지 농업정책.

1920년대 말 군산의 현대식 도정공장의 모습이다.

■ 군수 병참기지
1931~1945년까지 한반도
를 일본의 대륙 침략 및
태평양전쟁 수행을 위한
전쟁 물자 공급 기지로 이
용한 식민지정책. 광산 개
발, 군수품 생산 공장 설
립, 인력의 강제 동원 등
각종 정책이 포함되어 있
다.

환으로 추진된 것이었지요. 일본은 조선을 전쟁을 위한 군수 병참기
지■로 만들고자 했습니다. 다시 말해 이 계획은 자금 조달에서 물자
동원에 이르기까지 모든 것을 아우르는 '국가총동원 체제'를 의미했
지요. 따라서 식민지 공업화 정책은 악명 높은 강제징용을 불러왔
고, 한반도 전체는 전쟁에 휩쓸려 들어갔습니다. 조선인들은 전쟁에
끌려나갔을 뿐 아니라 군수산업을 비롯한 각종 공업 현장에서 가혹
한 노동 착취를 당했지요. 그런데 이는 식민지 치하의 가혹한 시련
이라는 의미 외에 또 다른 중요한 의미를 갖고 있습니다. 바로 처음
으로 자본주의를 경험했다는 사실이지요. 왜냐하면 식민지 공업화
는 한국인에게 있어 최초의 공업화 경험이었기 때문입니다.

마지막으로 1960년대 이후의 수출 지향 공업화 정책입니다. 이
정책은 저개발 국가들이 경제 발전을 위해 일반적으로 추진하는 정

책이지요. 중국을 비롯한 옛 사회주의 국가들이 추진하고 있는 개혁 개방정책도 기본적으로는 수출 지향 공업화 정책을 본뜬 것에 불과합니다. 저개발 국가들은 개발 초기에 국내 경제만으로는 자본, 기술, 시장 등 모든 것이 부족해 어려움을 겪습니다. 이를 극복하기 위해 우선 개방체제▪를 만들고, 외국에서 부족한 자본과 기술을 도입해 조립 · 가공 산업을 일으켜 그 생산물을 해외시장에 수출하지요. 이를 통해 외화를 벌어들이는 동시에 좁은 국내시장의 한계를 뛰어넘는 것입니다. 한국은 이 과정에서 눈부시게 성공하여 30년 정도의 짧은 기간에 저개발국에서 선진국의 문턱에까지 이르렀습니다.

그런데 이렇게 빠른 성장이 가능할 수 있었던 원동력은 무엇일까요? 바로 일제시대에 조선이 경험했던 공업화 덕분이 아닐까요? 식민지 공업화 과정에서 조선인 자본가계급이 나타났으며, 경제 발전을 위한 사회적 기반이 형성되었기 때문이지요. 미국의 역사학자 카터 에커트▪는 일제시대 경성방직 경영에 참여했던 고창 김씨 가문이 주식회사 경방, 동아일보, 고려대학교, 삼양사 등을 설립해 경제 발전에 기여한 사실을 연구했습니다. 이를 통해 한국 경제 발전의 뿌리가 일제시대에 있음을 보이기도 했습니다.

일본이 처음 강제 병합을 했던 시기에 100개에도 미치지 못했던 조선인 공장 수가 1940년이 되자 4,000개가 넘었고, 1만 5,000명에 불과하던 공장노동자 수도 30만 명으로 증가한 사실은 무엇을 말해줄까요? 비록 규모가 작아도 공장과 회사를 관리하고 운영해 본 경영자와 근대적인 공장 노동을 경험하고 그곳에서 숙련을 쌓은 노동자가 이미 식민지 시대에 다수 형성되었음을 뜻하는 것입니다. 이는 고스란히 해방 후 한국 경제 발전의 밑거름이 되었습니다.

▪ **개방체제**
외국과의 거래가 자유로운 경제체제. 관세장벽을 낮추고 자유무역협정을 맺는 등 나라 간에 상품 · 서비스 · 자본 등이 자유롭게 유통될 수 있도록 만든다.

▪ **카터 에커트**
Carter Eckert
미국의 역사학자, 해외의 한국학 연구 1세대. 저서에 『제국의 후예』 『한국 근대화 기적의 과정』 등이 있다.

위는 송도원 해수욕장, 아래는 신풍리 스키장. 1920년대 모습이다.

생활수준의 향상

일제시대 1인당 식량 소비량이 감소했다는 사실을 들어 식민 치하에서 조선인의 생활이 극도로 열악해졌다고 흔히 말하지만, 당시 풍경을 떠올려 보면 사람들은 양복을 입고 전차를 타고 라디오를 들으며 살았습니다. 근대적 삶을 살았던 거죠. 실제로 1인당 쌀 소비량은 감소되었지만 주택 수요라든지 교육 수요, 의복 수요 등 기타 문화적 수요는 크게 늘어났습니다. 취학률도 크게 높아졌지요.

당시의 1인당 소득과 소비의 변화를 살펴볼까요? 물론 소득이 증가하더라도 분배가 제대로 이루어지지 않거나 여가 시간이 없으면

	서상철		미조구치		김낙년	
	1인당 소득	1인당 소비	1인당 총지출	1인당 소비	1인당 소득	1인당 소비
1912~20년	2.0	-	4.4	2.6	3.0	2.2
1920~30년	1.7	0.1	-0.7	-0.1	1.4	1.7
1930~39년	3.1	3.0	5.2	3.5	2.9	1.9
전기간	2.3	1.6	2.5	1.8	2.3	1.9

생활수준이 향상되지 않을 수도 있지만, 평균 소득과 소비가 증가하지 않는데 생활수준이 향상될 수는 없습니다. 1912~1939년 사이 조선의 1인당 소득 증가율은 연 2.3퍼센트였는데, 이는 같은 기간 일본의 1.5퍼센트나 대만의 1.1퍼센트, 미국의 1.7퍼센트보다 높았습니다. 당시 세계 평균인 0.9퍼센트에 비하면 대단한 성장률입니다. 조선의 경제가 지속적인 성장 국면에 들어섰음을 보여 주는 지표지요. 일반적으로 소득이 증가하면 식료품비의 비중은 줄고 다른 품목의 비중이 커지는 엥겔계수▪ 저하 현상이 나타납니다. 그런데 이러한 패턴이 식민지 조선에서도 나타났습니다. 1910년대 초 74퍼센트였던 엥겔계수가 1930년대 말이 되면 63퍼센트 정도로 10퍼센트 이상 하락한 거죠. 전체 생활비 가운데 식료품비의 비중을 나타내는 엥겔계수가 하락하였으므로 사람들의 생활수준이 개선되었다고 보는 것이 합당합니다.

이를 두고 소득 증가분과 소비 지출분의 대부분을 일본인들이 차지했으며 조선인은 이를 향유하지 못했다고 반박하는 사람들이 있습니다. 그러나 경제가 연 4퍼센트씩 성장하는

▪ 엥겔계수
가계가 지출한 총액에서 식료품비로 지출한 금액이 차지하는 비율을 가리킨다. 필수품인 식료품은 소득 수준에 관계없이 어느 가계에서나 일정한 수준의 소비를 유지하기 때문에 소득이 높을수록 엥겔계수는 낮아지고, 소득이 낮을수록 엥겔계수는 높아진다.

1930년대 분과 크림

데 인구의 대부분을 차지하는 조선인의 소득이 증가하지 않는다는 것이 과연 가능할까요? 전체 경제가 2~3배로 팽창할 때 일본인들이 그 증가분을 모두 독차지할 수는 없습니다.

물론 1인당 소득·소비수준이 향상되었다고 조선인 소작농이나 노동자의 소득·소비수준 또한 향상되었는지는 분명치 않습니다. 당시 계층 간 분배 상황을 파악해 보면, 숙련 부문 노동자 임금은 상승했으나 비숙련 노동자" 임금은 그대로였기 때문입니다. 그 이유는 무엇일까요? 1912년~1939년의 조선 내 인구는 31.1퍼센트나 증가하였습니다. 근대 의학 및 공중 보건 제도의 도입에 따라 사망률이 낮아진 결과지요. 당시 다수의 인구가 일본과 만주 등 해외로 빠져나간 것을 생각하면 실제 인구 증가는 가히 폭발적이었다고 볼 수 있습니다. 바로 이 과잉인구가 노동시장의 균형을 깨뜨려 비숙련 노동자의 임금 정체를 가져왔던 것이지요. 한국에서 농촌 과잉인구가 해소되어 주민들의 생활수준이 개선된 것은 1970년대 중반의 일이었습니다. 따라서 노동자들의 낮은 임금과 분배의 악화 현상을 들어 당시 경제성장이 없었다고 말할 수는 없습니다.

식민지 지배하에서 조선이 근대화되었다고 주장하는 것은 일제의 식민 통치를 미화하려는 것이 아닙니다. 다만 여러 수치와 통계를 살펴볼 때 일제의 식민 지배가 한국의 자본주의적 변화를 촉진했고 그 과정에 조선인이 참여했으며, 오늘날 우리의 고도성장의 기원이 바로 거기에 있다는 것을 말할 뿐입니다.

■ 숙련·비숙련 노동자
일정한 훈련·교육을 받음으로써 고도의 복잡한 작업을 할 수 있게 된 노동자를 숙련 노동자, 단순 노동에 종사하는 노동자를 비숙련 노동자라 한다. 일제시대 숙련 부문 노동자는 금은세공, 주물, 재봉 등이었고 비숙련 노동자는 농업 인부, 건축 잡역부 등이었다.

아니야,
식민지 근대화는 수탈을 위한
개발이었을 뿐이야

누구를 위한 개발인가?

우리나라 최초로 건설된 경인 철도 준공식 장면을 찍은 사진을 보면 제일 먼저 눈에 띄는 것이 일장기와 성조기입니다. 제국주의 열강은 정치적·경제적·군사적 이익을 안전하게 확보하기 위하여 교통수단을 장악하려 했습니다. 철도와 같은 교통수단은 그 자체로 커다란 이권이 되기도 하였지요. 일본은 식민지 조선에서 경제적 수탈과 대륙 침략을 위해 철도를 놓았습니다. 서울과 인천을 잇는 경인선 철도 부설권은 처음에는 미국이 가졌으나, 이를 일본이 사들여 완성하였지요. 일제의 「대한시설강령」이란 문서에는 "교통기관을 장악할 것 ; 중요한 교통 및 통신 기관을 장악하는 것은 정치·군사·경제 여러 면에서 아주 중요하다. 교통기관인 철도 사업은 한국을 경영하는 데 가장 중요한 것이라 할 수 있다."라는 내용이 나와 있습니다.

■ **대한시설강령**
러일전쟁이 한창 진행 중이던 1904년 5월 31일, 일본이 대한제국으로부터 획득한 이권을 더욱 강화하기 위해 작성한 문서. 대한방침이라고도 불린다.

경인철도 준공식 장면

일본이 조선의 근대화를 위해 철도를 놓았을까요? 침략을 위해 기초를 다졌을 뿐입니다. 침략을 위해서였든 다른 무엇을 위해서였든 어쨌든 발전한 것은 맞다고요? 일제강점기에 철도가 꾸준히 늘어났다는 사실만 봐도 알 수 있지 않느냐고요?

식민지 시대에 근대화가 이루어졌다고 주장하는 사람들은 객관적인 성장 지표를 중시합니다. 그래서 조선총독부에 의해 이루어진 근대적 토지소유권의 도입과 근대적 재정·통화제도를 높이 평가하지요. 철도뿐 아니라 식민지 시대에 도로, 항만, 교통, 통신 설비가 확충되고 시장경제가 발전함으로써 조선의 경제 발전을 자극했다고 강조합니다. 그런데 이런 이야기는 식민지 시대에 바로 일본 자신이 주장한 논리였습니다. 1923년 3월의 〈동아일보〉 사설을 볼까요?

일본 사람은 입만 열면 조선 사람에게 자랑하기를 일삼는다. 일한병합 후 불과 10년에 도로가 여차히 개척되고 교통이 여차히 발달되고 도시가 여차히 확장되고 저축이 여차히 증진하고 부력富力이 여차히 향상되고 무역이 여차히 조장되고 운운하며 조선 사람에게 감사하라는 뜻을 표하고, 자기의 요구대로 감사의 뜻을 표하지 아니하면 조선 사람은 은의恩義를 모르는 야만 사람이라 미개 인종이라 하여 매도하기를 시작하는도다. 보라, 우리 조선 사람은 조선의 교통이 발달된 것을 목전에 보노라. 조선의 도로가 개척된 것을 보노라. 도시가 확장된 것을 보노라. 그러나 그 확장된 도시는 뉘 도시며 그 발달된 교통은 뉘 교통이며 그 개척된 도로는 뉘 도로인 것을 잘 아노라. 그 도시는 조선 사람이 집을 지키고 살림하는 도시가 아니라 조선 사람이 집을 팔고 도망하는 도시가 아닌가! 그 교통기관은 조선 사람이 의지하여 수입의 원천을 짓는 교통기관이 아니라 다소의 편리를 이용하여 조선 사람의 피를 빨아먹고 주머니를 빼앗아 가는 교통기관이 아닌가! 도로의 개척. 아! 이것은 그 곁에 섰는 조선 농부와 상인의 살 자리를 파서 무덤을 만드는 그 도로의 개척이 아닌가!

숫자, 그래프, 통계의 함정

이러한 개발은 조선인들에게 과연 어떤 의미였을까요? 식민지 조선 경제를 이해하는 데 가장 본질적인 것은 민족문제일 것입니다. 왜 그럴까요? 식민지 사회는 이민족에 의한 지배가 핵심이므로 사회문제를 분석할 때 민족문제를 핵심적인 요소로 포함하지 않으면 안 되기 때문입니다.

그런데 식민지 근대화론자들은 당시에 나타난 경제 현상을 분석해 이를 이해하는 일과 식민지 지배의 부당성을 비판하는 일은 다른 차원의 문제라고 주장합니다. 강제로 주권을 빼앗은 식민 통치는 부당하지만, 경제성장은 실증적이고 객관적으로 파악해야 한다는 것이지요. 그런데 주권을 침탈한 것도 조선총독부였고, 경제성장의 기반을 조성한 것도 조선총독부인데 이 둘을 어떻게 분리해서 이해할 수 있을까요? 식민지 근대화론자들의 주장은 얼핏 들으면 그럴듯해 보이지만 실은 모순적입니다. "지배를 위한 성장이었다."라고 비판하든지, 아니면 "성장을 위한 지배였다."라고 긍정해야 할 것입니다.

또한 식민지 근대화론자들이 내세우는 객관적인 통계에도 문제가 있습니다. 우선 1941~1950년까지의 통계에 공백이 있다는 점입니다. 이 시기는 일본이 태평양전쟁■으로 치달으면서 식민지 수탈을 강화해 조선인들의 생활수준이 가장 악화되었던 시기입니다. 이 시기가 빠진 통계를 어떻게 신뢰할 수 있을까요? 또 인구센서스가 처음 실시된 것은 1925년으로, 그 이전 시기인 1910년대의 지표는 일부를 가지고 미루어 추정한 것에 불과합니다. 만약 1910년대의 성장 지표를 낮게 추정하면 전체 성장률이 높아지고, 반대로 높게 추정한다면 전체 성장률이 낮아지게 되는 거죠. 이렇게 불완전한 통계를 가지고 일제시대의 경제성장률을 계산해 이를 경제성장의 근거로 제시하는 것은 문제가 있습니다.

더 근본적인 문제는 통계를 해석하는 데 있습니다. 숫자나 표로 제시되는 통계는 객관적이고 중립적인 것처럼 보이지만 과연 그럴까요? 조선총독부의 통계자료를 비판하기 위해 출판되었던 『숫자조선연구』■에는 다음과 같은 내용이 나옵니다. 바로 1929년에 무역량이 크게 증가하였지만 조선의 수입품 중 75퍼센트나 되는 일본 상품에는 관세가 제대로 부과되지 않았다는 내용이지요. 왜 그랬을까요? 조선이 식민지였기 때문입니다. 만약 조선이 독립된 국민경제 체제였다면 조선은 막대한 관세 수입을 올려 백성들의 다른 부담을

■ 태평양전쟁
제2차 세계대전 중 1941년 일본이 미국 진주만을 공격하자 미국이 참전해 1945년 8월 15일 일본 천황이 항복을 선언하기까지 태평양과 아시아 지역에서 벌어진 전쟁을 말한다.

■ 숫자조선연구
이여성, 김세용이 1931~1935년까지 다섯 권에 걸쳐 조선총독부의 공식 통계에 반박하기 위해 식민지 조선의 토지, 자본, 금융거래, 인구문제, 노동자와 공업 시설 현황 등 다양한 분야의 통계를 모아 분석한 자료.

1935년경 대일 반출미가 야적된 인천항의 모습이다.

줄여줄 수 있었을 것입니다. 그러나 무역량의 증가만 통계에 반영될 뿐, 식민지라서 일본에 관세를 매기지 못해 조선 경제가 당한 불이익은 통계에 반영되고 있지 않습니다. 그런데도 전체 무역량이 늘었으니 경제가 성장했다고 말할 수 있는 것일까요? 이처럼 양적 지표만 놓고 보면 조선이 근대적 경제성장을 이룬 것처럼 보이지만, 그 수치 속에 가려진 식민지의 불평등하고 참담한 현실은 놓치고 마는 것입니다.

통계란 실증적 지식에 근거해 국가를 통치하려는 근대국가의 산물이고, 그 핵심을 이루는 것이 인구통계와 경제통계이지요. 따라서 식민지 조선의 통계조사와 통계자료는 식민 통치와 밀접하게 관련된 지식과 정보이자 그 식민 통치의 산물입니다. 조선총독부는 온갖 종류의 통계와 표, 그래프를 통해 자신들이 식민지 조선을 얼마나 잘 통치하고 조선인의 삶을 얼마나 좋게 만들었는지 보여 주려 했을 것입니다. 따라서 현실을 반영한 합리적인 통계 해석이 꼭 필요합니다. 숫자와 통계에만 묻힌다면 일본이 왜 조선을 식민지로 만들어 자본을 투자하고 근대화를 시도하려고 했는지 알 수 없게 되기 때문입니다.

식민지 근대화의 눈물겨운 실상

식민지 근대화론자들은 1960년대 이후 한국이 고도성장을 이룩한 것도 일제시대의 근대화 덕분이라고 주장합니다. 일제시대의 인적·물적 유산이 해방 후 한국 경제의 밑거름이 되었다는 거죠. 하지만 일제시대 전 기간에 걸쳐 고급 기술자는 일본인, 하급 노동자는 조선인이라는 식민지적 고용구조가 계속되었습니다. 조선인들은 생존을 위한 가혹한 노동에 시달렸지요. 특히 강제징용이 자행된 식민지 마지막 시기, 대부분의 조선인 노동자는 탄광이나 토목 건설 현장에 단순 노동자로 투입되었을 뿐이었습니다. 일제시대에 조선에 진출한 대표적인 일본 기업인 가네보 방직 회사의 경우, 해방 이후 단순노동을 할 사람은 물론 공장 경영자와 기술자도 없고 부품도 부족해 공장 가동이 전면 중단되었습니다. 이처럼 일제가 조선인 기술자와 숙련 노동자를 육성했다는 주장은 사실과 다릅니다.

조선의 민족경제는 일제시대에 근대화를 달성하기는커녕 오히려 일본에 의해 근대화가 저지되었습니다. 일제시대에 유행한 구전민요에 이런 것이 있습니다.

■ 목도
두 사람 이상이 짝이 되어, 무거운 물건이나 돌덩이를 얽어맨 밧줄에 몽둥이를 꿰어 어깨에 메고 나르는 일

말깨나 하는 놈 재판소 가고 / 일깨나 하는 놈 공동산(공동묘지) 가고

아이깨나 노을(낳을) 년 갈보질 가고 / 목도■깨나 멜 놈은 일본 간다

똑똑한 사람은 현실에 저항하다가 감옥에 끌려가고, 일 잘하는 사람은 허망하게 죽고, 젊은 여성들은 성매매에 내몰리고, 노동력이 있는 젊은이들은 너도나도 일본으로 떠밀려 가던 현실을 한탄하는 노래지요. 일제시대에 인적 자원이 만들어지기는커녕 오히려 엄청난 인적 자원의 손실이 있었던 것입니다.

또한 일제는 조선인들의 기본적인 권리를 박탈한 것은 물론이고 치안유지법, 사상보호관찰령 등 사상과 양심의 자유에 관한 각종 악법을 만들어 조선인들이 민주주의를 학습할 기회를 원천적으로 막아 버렸습니다. 더불어 교육과 언론을 통제하고 역사 왜곡을 하는 것도 모자라 일본식으로 이름을 바꾸고 일본어를 사용하도록 강요하였지요. 사람들의 의식을 마비시켜 식민 지배와 제국주의 체제에 저항조차 못하도록 만든 것입니다. 근대화란 개인들의 의식이 성장해 주체적으로 근대사회를 만들어 가는 과정이라고 할 때, 일제의 억압에 의해 사회를 발전시켜 나가야 할 자립적 개인이 형성되지 못했던 것은 너무나도 큰 민족적 손실이었습니다.

일제시대의 인적 유산이 해방 후에 실제로 어떻게 이어졌는지 볼까요? 한국산업은행의 전신인 조선식산은행 은행원의 생활을 실증적으로 분석한 글에는 지방은행 주임에 대한 내용이 나옵니다. 그는 식민지 시대 술독에 빠져 살았음에도 불구하고 해방 후 이사로 승진하고 은행장까지 되었지요. 어떻게 그럴 수 있었을까요? 식민지 시기의 학력과 실무 경험 덕분이었을까요? 그렇지 않습니다. 해방으로 일본인이 물러나자 이에 따른 인력 공백 때문에 이사가 되고 은행장이 될 수 있었던 것입니다.

식민지 시대에 성장의 기원이 있다 하더라도 그것은 어디까지나 가능성일 뿐입니다. 그것이 현실로 전환될 수 있었던 계기는 독립국가의 수립과 국제경제 환경의 변화라는 주장이 훨씬 더 설득력이 있지 않을까요? 식민지 말기에 사업을 시작한 자본가라 할지라도 해방 후 성장하기 위해서는 미국 중심으로 바뀐 경제 질서에 적응하는 것이 중요했으니까요.

생활수준 향상도 남의 나라 이야기였을 뿐입니다. 일제시대에도 물론 생활수준이 향상된 사람들이 있었습니다. 모던 걸, 모던 보이라 불리는 사람들이 등장하고, 경성(서울)의 호화로운 백화점에서 쇼핑하는 사람들도 나타났으며, 겨울이면 스키를 타러 가는 사람들도 생겼습니다. 그러나 대부분의 사람들은 그렇게 생활하지 못했습니다. 아니 그 이전보다 더욱 생활이 어려워졌습니다. 1920년대 조선 인구의 80퍼센트 이상을 차지하고 있었던 것은 농민입니다. 이들 가운데 80퍼센트 정도는 경작할 땅이 전혀 없거나 약간의 땅만 있었던 사람으로, 다른 사람의 토지를 빌려 경작하고 수확의 50퍼센트 이상을 소작료로 내야 했습니다. 그런데 1930년대가 되면 소작농이 더욱 증가합니다. 생활수준이 악화된 거죠. 쌀 생산량과 일본으로의 유출량 그래프를 보면 쌀 생산량은 늘었지만 일본으로 유출되는 양이 많아졌음을 알 수 있습니다. 게다가 1926~1928년 사이에는 쌀 생산량이 줄었음에도 유출량은 늘었습니다. 따라서 1인당 쌀 소비량은 줄어들 수밖에 없었지요.

1924년 〈동아일보〉에 실린 전라북도 고창군 주민의 하루 식사 실태를 볼까요? 당시 흉년이 들어서 더 열악했다고는 하지만, 대부분의 사람들이 쌀밥은커녕 끼니조차 해결하기 힘들었음을 알 수 있습니다. 심지어 굶주림에 허덕이다가 흙을 먹었다는 기사가 나오기도 했지요. 노동자들의 생활도 마찬가지였습니다. 열악한 노동조건과 낮은 임금은 기본이고, 각종 산업재해와 직업병에 시달려야 했지요.

일본 인구는 해마다 70만 명씩 늘어나고, 국민 생활이 향상되면 1인당 소비량도 점차 늘어나게 될 것이므로 앞으로 쌀은 계속 모자랄 것이다. 해마다 부족분을 다른 제국 판도 및 외국에 의지해야 한다. 따라서 지금 미곡 증식 계획을 수립하여 일본 제국의 식량문제를 해결하는 데 도움을 주는 것은 진실로 국책상 급무라고 믿는다. – 1926년 조선총독부 농림국 「조선산미증식계획 요강」에서

| 일제시대 쌀 생산량과 유출량 |

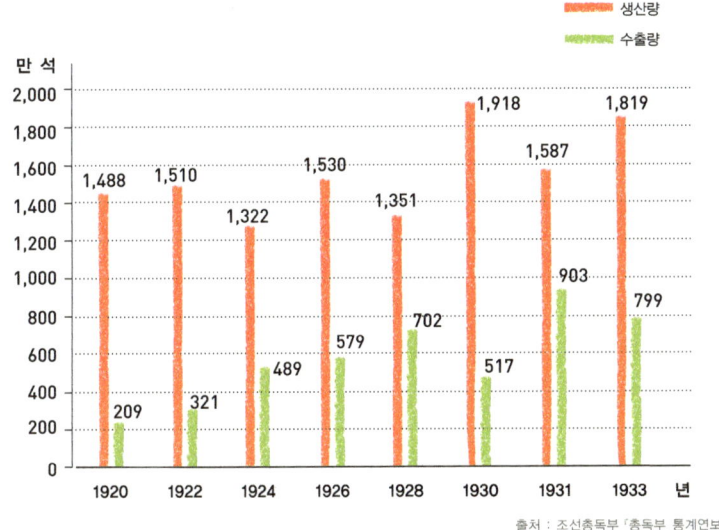

출처 : 조선총독부 『총독부 통계연보』

| 고창군 주민 식사 실태 |

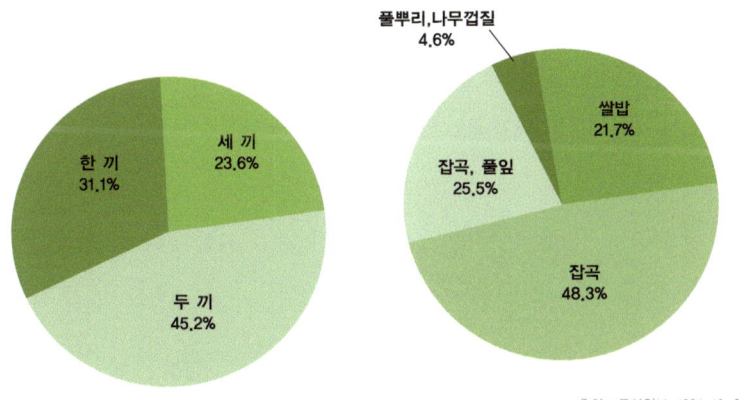

출처 : 동아일보, 1924. 10. 21

　"날마다 새벽 네 시에 일어나서 담배 싸는 일을 하로 종일 하는 네 아흔 갑을 싸서 네 통을 만드러 노아야만 겨우 3전의 삯을 받습니다. 지금 열일곱 살인데 벌써 사오 년째나 이 일을 하고 있담니다.

지독한 담배 내에 골치가 쏘고 담배 독에 손이 부르트고 하로 종일 안저서 하는 까닭에 허리가 저리고 쑤시여 못 견디지요." 1929년 잡지 〈어린이〉에 실린 글입니다. 일본에서는 이미 1916년부터 공장법이 실시되어 노동시간 및 어린이노동에 대한 규제가 이루어졌고 노동자들에 대한 최소한의 생활 보장 등이 이루어졌지만 조선에서는 식민지라는 이유로 적용되지 않았습니다. 당시 조선인 노동자는 일본인 노동자의 하루 임금인 2원 52전의 절반도 되지 않는 1원을 받는 민족 차별을 견뎌야 했지요.

농촌에서 올라와 일자리를 구하지 못한 사람들은 도시 변두리에 토막을 짓고 날품팔이꾼이 되었습니다. 대부분 지게 품팔이와 넝마주이로 생활했던 토막민들은 침구나 의복도 갖추지 못한 채 1평 남짓한 토막 속에서 겨우 목숨만 부지한 채 살았다고 합니다. 한 토막당 평균 5인 이상의 가족들이 살고 있었다고 하니 그들의 삶이 어떠했을지 짐작하는 것은 어렵지 않습니다. 서울의 경우 1931년 통계에 따르면 1,500여 호에 약 5천 명의 토막민이 있었으나 1939년에는 4,200여 호에 2만여 명으로, 10년도 되지 않아 그 수가 4배나 증가하였습니다. 부산, 인천, 평양 등 지방 도시에도 토막민이 계속 증가하였습니다. 말쑥한 양복 신사가 늘어 가고 신여성이 많아지는 것 같았지만 1936년 경성 전체 호구 가운데 70퍼센트가 월 평균 40원이 안 되는 수입으로 살아가는 가난뱅이들이었지요. 이런 상황에서 생활수준의 향상을 논할 수는 없는 일입니다. 이런데도 식민지 시대에 근대화가 이루어졌다고 말할 수 있을까요? 식민지 근대화론자들은 식민지 수탈과 조선 경제의 일본 예속화는 무시한 채, 그 과정에서 초래된 개발의 부산물만을 강조하고 있을 뿐입니다.

강도 일본이 우리의 국호를 없이 하며, 우리의 정권을 빼앗으며, 우리의 생존적 필요조건을 다 박탈하였다. 경제의 생명인 산림, 철도, 광산, 어장……, 소공업 원료까지 다 빼앗아, 일체의 생산 기능을 칼로 베며, 도끼로 끊고, 토지세·가옥세·인구세·가축세·지방세·주초세·비료세·종자세·영업세·청결세·소득세……, 기타 각종 잡세는 날로 증가하여 혈액은 있는 대로 다 빨아가고…….
— 신채호 「조선혁명선언」에서

입장 정하기

● 두 글에서 주장의 근거로 제시한 내용을 각각 요약해 봅시다.

● 다음 쟁점에 대하여 자신의 입장을 정하고 근거를 제시해 봅시다.

쟁점1 일본의 식민 지배는 한국의 경제 발전에 기여를 했다.

	그렇다	아니다
근거		

쟁점2 일제시대 한국인의 생활수준은 향상되었다.

	그렇다	아니다
근거		

쟁점3 일본에 의해 한국의 근대화가 저지되었다.

	그렇다	아니다
근거		

● "만약 일제시대 사람들이 억압과 착취는 싫다는 둥 그러면서 일 배울 생각은 안하고 매일 투쟁만 했다면 맨 파워(인적 자원)도 성장하지 못하고 지금의 경제성장도 없었을 거야." 라고 말하는 사람들이 있습니다. 반면에 "정의와 양심에 따라 독립운동에 앞장섰던 사람들이야말로 우리 사회의 진정한 맨 파워였어." 라고 말하는 사람들도 있지요. 두 가지 맨 파워 중 어느 것이 더 우리 사회에 필요한 맨 파워인지 생각해 봅시다.

식민 통치가 남긴 뜨거운 감자

친일파 청산

언론인 장지연, 1905년 을사조약이 체결되자 시일야방성대곡是日也放聲大哭, 즉 "오늘은 목 놓아 통곡해야 할 날이다!" 라는 글로 동포의 원통한 마음을 어루만져 주었던 사람입니다. 그런데 그로부터 100년이나 지난 후인 2011년, 그의 독립 유공자 서훈이 취소되었습니다. 그가 저지른 명백한 친일 행적을 덮어 둘 수만은 없었기 때문입니다. 친일 청산 문제, 그 뜨거운 논쟁 속으로 들어가 볼까요?

이제는 말할 수 있다! 그런데 다 말할 수는 없다?

노덕술이란 사람이 있었다. 귀신 같은 후각으로 독립투사를 찾아내 검거하고, 혀를 뽑는 고문까지 서슴지 않았던 일제의 고등계 형사였다. 그런데 그는 해방 후 처벌받는 대신 오히려 경찰 간부로 영전, 범죄 수사대 대장을 지내고 국회의원 선거에까지 출마했다. 어떻게 이럴 수 있었을까? 해방 후 분단과 6 · 25, 군부독재로 이어지는 뒤틀린 역사 속에서 친일파가 사회 지도층으로 행사하며 독립투사와 후손을 박해하는 동안, 친일파에 대한 이야기는 금기 사항이었다. 민주화가 이루어진 최근에 들어서야 '과거사 청산'이란 이름으로 친일 행위 진상 규명이 이루어졌던 것이다. 그런데 이광수나 최남선 등 이미 친일파로 잘 알려진 인물뿐 아니라 대학 설립자나 신문사 사주 등 한국 현대사에 엄청난 영향력을 행사한 인물들의 친일 행적이 드러나면서 한국 사회는 뜨거운 논란에 휩싸였다. 악질적인 매국노를 제외하면 대부분이 경제, 언론, 교육, 문화 등 사회 각 분야의 선각자들로 알려진 사람들이었기 때문이다.

친일파를 위한 변명

"오호라! 저 개, 돼지만도 못한 소위 우리 정부 대신이란 자들이 영달과 이득을 바라고 거짓된 위협에 겁을 먹고서 머뭇거리고 벌

벌 떨면서 달갑게 나라를 파는 도적이 되었구나. 남의 노예가 된 2
천만 동포여! 살았느냐? 죽었느냐? 아! 원통하고 원통하도다. 동
포여, 동포여!" 그런데 이 글을 쓴 장지연도 그만 친일을 하고 말
았다. 1917년 순종이 이복동생 영친왕의 일본 육사 졸업식에 참
석하러 일본을 방문하자 〈매일신보〉에 "오늘 같은 성대한 일은
일본과 조선 융화의 서광"이라는 한시를 쓰는 등 여러 편의 친일
논설과 글을 쓴 것이다.

점점 가혹해져 가는 일제의 탄압으로 미래가 보이지 않는 절망 속에서, 친일은
어쩔 수 없는 선택이었을까? 일제의 강압 통치 아래 독립운동에 나선 극소수를 제외하면
어느 누구도 협력을 거부할 수 없었다는 주장도 있다. 더구나 친일 행위를 한 소위 선각자
들은 식민 통치 아래에서 민족의 실력 양성을 위해 불가피하게 친일을 했다고 옹호하기도
한다. 이들이 일제에 부분적으로 협력해 가며 실력을 닦아 놓지 않았다면 해방 이후에 조국
발전이 가능할 수 없었다는 논리다.

과거의 역사는 곧 미래의 역사

물론 수많은 사람들이 친일과 항일이라는 단순한 잣대로 재단할 수 없는 암흑의 시대를 살
아 냈다. 그러나 식민 지배에 협력해 이익을 얻은 엘리트와, 살기 위해 어쩔 수 없이 일제
의 지시를 따른 일반 대중에게 똑같은 책임을 물을 수는 없다. 친일이 어쩔 수 없었다는 주
장은 평범하고 힘없는 대중에게 책임을 전가함으로써 친일로 이득을 얻은 자들이 면죄부를
받으려는 주장일 뿐이다. 우리 사회에는 권력이나 부, 명예를 얻기 위해서라면 정당한 방법
이 아니라 부정과 편법을 동원해도 된다는 생각이 알게 모르게 자리 잡고 있다. 혹시 그 원
인이 정의와 양심에 따라 험난한 길을 걸어간 사람들은 정당하게 평가받지 못하고, 일제에
협력한 사람들이 승승장구 했던 왜곡된 역사 때문은 아닐까? 선각자들이 나라를 발전시킨
공로도 인정해야 하지만, 그들의 친일 행위 역시 명확히 밝혀내야 하지 않을까? 한때 항일
운동을 했음에도 변절할 수밖에 없었던 살벌한 시대를 이해하는 것과 정확히 진실을 밝히
고 책임을 묻는 것은 별개의 문제이다. 과거를 규명하고 책임 의식을 높이는 일이 결국 잘
못된 과거의 반복을 막기 때문이다. 독일과 프랑스에서 지금까지도 계속되는 끈질긴 나치
협력자 처벌이 우리에게 주는 교훈이다.

참고자료

단군과 고조선
· 이덕일 김병기, 『고조선은 대륙의 지배자였다』, 역사의아침, 2006
· 우실하, 『동북공정 너머 요하문명론』, 소나무, 2007
· 송호정, 『한국 고대사 속의 고조선사』, 푸른역사, 2003
· 한국역사연구회 고대사분과, 『한국 고대사 산책』, 역사비평사, 1994
· 임재해, 『민족신화와 건국영웅들』, 천재교육, 1995
· 노태돈, 「고대사 연구 100년 -민족, 발전, 실증-」, 〈한국고대사연구〉 제52권, 2008
· 송호정, 「고조선의 위치와 중심지 문제에 대한 고찰」, 〈한국고대사연구〉 제58권, 2010
· 우실하, 『동북공정 너머 요하문명론』, 소나무, 2007

삼국통일
· 역사학회, 『전쟁과 동북아의 국제질서』, 일조각, 2006
· 역사문제연구소, 『미래를 여는 한국의 역사 1』, 웅진지식하우스, 2011
· 한국사연구회, 『새로운 한국사 길잡이(상)』, 지식산업사, 2008
· 국사편찬위원회, 『한국사 9』, 국사편찬위원회, 2003
· 전국역사교사모임, 『사료로 보는 우리역사』, 1992
· 전국역사교사모임, 『한국사 새로 보기 1』, 우리교육, 1997
· 박노자, 『거꾸로 보는 고대사』, 한겨레출판사, 2010

삼별초
· 윤용혁, 『고려 삼별초의 대몽항쟁』, 일지사, 2000
· 이이화, 『한국사이야기』, 한길사, 2001
· 강재광, 『왜 삼별초는 최후까지 싸웠을까 : 김방경 vs 김통정』, 자음과 모음, 2010
· 박용구, 『삼별초』, 지식산업사, 2005
· 박용운, 『고려시대사』, 일지사, 2008
· 박종기, 『새로 쓴 5백년 고려사 : 박종기 교수의 살아 있는 역사 읽기』, 푸른역사, 2008

서경천도
· 국사편찬위원회 편집부, 『한국사 15, 16』, 국사편찬위원회, 1995
· 박종기, 『5백년 고려사』, 푸른역사, 1999
· 이기백, 『역대한국사론선』, 새문사, 1993
· 김윤곤, 「한국 중세의 역사상8 – 묘청 등 서경천도파와 당시의 국제정세」, 〈민족문화연구총서〉
　제25권, 2001
· 김정권, 「"묘청란"의 새로운 이해」, 〈비교한국학〉 제16권, 2008
· 백남혁, 「묘청의 서경천도운동의 연구」, 〈한성사학〉 제10권, 1998
· 이석현, 「송 고려의 외교교섭과 인식, 대응 – 북송말 남송초를 중심으로」, 〈중국사연구〉 제39권,
　2005
· 이정신, 「고려의 대외관계와 묘청의 난」, 〈사총〉 제45집, 1996

왕권과 신권
· 한영우, 「정도전의 사회 · 정치사상」, 『한국사론』, 1973
· 박원학, 「조선초기의 요동공벌논쟁」, 〈한국사연구〉 제14권, 1976
· 정두희, 「조선건국초기 통치체제의 성립과정과 그 역사적 의미」, 〈한국사연구〉 제67권, 1989

· 김창현, 「고려말 조선초 정치체제 개편의 방향과 그 의미」, 〈사총〉 제46집, 1998
· 이성무, 『조선을 만든 사람들』, 청아출판사, 2009
· 오영교, 『조선 건국과 경국대전체제의 형성』, 혜안, 2004
· 신병주, 『조선을 움직인 사건들』, 새문사, 2009

임진왜란
· 이민웅, 『임진왜란 해전사』, 청어람미디어, 2004
· 김재근, 『한국의 배』, 서울대학교출판부, 1994
· 최완기, 『배무이』, 보림, 1996년
· 전국역사교사모임, 『한국사 새로 보기 2』, 우리교육, 1997년
· 전국역사교사모임, 『심마니 한국사 1』, 역사넷, 2000년

붕당 정치
· 이성무, 『조선시대 당쟁사 1, 2』, 아름다운날, 2007
· 이희환, 『조선후기당쟁연구』, 국학자료원, 1995
· 조선사연구회, 『조선사회 이렇게 본다』, 지식산업사, 2010
· 이덕일, 『당쟁으로 보는 조선 역사』, 석필, 1997
· 이이화, 『한국사이야기 13 당쟁과 정변의 소용돌이』, 한길사, 2001
· 국사편찬위원회, 『한국사 27, 28』, 국사편찬위원회, 1996

개화와 척사
· 역사문제연구소, 『미래를 여는 한국의 역사 4』, 웅진지식하우스, 2011
· 한국사연구회, 『새로운 한국사 길잡이 (하)』, 지식산업사, 2008
· 국사편찬위원회, 『한국사 37, 38』, 국사편찬위원회, 2003
· 정재정 외, 『서울 근현대 역사기행』, 혜안, 1998

애국계몽운동
· 강만길, 『고쳐 쓴 한국근대사』, 창작과비평사, 2006
· 역사문제연구소, 『사진과 그림으로 보는 한국의 역사 3』, 웅진, 1993
· 서중석, 『신흥무관학교와 망명자들』, 역사비평사, 2001
· 한국근현대사학회, 『한국근대사강의』, 한울아카데미, 2007

식민지근대화
· 허수열, 『개발 없는 개발』, 은행나무, 2005
· 이승일 외, 『일본의 식민지 지배와 식민지적 근대』, 동북아역사재단, 2008
· 이헌창, 『한국경제통사』, 법문사, 2006
· 이대근 외, 『새로운 한국경제발전사』, 나남출판, 2005
· 교과서포럼, 『대안교과서 한국 근현대사』, 기파랑, 2008
· 김육훈, 『살아있는 한국 근현대사 교과서』, 휴머니스트, 2007
· 역사문제연구소, 〈역사비평〉 59호, 역사비평사, 2002
· 역사문제연구소, 〈역사문제연구〉 세11호, 역시비평사, 2003
· 신용하, 『일제 식민지정책과 식민지근대화론 비판』, 문학과지성사, 2006

사진 및 그림 제공

경기문화재단 남한산성 문화관광사업단
남한산성(179)

경주 통일전
김춘추 초상화(43)

고려대학교박물관
북관유적도첩 척경입비도(82), 혼천시계(199)

국립경주박물관
도깨비무늬기와 (17), 얼굴무늬수막새(47), 토우장식항아리(48), 금동주악상(49), 선덕대왕신종(63)

국립고궁박물관
태종옥책(124), 옥색련(125), 일월오봉도(127), 용단선(137)

국립민속박물관
명당도(75), 흉배(단학, 쌍호 (136)), 호패(173)

국립중앙박물관
빗살무늬토기(21), 요령식 동검(27), 농경문 청동기(31), 주검 앞에서 슬퍼하는 여인 토우(55), 호등(56), 은제 합(56), 감은사 터 동탑 전각 모양 사리기(56), 금동제 장신구 각종(69), 은제도금타출연당초무표형병(69), 잔과 잔받침(69), '고려국조' 글자가 있는 거울(70), 청자 참외 모양 병(85), 청자 연꽃넝쿨 무늬 매병(85), 청자 모란넝쿨 무늬 조롱박 모양 주전자(85), 청자 비룡 모양 주전자(85), 청자 넝쿨 무늬 완(85), 청자 꽃·새 무늬 합(85), 소자본 불정심관세음보살 대다라니경 합각본(104), 삼봉집(139), 사례편람(175), 우암 송시열 선생이 쓴 해동의 하늘과 땅(177), 송시열 초상(177), 도산서원도(183), 백자 끈 무늬 병(188), 백자 소상팔경 무늬 연적(188), 백자 매화 대나무 새 무늬 항아리(188), 백자 병(188)

동국대학교 박물관
홍치2년명 청화백자송죽문호(188)

사진문화연구원
여신의 두상(22), 홍산문화유적인 곰이빨과 옥악세사리(23)

서울대학교 규장각 한국학연구원
정조국장도감의궤(186~187)

서울역사박물관
조선팔도 여지지도(129), 각대(173), 사모(175)

연합뉴스
대화궁터 유적인 용머리 형상의 잡상과 여러 가지 형태의 기와(78)

전쟁기념관
귀주대첩 기록화(72~73), 처인성 전투 기록화(109), 지자총통(152)

제주박물관
용장 산성 수막새 기와(101)

진주박물관
왜군군복(163), 조선장수갑옷(163)

한국학중앙연구원
용장 산성(99), 남도 석성(100), 진주 산성(161)

해군사관학교박물관
삼군 수군 조련도(155)

㈜한국의장
운현궁(212)

내일을 읽는 토론학교 역사

초판 1쇄 펴낸날 2011년 7월 15일
초판 13쇄 펴낸날 2024년 9월 10일

지은이	이인석 정행렬 외
펴낸이	홍지연

일러스트	이지은
기획	김주환
디자인기획	민진기디자인
편집	홍소연 이태화 김선아 김영은 차소영 서경민
디자인	이정화 박태연 박해연 정든해
마케팅	강점원 최은 신종연 김가영 김동휘
관리	정상희 여주현

펴낸곳	㈜우리학교
등록	제313-2009-26호(2009년 1월 5일)
제조국	대한민국
주소	(04029) 서울시 마포구 동교로12안길 8
전화	02-6012-6094
팩스	02-6012-6092
홈페이지	www.woorischool.co.kr
전자우편	woorischool@naver.com

ISBN 978-89-94103-20-4 44900
       978-89-94103-11-2 (세트)